U0519280

“社交与区块链+”时代的
品牌营销密码

郑联达 著

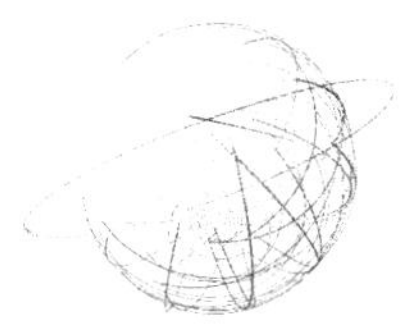

西南财经大学出版社

中国 · 成都

图书在版编目(CIP)数据

"社交与区块链+"时代的品牌营销密码/郑联达著．—成都:西南财经大学出版社,2019.9
ISBN 978-7-5504-4109-5

Ⅰ.①社…　Ⅱ.①郑…　Ⅲ.①网络营销—品牌营销
Ⅳ.①F713.365.2

中国版本图书馆 CIP 数据核字(2019)第 175488 号

"社交与区块链+"时代的品牌营销密码
"SHEJIAO YU QUKUAILIAN+" SHIDAI DE PINPAI YINGXIAO MIMA

郑联达 著

总 策 划:李玉斗
策划编辑:王正好
责任编辑:植苗
封面设计:摘星辰·Diou
责任印制:朱曼丽

出版发行	西南财经大学出版社(四川省成都市光华村街 55 号)
网　　址	http://www.bookcj.com
电子邮件	bookcj@foxmail.com
邮政编码	610074
电　　话	028-87353785
照　　排	四川胜翔数码印务设计有限公司
印　　刷	四川新财印务有限公司
成品尺寸	142mm×210mm
印　　张	10
字　　数	251 千字
版　　次	2019 年 9 月第 1 版
印　　次	2019 年 9 月第 1 次印刷
书　　号	ISBN 978-7-5504-4109-5
定　　价	49.80 元

前言

顺应趋势才能有未来

岁月沧桑，时代变幻。

在过去的10年里，我们逐渐意识到，自己在快速变化的时代面前显得渺小，小到总是觉得跟不上时代的脚步，小到时代的巨变好像跟自己没有关系。同时，我们又会觉得在世界面前，因为信息的变革自己显得非常“大”——“大”到可以通过网络和手机纵览天下；“大”到可以有机会表达自己的观点，与世界对话；“大”到人们的生活几乎总是围绕“社交”和“互联”两个词转动。

一个大时代在过去的10年改变着世界和中国，也造就了一大批企业和品牌，成就了一大批人。

“苹果”在10年的发展高峰间成为全球市值第一品牌，以创新傲视群雄；“Facebook”以社交之名影响全球超过10亿用户；“谷歌”的科技赛道从搜索转向了人工智能；“阿里巴巴”奠定了全球电商巨头头把交椅的地位，深刻地改变了中国人的生活；“华为”的崛起让世界看到了中国的科技韧劲；中国的互联网品牌纷纷在纳斯达克上市。与此同时，昔日的手机第一品牌诺基亚在智能机的阈值前轰然倒塌；柯达品牌没能跟上数字化的时代，沉沦于时代的无情抛弃中；中国也有大量民族品牌逐渐地消失在市场的晨光中；等等。10年间，我们见证了众多品牌在这一波经济发展中的不断崛起，也见证了不少品牌没能跟上时代脚步而逐渐地走向没落。

有幸，2008 年我紧跟社交时代的步伐，与几位同仁一起创立了一家叫 Verawom（维拉沃姆）的广告公司，我们的业务从 BBS 开始，贯穿博客、搜索引擎、人人网、开心网、视频网、微博、电商、微信、二次元媒体、抖音等各类型的社交媒体，见证了一波又一波社交媒体的发展。因为大家对于这个行业的热爱和努力，我们在广告行业中成了一个特立独行的品牌，在很多人的记忆中，Verawom 代表着社交媒体环境下的新锐品牌营销公司，在互联网内容，尤其是视频内容上表现突出，案例众多，堪称一枝独秀。

借由此书，终于有机会总结过去的一些经验和思考，如果能对行业和同样经历了社交时代发展的品牌有一些参考，那也不枉 10 年来我们对那么多案例的付出。

在行业中“浸泡”久了，一方面感受到时代的变化之大和快，超出了很多人的想象；另一方面也深刻地看到了品牌营销行业的很多问题，从传统切换到社交和互联网，其实并没有想象中那么容易。

电视的传统媒体时代，属于资源集中的时代，谁占有资源谁就能控制市场。社交使得信息更加快速和自由地流通，让人们的关注点实现切换，财富重新分配，那是一个对于中小企业非常美好的时刻。一大批守旧的老品牌慢慢地退出我们的视线，一大批新兴的品牌快速地成长，成就了如“阿里巴巴”“华为”“腾讯”等大型企业。我们曾经以为信息变革会让品牌的塑造和营销大量地降低成本及提高效率，10 年过去了，很多品牌突然意识到，传统媒体不能放弃，新的互联网渠道也必须做，互联网的营销成本已经高得不能承受。很多红利都流向了“腾讯”“阿里巴巴”和一些大品牌，原本是资源集中，现在变成了流量的集中和垄断。对于品牌营销来说，在效率和效果上也产生了头部企业“溢出”，而尾部企业“挤出”的明显现象。据不完全统计，中国 2018 年的中小商户和私营企业总数超过 1 亿家，国内上市公司 3 500 家，全国全年品牌广告费用接近 7 000亿元人民币，其中 3 000 亿元由这些上市公司投入，市值排行前 300 的上市公司的广告费占了上市公司广告费的 89.9%。与此形成鲜明对比的是，很多中小企业在经济红利失速的情况下因为投不起广告费、没有好的营销方式而萎缩或倒闭。

同样地，我们看到品牌营销的代理商、广告公司也并没有在社交互联时代找到西方 20 世纪 70 年代和中国 20 世纪 90 年代那样的黄金时代。在社交和信息化的推动下，竞争更加全面，市场的要求大幅度提升，成本越来越高，价格越来越透明，利润也越来越低。很多传统大企业快速萎缩，市值下滑，不再吸引人才，跟不上时代的步伐，很多小企业并没有借助信息和技术的红利取得大的突破。于是很多人打趣道：一转身才发现，中国最大的广告公司是“阿里巴巴”和“腾讯”，并没有品牌和代理商什么事。

当人们还在沉思如何跟上时代节奏的时候，又有 5G、大数据、云计算、虚拟现实、物联网、区块链和人工智能等一批新技术出现在人们面前。很多人对新技术并没有什么认知，还停留在过去的思维中，甚至还有人停留在恐慌中而消极对待。究竟这些新技术对于品牌营销会有什么样的影响，又会给行业带来什么样的机会呢？

全球精英们在对可见的未来进行预测，达成一个共识，就是人工智能时代的到来也许能解决当下社会面临的诸多问题。因为在未来，人工智能就是新时代的生产力。但横在现实与人工智能之间有一道天堑（数据的权利、全球共识的信任机制、数据完全共享的基础设施、数据价值和激励机制）仍无法逾越，直到区块链出现，人们才看到未来的曙光。过去在社交媒体时代，品牌从信息的解放中获得了更多自由的认知动能；区块链时代，品牌将会成为自我数据、价值和信任的全方位主宰。在这样的时代机遇面前，品牌的营销也将走上新的赛道，我们在不知不觉间又坐上了一个新时代的加速器。

经过一段时间的深入研究，我激动地发现，也许区块链搭载着人工智能的时代很快会到来，它将以超越过去“社交”百倍、千倍的力量改变品牌的营销逻辑，甚至改变整个世界的运行逻辑。从比特币出发，区块链的技术受到各国政府、科技企业和个人等各方面的高度关注，也有大量的实践和研究，似乎一场全新的变革即将来临。

作为品牌经营者和营销界人士，在信息技术发展的阶段，很多人只是在空喊而没有真正地将技术应用于其中，最后错失了一系列良机，也没有本质地解决市场的核心问题。在“区块链+”时代到来的时候，人们是否依然会因看不见或看不起而丢失价值呢？希望这本书能够引起人们对未来的关注和思考。

时光荏苒，沧海桑田，回望过去的这 10 年，我们感恩能遇上一个美好的时代，可以见证和参与中国经济的发展，尤其是数字经济发展的过程；我们庆幸有机会用自己的努力，见证和帮助很多品牌的发展。如今细细回味，发现包括我们自己的很多品牌和个人，都只不过是在对的时间做了对的事情，并没有什么英雄和超能力，更多的是得益于时代的馈赠。

无论是个人、企业还是国家，在时代的大趋势前，顺之则昌，逆之则亡，并没有什么两样。在一个新时代的起点上，所有往昔，皆为序章，未来的路全凭顺应潮流坚定前行。而在出发前，最重要的是拥有懂得顺应的眼光和为了顺应时代趋势而做出正确选择的决断力。

很欣慰地看到中国的品牌，有机会以几十年的时间经历他国品牌百年的历程，从解决民生和相对低端的产业入手，并不断地迭代升级，无意中形成了降维跃迁的态势。在营销上，大量品牌和从业者百舸争流、群英荟萃，谱写了灿烂的营销华章，成就了大量品牌的灵魂，也深刻地影响了人们的生活。

我热切地期盼，中国的品牌在社交媒体时代之后，在新的时代浪潮到来之际，能够再一次抓住区块链和人工智能这一伟大机会，在生产上应用、在营销上适应、在理念上融合，再一次缔造一个品牌发展的奇迹。

书中所提及的品牌，其所在公司详细名称多以品牌名称代替，望读者谅解。

目录

上篇

新环境中的品牌营销特点及困局

第一章　品牌在商业环境中的重要性及机会点

我们天天在消费品牌或者运营品牌，但是否有人仔细思考过什么是品牌？

品牌发展是一个从无到有的过程，你有没有想过品牌在经济和社会发展过程中充当了什么角色？又将走过怎样的历程？

众所周知，“品牌”在字面意思上可以拆解为“产品的牌子”，就如同旧时所知的牌坊一样，总能给人们留下良好的形象。品牌是一个商品在商业行为中的产品、渠道、服务和商誉等属性在消费过程中消费认知的总和，是一种具有经济价值的无形资产，通过对商品抽象的、独特的、可识别的和经历时间积累的概念凸显其差异性的整体感知。

品牌也是一种对于商业行为中做得好与不好、经营能力和水准的高与低、因时间和空间有不同适应度的综合体现。

品牌的存在，往往与商业社会供求情况和随之产生的竞争行为紧密联系。当在彼此的竞争中借助品质、服务、创造性、实用性等一个或多个维度的差异性而为商业社会提供价值，逐渐地经历时间的考验，成为引领消费市场的商品，便成为品牌。

商业品牌的历史，可以追溯到中世纪，一些手工匠人为了方便他人识别产品，而在手工艺品上标示生产者和产地。16 世纪时，一些威士忌洋酒为了防止他人冒充，在酒桶上刻上生产者的名字。19 世纪初，苏格兰的酿酒者开始使用“Old Smuggler”这个标识以展示酒的品质，成为近代品牌商业化的开始。

早期的品牌主要是为了实现产品间的区别，并且证明品质。当市场的交易越来越频繁，品牌越来越多，各个产品的品牌内涵也就越来越丰富。产品通过其品牌名称、标识、商标和形象等元素，展现其品质、内涵和服务等特点。

在封建社会，大部分民众还停留在维持生存的状态，没有品牌的观念。而皇族或贵族们使用的产品的品质都比普通老百姓所用的要高出很多，社会经济往前发展的时候，人们发现有些贵族的消费品在民间也很受欢迎，于是这些产品开始走向民间。

中国封建社会经济发展的高峰出现于宋代，形成了一系列早期的品牌雏形，药铺、小吃、客栈等在宋代京城都被广泛认可，甚至成为祖辈传承的产业。其中为人们熟知的《白蛇传》中便有一系列展示：许仙外出遇大雨，于是找开药铺的姐夫借伞，姐夫递给他一把伞，并嘱咐他这伞是清湖八字桥“老实舒家”的好伞，48 骨，紫竹伞柄，千万别弄坏。拿着好伞，许仙走到桥头碰见了白娘子，并撑伞为白娘子挡雨，护送她回家，临走时忘了拿回雨伞，最后一借一还之间定下了一段姻缘。这里的“老实舒家”在临安俨然是一个知名品牌。只不过，那时的商业市场还没有走向完全的市场经济，中国的社会动荡也一直不断，最后好多品牌都没能真正地流传下来。

从某种程度上讲，品牌也是资本主义和市场经济的产物，通过竞争形成市场对某一产品或服务的认同，通过这种认同，使市场对这一产品和服务有相应的信赖，这就是品牌的意义。

具有品牌价值的商品，往往在知名度、认知度、美誉度和忠诚度上有较高的累积，因为这些累积，使得消费市场对该商品产生或强或弱的信赖度，并转化为持续的需求度，这就使得好品牌具备可持续发展的正向循环。

我们都知道，“可口可乐”具有极高的品牌价值，假使今天它所有的有形资产全部被销毁，其依然可以在短时间内借助品牌的无形价值东山再起，这就是品牌的力量。

随着商业市场的开放度越来越高，以及人们对于生活品质的追求，人们经过比较，发现竞争带来的消费利益的红利非常重要。因此，追求品牌消费的行为就成了商业社会中越来越重要的社会趋势，也是体现消费心理健康度的重要表现。

当然，对于品牌的拥有者和塑造者来说，要看清商业社会发展的不同阶段和不同时期，品牌的作用各不相同，需要历史性和前瞻性地去看待每个时期品牌建设的机会点。

第一，需求未被激发或供不应求时代，不需要品牌，只需产品。

不管是过去的封建社会，还是后来的纯计划经济体制社会，常常处于供不应求状态，尽管商品也有好坏之分，但好商品更多集中于权力和资源集中的群体；或是追求社会均等，消灭了竞争，使得品牌退为以产品为主的基础需求。在这两种环境中，或者需求长期被抑制，或者长期倾斜为特定群体的特权，或者处在机会均等只求生存的状态，品牌不具备生长的土壤，所有外化的品牌，大多被内化为产品的基础属性。

第二，供应趋于充足时代，品牌出现，并伴随传播渠道的控制进入半竞争阶段。

后来，商业社会的进一步开放，商业交易的发展和资本的流通加速，使得社会的部分需求被激发，同时也促进了供应的增加和竞争的开始，逐步地促使品牌在竞争中出现。此时品牌的树立，往往先入为主，只要控制住供给端，并且能有效地传达信息给消费者，那么便占据了品牌塑造的上风。由于社会信息渠道的限制，品牌方经常以控制传播渠道的方式，进行主动和半强制式的品牌信息传递与品牌塑造工作。

第三，市场经济及自媒体时代，品牌百花齐放，进入完全竞争阶段。

随着需求市场的多元化和资本市场的蓬勃发展，商业市场走向自由市场经济时代，竞争将进一步升级，品牌的发展也有了自己的春天。单纯的需求和供给因素关系，使得消费市场对商品的认知还存在一定的死角，或者信息依然不对称，或者对于信息的处理和过滤能力依然有限，导致商业社会依然无法得到完全发展。直到自媒体时代，在互联网的信息渠道中，信息传递的方式和格局发生质的变革，让信息传播处于无死角状态，也让人与人之间以及商品与商品之间建立了几乎同步的纽带，消费者可以随时随地了解品牌信息，也可以随时随地表达消费感受，这让品牌信息没有时间和空间的界限，被透明公开地展示在公众面前。所有的产品优势、信息优势和服务掌控优势都被瞬间瓦解，只有迎合消费者的需求并把自己做得更好才能改变命运。大品牌和小品牌站在了同一起跑线，品牌建设和发展出现百花齐放的现象，至此可以说如果没有其他强制或意外的外力因素，品牌第一次进入完全竞争的阶段。

第四，立体信息及人工智能时代，逐步由技术引领品牌，转为服务及故事引领品牌。

我们今天的自媒体时代，在信息传播中已经是一次革命性的突破，但受制于技术手段，传播的应用依然停留在视觉和听觉两种方式中。真正的信息传播应该是立体的，就是完整地再现，如面对面地亲身感受一般，能完整地调动起人类的视觉、听觉、触觉、味觉和嗅觉等感官，形成立体的再现。我们相信，这在过去被称为神技的遐想，在未来随着科技的发展以及人工智能的突飞猛进，终有实现的那一天。

于是我们就进入真正的感官营销时代，不再只是停留在视觉和听觉的信息传输上。

有了这个技术后，把视觉和听觉极致化，我们真正地做到所见即所得，远程地看到接近场景再现的视觉，这样我们就不再受距离的影响，能够看到更遥远的东西，并且身临其境。

同时再进一步使味觉和嗅觉能被感知，一系列数据的传输，让味觉和嗅觉被信息化，就如同我们能远程感受到这只鸡的味道，也能闻出香水的气味一样。从此，美食和花香都能被感知，我们在遥远的美国也能吃到家乡菜，我们站在遥远的南极，也能轻松地感受来自中国春天的气息。

最后，当数据被进一步处理和精细化，接收工具完全仿真，触觉也被数据传输，时代被这一系列的感官数据整合后完全颠覆。从此，我们买衣服可以真正实现只从网络渠道就可以购买心仪的款式，实体店将被彻底取代；我们甚至可以触摸衣服的质感并体验穿在身上的感觉。

立体感官的应用，将会对个人和社会产生巨大的影响，届时将会为我们带来超出想象的生活体验。

当感官信息的传输得以实现后，我们生活的世界将发生巨大的改变，我们将可以立足地球而纵览宇宙，随时以无人飞船的方式去感受任何星球的一切细节，有如我们身临其境，一览无余，人类的生存空间将会被无限放大。

那时，商业社会的品牌又将是另一种格局。品牌将逐步地从以外化的商品为主、内化的精神连接为辅，转变为以内化的精神连接为主、外化的商品为辅的存在。在这个过程中，技术作为手段，让物质的商品、服务的行为、消费的故事通过立体的感官得到品牌塑造和传播的表现。

第五，社会大同时代，品牌消失。

我们反观人类的历史，商品皆有从无到有的阶段，品牌一样是一个从无到有的动态过程，那么商品和品牌是否会在某一天发展到从有到无的终结呢？在理想者的遐想中，人类从个体或小群体的关系发展为社会的关系，从简单到复杂，从无到有，到最后发展成为从有到无清零的逻辑，似乎也存在这种可能。从原始社会、奴隶社会、封建社会、资本主义社会，再到共产主义的大同社会，成为很多社会学家努力研究和探索的可能。按照逻辑，如果未来的大同社会真的存在，世界按需分配、一切均等、高度文明……人们生活在一个大同的社会中，没有等级、没有差异、自觉自律、幸福无比，那么商业社会将会不复存在；同样地，品牌也将跟随无须竞争、无须以差异化去平衡供给和需求关系的存在，消失在那高度文明、高度有序的社会中。

只不过，我们无法预知那个社会是否真的会存在。尽管所有人都期待自己能享有那种无比幸福的社会家园，但按照能量守恒定律，按照人类社会天生存在的生存的动力、惰性、欲望等现实因素，按照自然界本身存在着众多不同、不均和差异的现象来看，那个大同的世界估计更多地会是一种遐想，至少没有那么快能够到来。

第二章　一个品牌在新传播环境中的定位

为什么有些小品牌或新品牌在竞争中能取得巨大成功，而很多大品牌常常突然间消失在人们的视线中？

定位理论曾经红极一时，在今天这个互联网数字化的时代还适用吗？

大胆地想象，终究要回归现实的考量；无边地探索，终究要从脚踏实地入手。不管品牌营销的过去和未来怎样，更重要的还是我们应该看到当下现实环境中的情况，做好现在的事的同时，去寻找赢得未来的可能。

品牌需要通过营销传播来实现各项指标的提升，大抵存在以下几种情况：

第一，好的产品未形成品牌，需要通过传播将产品信息输出给消费者，让更多人知晓，并逐步通过对其的使用来实现品牌的资产积累。

第二，没有什么突出特点的产品、处于行业中相较雷同的产品，需要通过挖掘产品或品牌的差异点，并通过传播去影响消费者，促使消费者使用，逐步地获得消费者在某个方面的认知和认同，为品牌产品的研发争取更多时间。

第三，品牌在自己的阵地表现很好，新进入一个地区或地域，由于消费者使用习惯、文化认知等差异，需要重新有针对性地让该品牌为当地消费者所了解和识别。

第四，随时间推移，因为消费者年龄、群体、阶层、消费力等的变化，品牌面临老化风险，需要针对新的环境去做新的升级沟通，以挽回原本的市场和行业地位。

第五，品牌已经占有市场制高点和优势，是人们心目中推崇的大品牌。但人无完人、金无足赤。在市场的竞争中，行情瞬息万变、错综复杂，经常会一不小心就被市场甩在后面，或者因为自己的惰性、不思进取、不顺应市场和时代的需求，使得品牌由强势沦为二流品牌，渐渐地丧失优势，要想长期占有消费者的心智以及优势地位，那么除了在产品端不断革新，还需要持续地与消费者沟通，去做“长情的告白”。

第六，品牌各方面表现不错，只是在不同区域、不同圈层或不同文化环境中，消费者对其认知各不相同，阻碍了品牌的发展，因此需要通过沟通，输出相同的信息，使得市场具有统一性，并由此形成更长效的品牌资产。

今天的传播环境，在互联网和新媒体为主导的趋势下，带动了此消彼长的优势发展和对决，给品牌的营销带来了巨大的难题，也带来了巨大的机会。

我们发现，很多品牌还停留在过去的商业模式中而无法适应新的环境，慢慢地被环境所淘汰；也有很多品牌，顺应了潮流和趋势，在短短的时间内，从无到有，并通过自身努力，最终成为商业社会的佼佼者。

我们看到，“苹果”品牌在经历了一波三折的发展后，在乔布斯的带领下，从一个普通的电脑硬件公司转变为代表创新的手机品牌，成为“颠覆”和“创新”的代名词，品牌力扶摇直上，傲视群雄。如今已坐拥万亿美元资产，傲立世界最佳品牌榜首。

我们看到，“阿里巴巴”在传统商业格局中紧跟潮流独辟蹊径，以电子商务的集大成者改变着中国乃至世界的商业模式和消费模式，并借由成功的电子商务成就，发展出了包含电商、支付、物流和娱乐等强大的商业帝国。

我们看到，“Facebook”从互联网社交服务入手，成为全世界最具影响力的社交平台，用户超越了任何一个国家或地区的人口，也是在短短10年左右的时间就实现了这一伟大事业。

我们看到，“小米”手机以独特的经营思路，让产品的生产与消费者连接，调动消费者的参与感，让品牌有了“从消费者出发”的意识，最后获得巨大成功。

我们也看到，“沃尔玛”和“家乐福”等超市在全球范围内持续萎缩，品牌影响力被大幅压缩，在很多市场中均面临关闭的境地。

我们也看到，“诺基亚”在过去作为手机领域的全球领导者，在很长一段时间占据绝对的优势，却在互联网时代到来的时候跌倒在自己建立的高台上，从此没有再爬起来。

数不胜数的鲜活案例见证了这个时代的到来和发展，也反映了过去时代的没落和终结。

中国市场经济发展较晚。一方面，中国作为世界的工厂为各国提供产品；另一方面，在中国融入国际市场的进程中，中国本身的需求红利使得大部分的中国品牌以模仿国际市场的产品和服务来实现品牌的积淀及发展，在市场中常常扮演跟随者的角色。随着国际市场的融合越来越深，开放的力度越来越大，信息的流通越来越快，跟随者的角色如果没有在积累中改变和突破，如果没有力求在产品和服务上超越并引领品牌，就会在新的竞争中被逐步淘汰。

于是，在众多的成功和失败中，在众多的品牌兴起和覆灭中，我们开始思索，这个时代的品牌该如何寻找自己的安身立命之本？

过去都从 Who、What、Where、How 四个维度来判断品牌自身与消费者的连接，从自身出发去自问：我是谁？我可以做什么？我在同行中处于什么样的水准和实力？我的产品有什么功能？努力在对自我的反问中寻找自己的定位，也不断地在定位中挖掘自己的品牌在市场中的差异，这是一个品牌“遗世而独立”的重要开端。

丨 定位为品牌插上了翅膀

所谓定位，就是从消费者的需求出发，品牌通过梳理自我的特点、长处或差异点，去引导和占领消费者的价值认知，并影响消费者购买决策的行为。定位理论诞生在 20 世纪 70 年代，彼时美国的经济活跃、市场繁荣，在商业市场上品牌竞争激烈，同时因为信息的暴增，消费者的注意力开始被大量分散，或者开始排斥品牌的营销推广，此时单纯通过广告来沟通的效率将会越来越低。营销大师杰克・特劳特和阿尔・里斯提出了定位理论，某种程度上解决了这一品牌营销的阶段性问题。

在之后的很长一段时间，定位理论风靡全球，也在全球范围内催生了不少成功的案例。汽车领域最为典型。当汽车品牌越来越多，品质和性能越来越接近的时候，单纯地比拼产品和服务已经很难再有差异化，于是定位为各个汽车品牌找到了各自的市场价值。“宝马”定位驾驶的乐趣，“奔驰”定位乘坐的舒适，“沃尔沃”强调安全，“法拉利”则突出速度。在合理的定位策略下，在纷繁复杂的市场中，众多品牌都找到了独特的差异点，找到了自己在消费者心中的位置。

在中国，同样有一些品牌，在定位中也算是成功的。典型的如“王老吉”，曾经只是一个名不见经传的品牌，在广东有小部分的市场份额。后来品牌方希望拓展市场空间，便进行了市场分析，发现如果把自己定位为健康类传统凉茶，那么很容易就处于小众的地位，对于快销品来说小众并不是什么好结果。而如果将其定位为饮料，那么就很容易与“可口可乐”等主流饮料形成竞争，而且在没有任何消费者的基础上与国际大品牌竞争显然没有任何优势。这其中最难的是，要在消费者已经形成的消费习惯上去改变他们，这简直如登天般困难。经过品牌方与咨询公司的研究和分析，从正面的纯饮料角度去竞争肯定是不行的，但他们发现，中国消费者尤其是南方消费者，常常认为身体的某种维生素缺乏、体能不支等的排异反应是中医理论中所说的一种上火现象，自己作为草本的凉茶饮品，天然就具有这方面的优势。不过如果从去火的角度看，往往具有功能性或者治疗性的特点，这就与饮料的属性有冲突。针对这一洞察，“王老吉”将自己定位为一种“预防上火”的饮料，并以“怕上火喝王老吉”为沟通主题，进行了全方位的营销推广。从零做起，并在 2009 年实现了超过 150 亿元的销售额，成为国内家喻户晓的凉茶饮料品牌，在某些地区甚至超越了“可口可乐”，成为三餐必备、顾客忠诚度极高的饮料。

“脑白金”品牌在中国几乎是家喻户晓，只要提到保健品，或电视广告，一句“今年过节不收礼，收礼只收脑白金”总会在很多人脑海中浮现。自 1997 年产品上市以来，“脑白金”凭着独特的定位和强力的营销，已经销售 21 年，累计销售超过 4.6 亿瓶，堪称中国品牌定位和营销的典范。

“脑白金”产品在上线之前，其创始人史玉柱及其团队针对中国的市场进行了深刻的研究和分析，他们希望针对中老年人的保健品市场去主打一个品牌和产品。那么，围绕中老年群体展开研究和分析发现，睡眠问题一直是困扰中老年人的难题，因失眠而睡眠不足的人比比皆是。据当时资料统计，国内至少有 70%的妇女因为各种原因存在睡眠不足的现象，90%的老年人经常睡不好觉。睡眠不足也常常成为健康问题的重要诱因，这是功能的定位。“睡眠”市场如此之大，然而，在保健品行业信誉度持续下跌之时，脑白金单靠一个“睡眠”概念是不可能迅速崛起的。

于是他们进一步研究发现，老年人的消费观念、消费能力等因素决定着老年人的购买欲望，要想单独呼吁老年人自己来消费比较难成功。于是，他们把思路一转变，转向了由晚辈向长辈“送礼”的路线，让年轻人为中老年人消费，也许是更可行的思路。中国作为礼仪之邦，每逢佳节、探望亲友、参加婚礼、拜访长辈等，人们均会购买礼物；然而送礼的文化风行常常又使人们陷入一个困局，礼品市场如此之大，选什么样的礼物成为一大难题，尤其是给长辈选礼物，更是难上加难。送日常用品可能不太方便，送大件家用产品成本又太高，而送一些进口产品，老年人可能不会用……此时，一个叫“脑白金”的品牌天天出现在电视中，事先已经为老年人设定了有益睡眠的定位，同时还在广告语中提到了“送礼、收礼”的理念，为年轻人选择礼物提供了参考，可谓水到渠成，事半功倍。

养生堂药业有限公司在经历了保健品市场的磨炼和成功后，看到了中国饮用水市场的巨大需求，于1996年成立了浙江千岛湖养生堂饮用水有限公司（现农夫山泉股份有限公司），由此开始向饮用水市场拓展。起初该公司向市场销售的是纯净水，当时市场饮用水品牌林立，该公司经过几年的经营也没能有更大的突破。尽管此前“农夫山泉”这一品牌在营销上已经撬动了市场，一句“农夫山泉有点甜”的口号随着电视广告可谓深入人心，但掌门人钟睒睒深知，要有快速的发展，必须在产品和品牌上实现差异化。2002年，该公司经过多次研究认为，人们饮用天然矿泉水比饮用纯净水对身体更为有利，于是就对外宣布放弃此前的产品，全力转为只生产“弱碱性天然矿泉水”，同时也把自己的口号转向“我们是大自然的搬运工”。这一转型，一方面向市场昭示了自己的全新产品和品牌定位，建立了市场的差异；另一方面，却是一个撬动他人利益、与行业为敌的争议行为。在很长一段时间里，行业中的同类型品牌都对“农夫山泉”的定位理念提出了异议，而“农夫山泉”并没有因为一时的他人意见而停止自己的步伐，而是坚持把定位落实，不断提高产品标准。这一坚持就是将近20年时间，如今“农夫山泉”已经成为瓶装饮用水的第一品牌，市场占有率超过25%。近20年来，“农夫山泉”不断寻找最好的水源，在生产细节上精益求精，坚持品质，在主业坚持的同时拓展外延，成为一个具有较高信赖度的品牌。

成也定位，败也定位

中国品牌市场的几十年发展史浓缩了全球品牌 300 年发展史，与我们的经济一样，用几十年走过了别人一两百年的进程，常常使得我们有某种优势得以窥一域而知全局。

这一过程中，有大量品牌的成功得益于定位的独到和执行；也有不少品牌因定位成功开始，最后也因定位失败告终。依然是中国定位领域的经典案例，“加多宝”在红遍大江南北之后，2007 年盛名之下销量突破 50 亿元，超过功能型饮料第一品牌“红牛”30 亿元销量；2008 年在北京奥运会上，“加多宝”作为中国自己的品牌出尽了风头，也被市场抱以极高的期望；2011 年“加多宝”更上一层楼，销售额达 160 亿元，超过世界饮料第一品牌“可口可乐”在中国的销售额；2016 年“加多宝”品牌营收 260 亿元，基本成就了中国饮料的第一品牌地位。可惜的是，从 2016 年起，这个中国凉茶第一品牌在国资与民资的归属上对簿公堂几十次，导致原本有一定神秘色彩的中药凉茶品牌黯然失色、风光不再。中弘股份的公告显示，2015 年 12 月 31 日至 2017 年 12 月 31 日，加多宝（中国）饮料有限公司主营业务收入分别为 100.4 亿元、106.3 亿元和 70.02 亿元，净利润分别为-1.89 亿元、14.8 亿元和-5.82 亿元。该公司 2017 年年底资产总计 127.15 亿元，负债 131.68 亿元，净资产-3.45 亿元。一场对资产的争夺作为导火索，更重要的在于由此引发的市场对于品牌的神秘感缺失、前景看空和定位故步自封等多重问题叠加，败局由此产生。

与此同时，风靡一时的奶茶品牌“香飘飘”，2004 年开始进入市场，凭借独特的销量口号“一年销量10亿杯，杯子连起来可绕地球6圈”一举赢得了人们对于这个品牌的认识，并且在中国巨大的人口基数上，实现了快速增长。2012年销售突破24亿元，净利润将近3亿元，成为中国第一家上市的奶茶企业。奶茶品牌“香飘飘”的快速发展也带动了一系列竞争品牌如“优乐美” “立顿奶茶”等的竞相追逐。可惜好景不长，2018年上半年“香飘飘”半年业绩只有8.7亿元，净利润下滑至亏损5 500万元，几乎跌入谷底。这样一个不断绕地球转的奶茶品牌，本以为靠着地球的自转就可以长盛不衰，终究难逃市场无情的挤压。

两个品牌均遭遇了滑铁卢，同样面临被市场挤压的现实，其主要原因就是品牌的定位没有赶上市场的变化。“加多宝”坚持了将近10年的“祛火”定位，随着市场产品的丰富、消费观念的改变、消费水平的提升，对于祛火的选择人们转而用喝水、喝鲜榨果汁或者食用维生素产品等方式替代，“加多宝”在年轻人心目中渐渐地开始不合时宜起来。而“香飘飘”同样在越来越多的现做奶茶店，如“一点点”“喜茶”等品牌出现后，瞬间魅力锐减，再叠加“饿了么”等移动外卖品牌的发展，以及市场整体的消费升级的现象，“香飘飘”已然成为消费降级的产品。

这样两个不同领域的品牌，都是因定位而兴，又因定位而亡。

事实上，品牌定位是一个比较微妙的概念，有时需要坚持己见，有时又需要见招拆招、随机应变，总而言之就是一个需要与时俱进和动态调整的过程。面对不同的时间和环境，定位是需要不断进行调整的，不同行业的定位也会各有差别。生活必需品，如水、电、煤气等品牌，其品质、安全和方便是一个永恒的主题；快销产品比较难有差异化和技术的突破性，因此寻求符合时代的定位差异是一个营销上的重要手法；耐用消费品和高价值产品需要以不断提升品质与改善人们的生活方式为己任；但不管怎样，对于时刻保持创新能力的品牌，其定位如果可以引领时代，那么终将能够长期立足于市场。

市场中虽有部分品牌成功地进行了有效定位，但大多数品牌还是处于相对盲目的状态。尤其是在中国的市场上，由于大部分企业对品牌的认知不足，市场需求又相对旺盛，在品牌发展的道路上，其定位总是处于比较没有头绪的状态。

我们发现，在过去的很长时间里，尤其是在以电视为主要媒体渠道的时期，中国的很多品牌特别喜欢为自己下定义，常常会把自己定义为“某某领域领导者”，如厨房电器领导者、开关插座领导者、白酒行业领导者、西服品牌领导者等。品牌的创始人或者营销团队总觉得把厉害的口号喊出去，再通过电视强制灌输，最后肯定能有好的效果。确实，在品牌匮乏、媒体垄断、产品选择较少的时候，以品牌自主式的定位和口号式宣传也能起到一定的作用；但是，一旦进入网络时代，尤其是自媒体时代，原来的定位策略和宣传模式效率就会变得越来越低。

新传播环境中的品牌定位模型

今天，当信息传播环境发生改变，从自我出发的视角已经逐渐地失去了原有的效用和活力。信息的扁平化，让品牌和消费者的地位发生改变，消费者的主动权和选择权在信息透明的环境中占据了主导地位，品牌从主动变为被动，所有的信息因为自媒体的存在变成了可再生资源，信息平台和传播者往往被不由自主地卷入其中。

在这样的环境下，西蒙·斯涅克对成功的品牌和失败的品牌进行了大量的研究，发现了一个有趣的现象：市场上所谓的非凡品牌和普通品牌实则在行业、人才、代理商、顾问和媒体等多个维度上几乎没什么区别，但两者的结局和向心力却截然不同。

普通的品牌在向市场传递自我定位的时候，总是按照以自我为中心的出发点去告知消费者：What（我们是做什么的）、How（我们如何做到的）、Why（为什么我们做得比别人更好）。通过这样的表述和定位，把自己禁锢在一个现有市场的比较中，只是差异化的改进，而不是一种有效的创新形象。大部分的品牌并不知道自己为什么要做这个品牌或产品、品牌的目的是什么、品牌的动机是什么、品牌的信仰是什么、品牌为什么存在以及为谁而存在、为什么其他人需要在乎这些。

因此，西蒙·斯涅克以“苹果”为例，研究了“苹果”之所以能成为非凡品牌的重要逻辑。如果是一个普通的电脑品牌，他们将会向人们传递:“我们做了一款最棒的电脑。这个电脑设计精美，使用简单，界面友好。你想要买一台吗?”而“苹果”的逻辑却是：“首先，我们做的每一件事，都是为了创新和突破。我们坚信应该以不同的方式思考。其次，我们挑战现状的方式是将产品设计得十分精美，使用简单，界面友好。最后，我们只是在这个过程中做出了最棒的电脑。你想要买一台吗?”

这样完全不一样的定位和思维模式，最终拉开了两种不同品牌的差距，产生了不一样的结果。

因此，这样的现象就逼迫品牌真正以消费者为中心去思考问题。无论在任何时候，品牌主都需要按照 Why、How、What 的逻辑维度去行动。我们必须问自己：为什么我们要做这件事，我们带着什么样的理想和理念？在这样的环境中，我们能解决消费者哪方面的问题？我们如何解决消费者的问题？所以，我们是什么？（图 2.1）

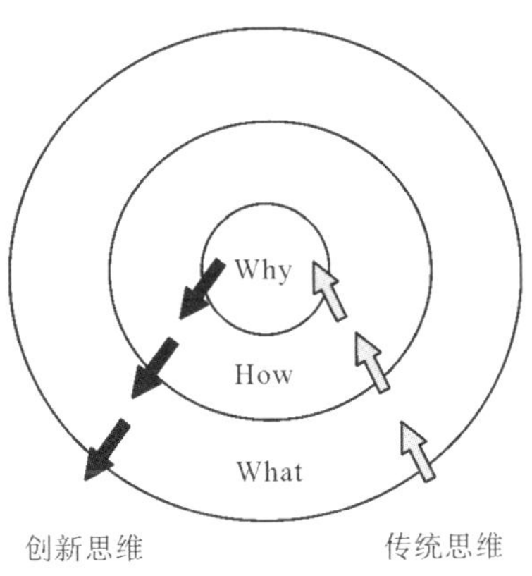

图 2.1　定位思维的黄金圈模型

之所以有这样的转变，是由于大部分品牌常常只看到别的品牌在传播中的先入为主，认为一个品牌做得好，是因为对方传播做得好；事实上却不知道，一个好的品牌传播，是基于品牌传播中传递信息的载体的创意比较出众，能够打动人心。而单纯的好创意，并不是所谓的凭空捏造，而是依托于品牌在与消费者沟通时的良好策略，只有在策略正确的情况下，才能让创意有的放矢，不至于盲目。我们只有深入地了解消费者和市场的需求，洞察消费者的内心，从消费者角度出发去提供产品、解决问题，才能真正地找到品牌正确的策略方向。

所以，品牌方在品牌营销过程中应下定决心，不要一味地执着于传播的本身及其结果，而是应该回归品牌的定位本身：我带着什么样的理念在服务市场和消费者；我究竟能提供什么样的差异化和极致的产品给消费者；在与他们的沟通中，我是否充分地考量了他们的喜好，制定了满足他们接受习惯的传播策略；在整个策略中，我们如何找到好的创意方式，并且准备将这些好创意通过怎样一个合理的内容和渠道去进行传播。过去人们常说的经验之谈“从群众中来，到群众中去”，也非常适合今天的品牌定位。

第三章　新环境中的品牌传播逻辑变化

在传统媒体时代，有钱的品牌才有传播力量；在社交媒体时代，懂得传播才是品牌的关键。在这之间，品牌的传播逻辑究竟发生了怎样的大变化？

一个品牌立足于市场与一个消费者立足于社会一样，需要时刻处理好来自各方面的关系，哪些维度的关系处理影响着一个品牌成为一个好品牌？

在供给侧充足时代，品牌的好坏只起到在竞争中局部优势的作用，它还受产品本身的水平、产品渠道、传播渠道等维度控制和输出能力的共同影响。品牌的沟通，往往伴随主动的传播渠道控制和信息传输主导，知识教育式的培养消费者对于品牌和产品的认知与认同。这个模式的发展，也促进消费者对好坏的认知、对美好生活的向往、对未来的期待和对自我权利的启蒙。

此时传播渠道的控制，主要是由信息的不够发达和不对称决定的，在利益及平台等因素下产生的相对优势和利益倾斜，被传播的消费者处于相对弱势和被动地位，传播主体处于相对优势及主动地位。

在市场经济及自媒体时代，品牌进入完全竞争阶段，传播渠道的改变，使原本阶梯状的传播链条变为网状结构，品牌与消费者由原本的主动与被动地位转变为同一平台和同等地位。

此阶段的品牌传播，由于其公开性、参与性、社区化、碎片化等特点，打破了原有的市场格局，也改变了传播逻辑。在“人人是媒体，处处是渠道”的情况下，由原来的利益驱使和所有权占有优势产生的传播优势不再是优势，品牌塑造和传播处于两极分化的境地。一方面，塑造品牌越来越难，同时塑造品牌的速度也越来越快；另一方面，破坏品牌越来越容易，同时也让品牌消亡越来越快。品牌塑造之难在于，当原有的可控因素变成不可控因素，原来的信息不对称变成阳光下的展现，你的每一处细节，都处于消费者的目光注视下，大家能清晰地看到你要么一身华丽，要么仅此而已。这就要求品牌方要充分修炼好内功，才能走出去。随着产品选择稀缺、信息不对称优势的消失，使得品牌塑造难度增加，促使品牌需要注重消费者需求，以消费者为中心去思考产品的生产以及信息的传播，寻找独特的优势，并持续创造新鲜感和认同点，以此来保持品牌的认可度和喜好度。信息渠道的变化和传播模式的改变，也予以一些新兴品牌有利机会，让品牌塑造更加快速，不受时间和空间的限制，能在较短时间和全世界范围内成为人们关注的品牌；相反，品牌的破坏也更容易，一个小小的闪失，一条不大不小的负面消息，可以在短时间内危及品牌的生死存亡。

这一切使得品牌的塑造回归消费的本质，从需求本身出发，去思考消费者需要什么，他们是谁，喜欢什么，期待什么，在哪里，适合用什么方式沟通。我们发现，营销理论的提出经过了几十年甚至上百年的历史，在信息渠道变革的今天才真正地实现了品牌塑造和营销的科学方法论。所以说，这是最好的时代，也是最坏的时代。对于品牌方和消费者都一样处于相反的好与坏的判断中。

因此，在新的传播和沟通环境中，要塑造一个好的品牌，需要处理好几重关系。

| 需求与供应的关系

只有在符合需求的条件下给出相对应或超出预期的供应，才是最好的关系。

2010 年开始，中国经济和社会的发展，从原本的基本生理需求转向满足大众更高生活品质的要求。不过我们发现，很多品牌并没有随市场的需求发生供应的转变，而是依然停留在原先的普通生产和供应中。当市场发展到2014年，很多品牌受经济下行压力的影响，不能维持原有的增长，市场逐步萎缩并到达一个临界点的时候，这些品牌就慢慢地被大众所遗忘。而有一些品牌，尽管一开始并不是什么大品牌，但一直在不断为市场需求迭代和升级，最后达到一个临界点，便成为一个被市场广泛认可的大品牌。

品牌的塑造过程是一个在需求和供应之间建立桥梁的过程，也是一个商业社会的信任建设过程。在商品社会中，供应方以满足需求方的需求为目的，提供包括产品使用功能、生活方式、情感诉求、审美情趣、产品服务和社会归属等各方面的需求满足，为实现这个需求满足而努力创造供需双方的沟通和认同的方法与过程，这就是品牌塑造的过程。这个品牌塑造的过程，为需求方提供服务的工作，除了需要长期满足需求方的要求，还要根据不同人群、不同时间和地点的影响而变化。因此，品牌在服务的提供和品牌的桥梁架设上，总是需要相对应的或超出预期的供应，才能够长期处于市场的主动地位。

我们发现，在过去10年里，大量的中国本土企业在国家GDP高速发展、人民生活水平快速提高的过程中，要么因为不适应、没有赶上社会发展的需求而纷纷溃败，要么转行不同领域进行发展。曾经非常知名的国内品牌，如“大宝”“小护士”“波导”“夏新”“春兰”“杉杉”“德尔惠”等，如今却几乎找不到它们的身影了。

有趣的是，一些曾经不怎么为国人所知的品牌，如“优衣库”和“无印良品”，几乎是同时在10年前进入中国，却在10

年间借助中国的经济发展大潮实现了品牌的第二次飞跃。“优衣库”在短短的10年间快速成为“快时尚”的代名词，一句“服适人生”在很多都市人心中植入一种品质和实用的新时尚风潮与生活态度。这样的坚持，自然也为“优衣库”创造了巨大的财富。在2008年全球经济危机中，创始人柳井正一度因为优衣库业绩持续向好，以180亿美元的个人财富成为日本首富；2018年，“优衣库”实现销售额2.13万亿日元，净利润1 548亿日元，较前一年增长29%，成为当下服装界的巨无霸。同样是日本的品牌，“无印良品”也以其良好的品质，更主要的是以其独特的现代日式简约的风格征服了大批年轻人，把服饰、家居甚至食品以一种优雅的、自然的格调进行到底，一瞬间就引领了市场，并刷新了其对于东方审美和生活方式的独特标准。

“李宁”品牌一度成为中国市场上运动品牌的代表，是中国几乎可以和“耐克”“阿迪达斯”两个国际知名品牌相提并论的品牌产品，甚至在2008年奥运会上，李宁本人还作为中国体育精神的代表点燃了奥运圣火。可惜好景不长，面对库存的压力，“李宁”上不敌“阿迪达斯”和“耐克”，下不及以“安踏”为代表的第三梯队。品牌方一度认为是“李宁”表现得不够年轻才导致自己的失利，于是，2010年决定在品牌上进行升级，提出“90后李宁”的品牌重塑计划，只可惜最终还是没有得到市场的认可。当产品和文化没有得到市场认可的时候，只是空喊口号和转变视觉，很多时候并不能改变什么。反倒是“安踏”，注重实效地在三线城市和四线城市耕耘，借用CRM管理系统将市场一线的门店管理起来，并且及时了解市场需求，针对性地生产产品，积极走品牌推广结合专业体育的思路持续运营，最后品质越来越好，认可度也越来越高，实现了逆袭和反超。

两个品牌的财务报告显示，“安踏”在2017年的营业收入和利润分别超过“李宁”2倍和7倍，也成为第一个市值超过千亿元的运动品牌。与此同时，截至2017年上半年，国家级的安踏运动科学实验室拥有授权的专利就超过300项，其中：发明专利42项、实用新型专利73项、获得国家专利审批32项。2016年“安踏”获得持久防泼水剂的使用权，并快速将专利研发设计为“雨翼科技”的防水系列，于2017年春/夏季上市，成为中国地区领先推出非氟防泼水产品的体育品牌。一系列了解市场和满足市场的务实动作不断践行，最后成就了今天的“安踏”品牌。

“诺基亚”在2014年宣布退出手机市场，其前任CEO约玛·奥利拉说过：“我们并没有做错什么，但不知为什么，我们输了。”这句话对于很多努力想要塑造品牌但最终失败的企业主来说肯定很有共鸣，有时候正应了那句话：“当时代抛弃你的时候，连一声再见都不会说。”事实上，他们缺的正是对市场供求关系的认识和反思，正所谓“环境变了，但很多人还停留在原地”。

近10年，很多中国品牌甚至外资品牌在中国的失利，其实是与以“淘宝”为代表的电子商务的兴起有很大关系。它们不知道，以“淘宝”为代表的电子商务的出现，在短短10年左右的时间里，改变了市场的供需关系，也改变了整个商业世界的品牌塑造环境。

过去传统的品牌塑造，都是走“市场洞察→产品生产→品牌塑造→品牌溢价→产品品质提升→品牌升级→更高的品牌溢价”这样的路径。一个品牌的诞生，需要经历非常长的时间，慢慢地、一步步地去渗透市场。主流的做法是，品牌通过市场研究或者创始人自我超强的直觉判断，找到一个市场机会，创立品牌并生产产品，产品通过各种合适的通路进行渠道铺设，紧接着在主流媒体上大规模投放广告，最好可以邀请国内或国际最具知名度的明星担任代言人，再聘请具有国际顶级大牌从业经验的设计师、工程师和经理人，在采购或研发品质更好的制造设备和零配件后，不断进行新产品的研发，最后能够提高产品品质，最好成为行业的质量标准。这几乎也是近几十年来世界各国消费品品牌打造的标准流程。可是电商时代到来的时候，这些套路似乎都瞬间失效了。

电子商务从销售的渠道开始改变，直接去掉了中间环节。原来一个产品需要经历品牌、广告、经销商、零售等各个环节才能到达消费者手里，现在只需要通过电商平台，直接从品牌方到消费者手里，实现了产品的供应。电商直接从中间环节将品牌传统塑造的梯子抽离，让原本的模式彻底崩塌，没有中间环节，让品牌和产品直面市场，随之带给消费者货真价实的体验。这个过程中，只有那些品质优良、价格实惠、反应快速、服务到位的品牌能最终在这场竞技中胜出。

小米科技有限责任公司在成立之时，正是手机品牌林立且以“苹果”为代表的智能手机风起云涌的时代。在被很多手机行业内的前辈告诫手机市场竞争已经白热化，已经没有机会之后，“小米科技”创始人雷军并没有退缩，而是经过长期的调研，最终找到了一条满足消费者需求的路线。当所有的手机企业都在拼品牌塑造和产品撒手锏科技的时候，雷军发现很多品牌的营销和产品技术都只是统一的解决方案，很多还只是从品牌自身出发去表现，离消费者比较远。既然这样，“小米”就有必要为市场上有自我需求主见的那些发烧友提供一个开发的服务，让每个人都可以参与进来提出各项要求，然后“小米”为其提供服务，充分调动起每个发烧友的参与感和积极性。在产品的价值定位上，以“苹果”为代表的高端机价格较高，自然市场份额就有限。但科技本应该以人为本，所以“小米”要做的是品质优异、价格适中的产品。通过这种互联网的方式来做“小米”，最终与消费者非常紧密地连接在一起，获得了市场的认可。

可见，在新的营销环境中，品牌若是想要做成功，在供求关系中寻求平衡就是一件非常重要的事情。时代在变，市场在变，品牌的塑造和营销的方式也需要随市场的变化而变化。

丨 时间与空间的动态变量关系

品牌的传播不再只是固定模式，而是走向动态模式，其中因时间和空间的不同会有不同，必须充分考量两者的动态变化和两者之间的变量关系。

人类社会的发展，始终围绕着时间和空间不断地演进。在璀璨的人类文明中，当人们发现了时间和空间的关系，空间总是在不断更替，或兴起、或覆灭，要让空间在不断前进的时间中永恒是一件很困难的事情，于是便产生了语言、文字和传播的各种介质，有些容易传播，有些容易留存。品牌传播也一样，那些轻巧的方式容易带来空间的覆盖，如电视、广播和户外，而那些厚重的能够留存的则更能够实现时间的覆盖，如泥板、石刻、书籍等。随着互联网的出现，其广泛的覆盖特点使得空间被瞬间缩小，全民可以自由地获取信息和参与互动，实现了所谓的地球村的空间压缩。而其内容的可留存性，又实现了很好的时间覆盖，让品牌和个人的内容能够长久保存，成为一种资产。不过，互联网的存储依然处于一种中心化的状态，依然存在因过于中心的问题而消失或被篡改的风险，很多学者逐步地也在思考让互联网去中心化，实现分布式的传播和存储的可能性，届时在传播中的时间将更加稳定，而空间将进一步被压缩。

在传播中，也是讲求天时、地利、人和的，只有这几重关系同时具备，才能够成就一个好的品牌传播案例，即在对的时间、对的地方和对的市场，去做对的事情。这听上去极其浅显的道理，却常常被很多品牌所忽略。

在中国改革开放初期，很多欧美奢侈品品牌不敢进入中国市场，原因在于整个中国市场的老百姓经济水平普遍较低，在这个时期肯定消费不起奢侈品，更在意的是解决基础的温饱问题。

同样地，一个具有季节性的产品，如果反季节进行推广，效果也一样不会理想。冬天的衣服，在夏天推广，肯定不会有人高度关注；夏天的衣服，在冬天传播，一样不会有效果。消费者从接收信息到购买行动的过程需要反复触及，但如果远离消费场景也会很快地被淡忘。

情感属性和文化场景的关系

依附于时间和空间产生的文化与情感属性，逐渐成为品牌塑造和传播中不可或缺的影响因素，不管你的品牌再强大、传播方法再好，终归要说属于消费者的话、做消费者喜欢的事，这话和事好坏的考量，都因消费者的情感属性和文化场景而决定。

人类社会很有意思的是，因为地域、环境、气候等因素，最后会形成不同的人种、肤色、语言、习惯和文化，形成各自巨大的差异，又因为这些差异，会导致彼此之间不能相互理解，甚至会起冲突。不同地域的情感表达会有很大的差别，就像是东方人含蓄、西方人直接一样，大国的民众比较随意，小国的民众比较细腻，于是就有了东方文化、西方文化、宗教文化等各种文化属性的存在。最后再通过地域变更、人口迁徙、文化交流等因素开始走向沟通、走向统一、走向融合、走向包容和理解。

对品牌的理解和认同也一样有其强烈的情感属性和文化差异。不同地方的品牌表达，会得到不同的结果。从品牌的命名开始，经常都会因为情感的认同和文化的差异而产生不一样的结果。成功的如“奔驰”“宝马”“沃尔沃”“丰田”“多芬”“乐购”等，都因善于根据文化差异进行品牌名翻译而深受欢迎。当然，也有一些品牌出现过不少的尴尬事件，比如“仙鹤”品牌在东方的文化中是非常吉祥幸福的意思，民众都能够接受，但在欧洲，“仙鹤”常常指的是“丑陋”的意思，这样的命名估计很难在当地受到认同；日产汽车“Moco”深受年轻人喜欢，可是这个名字在西班牙语中是“鼻屎”的意思。类似的事情事实上还有很多，这恰好说明了文化有差异。中国有句老话叫“名正则言顺，名不正则言不顺”，因此，我们在设计品牌时应注意品牌的受众群体在文化和情感上的差异。

品牌的沟通也需要符合当地人的文化和情感特征才能够起到更好的效果，即外来的品牌要进行本土化策略才能长期占领这个市场，这就是所谓的“入乡随俗”。曾经的某个化妆品品牌在向消费者传达美白效果时使用到了“如白雪一样”的形容词，但这一形容方式对于赤道国家的人们没什么效果，因为对于生活在赤道、没见过雪的大多数人来说，联想“雪一样白”是一件很困难的事情。后来品牌方转换本地化思路，描述美白效果为“像椰肉一样白”，当地人瞬间就有了认知。

就算是本地的品牌，要占有市场，同样要理解不同消费群体的圈层文化和喜好，才能够获得相应的认同。同样的市场，随着时间的推移、经济的发展、年龄的差异、不同的行业等各类因素的变化而形成不一样的消费习惯和圈层文化。很多本土品牌就是因为缺失对消费者变化的洞察和自我改变，不能与时俱进，最后逐渐被市场淘汰。

品牌塑造与销售的关系

品牌塑造与销售的关系，是一个既辩证又统一的关系。从品牌的视角出发，品牌塑造的整个过程，目的是获得市场的更高认可，只有获得了市场的认可才能最终实现更多的产品销售，获得更高的利润。但从销售的视角看，往往是销售目标没有实现，也就没有更多的利润，品牌就没有足够多的塑造资本。就像是先有鸡还是先有蛋的问题，困扰着很多品牌参与方。

在过去的传统市场经营模式下，品牌的塑造需要经历阶梯式的逐步发展才能得到市场的认同，并在竞争中获得优势。但是在今天的市场环境中，那种纷繁复杂的信息环境和去中间环节的销售环境，打破了原有的规则。一个大品牌不继续做或者做不好品牌塑造与传播，有可能不经意间就被市场给遗忘；一个小品牌，也有可能因做好了塑造和传播而迅速地崛起。

不过，不管时代怎么变化，品牌的时间积淀和考验终究不是一蹴而就的事情，那些靠着营销而快速获得知名度的品牌，并不能说明它们在获得知名度之后就成为好品牌了。品牌的塑造是建立满足需求、塑造风格和印象、制造知名度、提升认知度、维护美誉度和忠诚度的有机与立体的过程。在完成生意模型、需求定位和风格塑造的商业战略后，进入推广和传播阶段，最后进行品牌经营的长期过程，如果没有商业战略的基本点，后续传播和推广就是空中楼阁，而传播和推广只能解决知名度的问题，真正的塑造和经营还需要靠消费体验和反馈，最终形成美好印象，并持续正向沟通。

只是今天的品牌塑造模式已不再是原来递进式的做法，市场并不会给品牌方一步接一步慢慢来的机会，很多事情几乎都是同步进行，各个维度的工作互相交织，更讲求以消费者为中心，只有综合维度满足市场的需求，才能够拥有持续塑造品牌的机会。当一个品牌能够满足需求并且善于沟通时，就能获得相应的机会，而获得机会以后还要长期保持与时俱进的迭代精神，才能够长期保持品牌延续的机会去实现一次次的残酷蜕变。

不过，在市场中，大部分人理解的品牌营销主要是指品牌的推广和传播，但如果脱离了好的产品的营销，也就脱离了本质；同样，有好的产品，也有好的营销，只注重短期效应，充其量只是一种销售行为，还达不到真正的品牌营销，只有长期、深度经营的品牌，才能够最终成为“品牌”。

产品通过传播获取关注和知名度并产生了消费，一方面说明这类产品在市场中有需求；另一方面说明有一群敢于尝试的消费者总是愿意去体验新事物，他们因为好奇心消费了产品，但并不代表他们就认可了这个品牌，也不一定会成为这个品牌的拥趸。只有在消费过程中持续满足他们的需求，或者超出他们的需求和想象，才能够使之有进一步的行动。

消费者消费一个品牌的产品，除了与产品自身的影响力、产品价值（产品的实用价值和社会价值，也指实物功用价值和心理价值）有关，还和产品的价格息息相关。根据查理·芒格的经济学理论可知，价格与需求常常成反比的关系，即价格越高，需求就越少；反之则越多。但在品牌营销的范畴，这个经济学的利润常常显得无法解释。“LV”和“劳力士”等奢侈品的发展史让我们看到了另一种市场现象。在早期，“LV”和“劳力士”并不是什么大品牌，市场需求量反应平平，一个“LV”包正常售价一两百美元，一块“劳力士”手表售价 900 美元，随着价格不断提升，需求越来越高，一个包可以卖 2 万美元，一块表卖到了 8 万美元乃至更高，瞬间市场需求旺盛，甚至供不应求。曾经一段时间，“劳力士”手表在中国香港地区很是风靡，以至于在当地流行这么一句话：你不戴“劳力士”手表，别人不会看不起你，别人是根本看不见你。在日常的消费品、消耗品中，物品的价格常常是消费者考虑的重要因素之一；而在奢侈品中，品牌力和产品的价值则是重要的考虑因素。

中国的社会经济在短短几十年间快速成长为物质丰富、需求旺盛的全世界品牌争相角逐的市场，很多人的消费能力也在快速提升，消费者对于品牌的认知和意识也随之而快速提高。对于很多人来说，选择某一品牌并不光是看中其品质，最重要的还要能满足自我消费能力、经济实力和社会身份的心理需求。近 10 年来，奢侈品在中国市场快速发展，成为全球奢侈品唯一持续增长的市场，就是一个重要的表现。

品牌的塑造除了单纯地去创造影响力外，更重要的是要在产品的价值上进行提升，满足于基本使用功能的实用价值之上。价格越高的产品越需要去满足消费者作为一个社会个体所赋予的社会心理价值需求；同样，越是满足消费者产品基础实用价值之外的心理需求的品牌，也越能被消费者接受更高的产品溢价。

这个心理价值，包含了马斯诺需求理论中的社会情感和归属、尊重及自我的实现。在互联网时代，随着信息越来越透明化，年轻人的审美和品位也在快速提升，超越了上一辈人的眼界和习惯，消费能力和消费习惯也在发生相应的改变。

随着互联网的兴起，尤其是社交媒体的普及，打破了信息的渠道和媒介的壁垒，中国经济的发展和国际的交流在一段时间内迅速提高，这使得一些原本有消费能力却不知道该如何消费的人群有了更多机会去看世界、开眼界，这些都促使成长起来的年轻消费者的消费观念、审美等发生改变，消费心理更回归到自我的情趣和品位的表达，也愿意为认同的东西支付更高溢价。

近些年，那些跟随这个潮流去改变的品牌，都纷纷朝着品牌的年轻化升级努力，其中不乏成功者；那些没有跟上这一趋势的上一个品牌发展周期的品牌，都陆陆续续地淡出了消费者的视线。

品牌塑造的进程中，销售的好坏是一种产品获取用户的体现，同时也是品牌塑造结果的综合体现，包含了产品满足不同时间段市场的功能需求和社会心理需求、品牌的营销推广等因素，也包含适应时间因素所带来的差异化表达所形成的经历和积淀。

第四章　新环境中的品牌传播原理

了解了品牌营销的因果关系，我们知道品牌的原理以及品牌塑造的条件；同样地，品牌营销很重要的一个工作是传播。但随着品牌传播环境的变化，我们需要去探究，在新媒体环境中品牌的传播原理都有哪些不一样的转变。

了解了品牌营销的因果关系，我们知道品牌的原理以及品牌塑造的条件；同样地，品牌的营销很重要的一个工作是传播。但随着品牌传播环境的变化，我们需要去探究，在新媒体环境中品牌的传播原理都有哪些不一样的转变。

新媒体的出现，以及由社交化的基因带来的传播逻辑变化，尤其是传统互联网到新媒体的转变，催生着各方面都在发生改变。行为、思维、习惯、性格、价值观和世界观，统统在被改变。

这些改变，第一次使得作为消费者的主体开始有了不一样的权利。可以说是一种意识的觉醒，也是一种权利的回归。

这是新媒体的力量，它的定义就是 UGC 和 GGC，新媒体主要是围绕这两股力量在推进和产生化学效应。

UGC 即用户自主创造内容和自主传播内容，是互联网发展为新媒体的一种重要的方式，其主体是普通的用户，让每个人都成为信息的创造者，也称为传播的媒体渠道之一。在这个方式和机制下，促成了消费者成为信息传播的主宰者。尽管用户可以轻松地参与内容的创造和传播，都有机会参与社会的变革和发展，但真正引领信息传播的往往是特定的人群，即精英或者意见领袖，他们有更强的内容和信息创造能力，他们也更具影响力。因此，往往是由他们在引领信息传播的发展，这就是新媒体环境中的 GGC 特点。

在 UGC 和 GGC 发展的新媒体环境中，除了我们看到的传播主体、传播渠道、传播方式等方面的改变，也让紧跟时代的品牌看到了新的机会，只要迎合消费者的特点和喜好去进行传播信息的缔造，再进行合理的传播，往往能够起到意想不到的传播效果，既节省了大量资源，也起到了更加快速的作用。这就是过去很多品牌不敢想象的正向变化。

同样，在传播的路径上也发生了较大的转变，以前都是品牌方借助媒体将产品通过广告强势地传递给消费者就可以了，省时省事。现在不行了，品牌要触及消费者，首先要找到他们所在的新媒体，以他们感兴趣的方式获取他们的关注。

品牌的营销模型也会发生巨大转变。品牌常常希望把产品、品牌、服务、渠道等一堆东西很直接地推给消费者，但消费者不是那种思维模式。他们在意的是你的产品好不好看、好不好用、口碑怎样？他们是一种较为草根的思维逻辑。为什么“小米”手机会被人关注？就是因为“小米”创造了一些让消费者觉得有温度、有兴趣的注意点。通过社交媒体，消费者很容易找到感兴趣的产品以及了解产品的好与不好。另外就是我们要通过数字化的营销，把产品中过硬的内容转化成消费者的一些喜好，而这个转化无非是以下几重意思：

第一，他们有信息的获取需求；

第二，他们会有相应的感官享受；

第三，他们希望去社交；

第四，他们希望自我实现。

在消费者层面，他们要接受这种信息的转化，品牌方其实是做了以下几种行为：

第一，信息获取很明显，品牌方给予他们实用的、有价值的且想要了解的信息。

第二，品牌方用了怎样一种方式让他们从感官上得到不同的享受，或感人、或震撼、或惊艳、或离奇、或搞笑，这个就跟电影一样。

第三，有些品牌可以去跟消费者社交，而有些品牌却很难做到。品牌跟消费者社交，某种程度上来说是一个伪命题。所以在这一块上，我们可以建立一些粉丝群，把粉丝群中较为活跃的人找出来，让其去带动整个圈层。

第四，消费者要想自我实现，首先是需要这个产品能够给自己带来自豪感。例如“我知道这个产品什么时候面市”“我比别人更熟知这个产品的优势与劣势”等。其次，自我实现就是消费者通过跟品牌的互动，除了自豪感以外，还能获得哪些回报。这些是我认为我们做的数字营销跟以往的营销相比不太一样的地方。

所以综合来看，所有的品牌营销，就是解决信息获取、感官享受、社交需求和自我实现的过程。只要能正确地认识这四个方法论，并在合适的环境和方法下进行品牌营销，将会让品牌的各方面有长足的发展。

信息获取和传递的发展及困局

所有人都天然地具有信息获取和传递的需要，每个人从出生之日起便开始信息的获取，观察世界，学习知识。人类自出现以来，也不断地抱着对世界的好奇，进行着信息的获取和彼此的传递，只是在不同的时代和环境，所需获取和传递的信息内容与方式各不相同。信息的获取是学习和知识的累积，信息的传递是交流和沟通的方式。人类依靠动作、表情、语言、文字、图片、视频等多种方式传递信息和获取信息，在这个过程中，传播的介质也陆续出现了面对面口头传递、书籍、报纸、杂志、电视、户外、广播和互联网等渠道的发展。

不论什么方式和渠道，人们在信息获取和传递上都努力地追求真实性、实用性、有效性、便利性、有趣性等特点，都以信息的获取和传递的价值为原则。

过去人们对于信息的获取和传递往往伴随着信息源的控制和传输渠道的控制，以垂直阶梯状的方式传播信息，传播机构或渠道往往成为强而有力的专属机器。此类信息传递的效率相对较低，个人、机构或品牌向接收方传递信息的过程以逐级方式为主，如果谁能控制覆盖面更广的优势渠道，那么便能更广泛地传递信息。这就催使大量权力和资本介入信息流通领域，以控制信息渠道作为信息获取和传递的重要手段。因为信息渠道的优势被掌握，消费者处于弱势地位，接收信息的行为处于被动状态。

纸张和印刷术的出现与发展，使得古代的信息传播由原来被安排的、区域性的、缓慢的节奏变得迅速起来，甚至影响了整个世界的文明进程，促进了文艺复兴。

广播曾经引领了一个时代，让信息传播的速度和广度大大加强，成为国家或军队宣传的重要工具。

电视这种相对立体的传播渠道一出现，便占据了绝对的优势，吸引着无数信息的接收者，传播者被大量征服，这也成为工业文明发展和发达的重要标志之一。作为最直观的一种传播方式，只要控制了，便能够赢得舆论的风口。

过去每一次信息传播方式的革新，都伴随着相应的社会变革，由于控制信息传播渠道可以占有变革的优势，因此，使得信息渠道常常沦为相关利益方的工具。

直到互联网时代新媒体的出现和蓬勃发展，才使得信息的获取和传播出现了继文艺复兴之后的又一次信息革命和思想革命。

从互联网门户到社交媒体，普通民众第一次站在了信息传播的源头和渠道上，作为信息的创造者和传播者出现在了世人面前。

这个信息的变革，除了是信息传递方式的改变以外，还从很大程度上改变了整个社会的组织结构，至少是信息社会的组织结构。原本自上而下的垂直组织结构，自此变为网状的结构，固有的组织被打破，取而代之的是每个人都是信息传播里的重要一环，从理论上和实际上都可以实现每个传播主体与信息内容的创造者直接对话，实现了信息自生状态，组织也实现了自组织的过程。

因为自组织，所以往往也表现为没有组织，但因为互联网社交媒体通过兴趣、爱好、特点、地域等因素始终维系着他们在网络空间中的关系，那么自组织则从没有组织变为没有组织的组织。

我们看到，这些自组织分别在不同的网络自然因素的维系下，以几人、几十人、几百人、几千人等不同群体在不同标签下存在，因为相应的人、事、物而表达自我的正向、反向或中性的观点和行动，展现出了非同一般的力量。因为这些信息的传递力量之大，很容易便将相应的人、事、物的好或坏迅速地推向一个过去不敢想象的高点或低点，一双看不见的无形的手，就这样展现出了无穷的力量，这就是无组织的组织的力量。

“小米”手机在筹建和发展中，找到了一条依靠广大消费者的道路，最终成为大量年轻人喜欢的国民手机。在手机研发阶段，“小米”便借用社区的力量，大量征集消费者对于手机的需求和意见，并且邀请消费者参与研发和生产，使他们具有全方位的参与感，并且自发地成为“小米”手机的消费者和传播者，最后又因为贴近生活的人性化设计和功能，让“小米”手机在同行中脱颖而出，短短几年便迅速成长为行业中的巨无霸。

这种无组织的组织的力量，除了对信息的产生和传递方式起到了巨大的革新，也同样因为其公开性、透明性，正在不断地改变着社会行为。正如过去秦始皇“书同文，车同轨”的伟大决策一样，社交媒体的出现和发展，也从信息的根本上改变了整个社会的文明进程。

（1）因为这个组织，第一次使中国这个多地域、多民族、多方言的国度，在意识形态和价值观上有了比较高的统一。过去因为地域、区域文化等特点，也因为信息不透明，全国各地方对一件事有不同的看法，甚至有些人可以在一个特定的范围内控制局势。但今天一切公之于众，好与坏都可以尽情表达，随着教育水平的提高，随着社交媒体的开放和参与，人们对事物的价值观第一次有了一个趋于统一的认识。很多人担心，一旦一件好事被放到互联网上，会因为每个人不同的观点，而使得好事变坏事，不过从过去的信息传播经验来看，自从有了公开、公正的信息渠道，公平的价值自有其合理的表现。

（2）因为这个组织，也使得我们真正地能够睁开眼睛去看世界。过去我们因为不同的城市、经济条件、教育背景，每个人的文明素质各有差异。破坏规则、随地吐痰、损害他人权益、破坏环境等不文明现象屡见不鲜，但随着信息渠道的变化，我们通过这个渠道第一次没有被过滤地看到了全世界的好，我们每个人的行为都被展现在大庭广众之下，这促使民众的文明行为有了一个合理的教育窗口。让我们的文明程度，随着经济的发展呈现了正向的发展。也让更多人明白了自己在人生中努力的方向，即朝着那些美好的方向发展，就是最好的发展。

（3）这个信息生产和传递的环境，也在改变着很多人的生活习惯。当我们随时随地可以获取来自全世界的信息，并随时可以与所有人交流的时候，我们就像面对着一个信息的瀑布，大量的信息向你扑面而来，你的习惯也开始受到各种改变。原来在信息匮乏的时候，每个人需要去寻找信息，但今天你面临的是在信息包围中选择信息。消费者也可以直接通过相应的渠道与任何个人或集体对话，实现多维度的沟通，真正做到“我想要的现在就要”的即时性。所以信息不再是奢侈品，反倒变成快消品，促使人们很快地接收信息，也很快地过滤信息和忘掉信息。品牌在面向消费者的传播中，门槛低且难度大，在海量信息中，想要让消费者记住，往往使出浑身解数也未能达到期望的效果。过去的品牌营销，一个漂亮的案例往往能被谈论好多年，甚至成为一个营销公司起死回生或走向辉煌的契机；今天的环境，已经不再可能会发生此事，所有的信息都被快速流转，无形中增加了“记住”的成本。从知名度到认知度再到美誉度和忠诚度，要想面面俱到，那可谓难上加难。

（4）因为这个巨大的变化，民众在信息获取中也逐渐走向了性格的变化。每天在信息爆炸式的环境中被各种信息冲刷，无论是好的还是坏的，尤其是借由新媒体带来的大量利益诱惑式的信息，如成功学、投资学、情感类等信息以极大的诱惑性刺激着人们，加剧了人们在性格上产生的变化。当国民的性格在变化，也就意味着消费的性格发生转变，消费将朝着极具便利性和极具品质化两极发展：或者你满足我简单直接快速获得的需求，可以快速让我得到消费或服务；或者你满足我高端奢侈的需求，可以让我节省时间没有后顾之忧；而介于两者之间的商品，往往难以生存。

这些改变，从很大程度上撕裂了原有的信息社会化格局，让信息从原本处于比较简单的垂直传播状态和环境中发生巨大转变，从垂直的单方相对有序的形态中突然走向了一种无序的状态，而信息的无序发展，带来的却是一股让现实社会走向有序的力量。在有序的环境中，一切都按部就班，商业的机会趋于成熟和饱和；而在无序和混序中，尽管处于比较混乱和困难的阶段，往往也是品牌建立的机会。

新媒体的发展，使得信息的获取和传递有了质的变化与飞跃。但这个发展至今还只是一个启蒙和初始阶段，也始终因为社会和区域特点要在发展过程中面临各种困难。

首先，新媒体的发展展现了开放的红利，但目前仍处于一个无序的状态，相应地信息和信息传递价值没有一个有效的标准来衡量。我们都知道，物以稀为贵，信息的价值也一样，但凡那些稀缺的、私密的信息往往更具有价值。在新媒体的发展过程中，因为其海量的信息，导致了信息因为量的巨大而显得不值钱；而有价值的信息，往往被埋在大量无效信息中无法被寻找，也缺少衡量的标准。

其次，信息的渠道因为各种复杂关系使其处于半开放状态。信息的平台长期以来存在这种不开放的现象，某种程度上是在逆潮流趋势而动，阻碍了信息传播事业的发展，而这种现象将会有一部分相对长期地存在。只有真正地实现了跨平台的兼容和传递，才能使信息的传播发展提升到一个新的高度。

再次，大数据的相互阻隔及研究使用水平依然存在不少问题。自从有了信息，就有了数据，而直到计算机的发展，才真正意义上开始了大数据的进程。但今天的互联网信息渠道间，一方面本着自身利益出发，从一开始不知道数据何用，到现在数据只为自己所用，彼此没有实现共享，而没有实现数据的共享，又使得数据源相互独立、数据量较小，最后失去大数据所能产生的使用优势和价值。另一方面，在数据的研究和使用方法上，由于大多是在各自的小圈子中使用，也使数据的客观性存在相应问题，并且使得数据依然只是数据，没有能够很好地转化成生产力。这些问题，使得中国的大数据在某种程度上变成了营销的伪命题。真正的大数据，是基于数据的基础去看到数据背后之人的行为、习惯、喜好等特点，数据的量越大，意味着其精确性越高，数据的行动越快，则使得数据产生的价值越高。就像货币一般，当相应的货币被发行后，为了实现增值，需要驱使货币快速流转，流转速度越快，其产生的价值就越高。因此，只有实现数据的真正共享以及使用方法和速度的进一步提高，才能进一步说明信息的传播有了较大的进步。

最后，信息的安全性成为我国未来信息生态发展的重要挑战。在过去很长一段时间里，我国的市场规则还不够健全、民众意识还不够强，导致大多数人没有隐私，对知识产权的保护也不够重视，好在政府在不断加强立法立规的同时，也在加强人们自我保护的意识。从立法到懂法再到执法，都是一个循序渐进的过程，只要法制的思想在，未来信息的自由流通将不是一种假设。

丨 感官营销的蓬勃发展和未来前瞻

我们说到感官享受，无疑是消费者非常看重的一个环节。在品牌的营销中，消费者除了希望获得有价值的信息，又在技术的发展基础上进一步有了更高的要求，就是希望有感官方面的享受。过去品牌只需要告知消费者产品的功能和好处就可以了，现在信息瀑布时代，也是品牌竞争空前激烈的时期，用户已经不再只停留在纯信息的获取上，更希望有不一样的感官满足。

那么，什么是感官呢？所谓感官，就是我们所熟知的视觉、听觉、触觉、嗅觉和味觉。

现代生理学、心理学的研究证明，在人们接收的外界信息中，83%以上通过视觉，11%要借助听觉，3.5%依赖于触觉，其余的则源于味觉和嗅觉。

今天的数字技术，更主要的还是停留在视觉和听觉这两种重要的感官上，通过文字、图片、声音、视频、技术等方式去让人们感受到相应的信息，这些信息调动听觉和视觉的感受，便成为时下比较重要的品牌营销方式之一。

人作为一种具有立体感官的动物，在感官方面的需求和满足始终没有停止，满足这些需求的方式我们称之为内容。过去信息匮乏时，能够表达自己感情和感觉的内容被人们孜孜以求，努力创造；后来在信息爆炸的时代，有效的信息依然有限，而那些能够成为被获取的有效信息，往往是通过内容的表达来实现的，这些好的内容依然很有限，甚至比信息匮乏时代更加稀缺。例如，原本的信息量是100条，有效内容是1条，寻找起来和接收起来相对简单；当今天信息量达到100 000条，有效内容估计有2条，虽然有效内容量增加了，但在海量的数据中，其筛选的难度就变得越来越高。此时，好内容的稀缺性陡然增加，于是要满足消费者的感官需求，去触及他们并且影响他们，就显得更加困难。若我们真正能在这海量的信息中创造具备影响力的内容，也往往能在营销较量中胜出。我们把这一现象称为内容相对稀缺现象，而把这个亟须内容的时代称为内容为王时代。

在新媒体时代，内容的呈现形式显得丰富多彩。一段文字、一张图片、一篇文稿、一段视频、一首歌曲、一个互动技术都是内容，而每一种形式都会因为不同的水平而展现出不同的打动力和影响力。

这些内容，分别从实用、即时、有趣、猎奇、感动、惊艳、伤心、生气等不同维度去调动人们的五感、七情和六欲。最后表现为人的正面的感受、中性的感受或者负面的感受。

对于品牌来说，更主要的是以正面的感受和中性的感受为落脚点去影响消费者，以实现消费者对品牌产生好感的目的。

1. 对于品牌来说什么样的内容才能称为好内容

一是能迎合消费者的喜好。

我们说，品牌的营销需要迎合消费者的需求去制定相应的策略、明确自己的定位、进行合理的营销推广行为、提供符合预期甚至超出预期的服务。同样地，在营销过程中，与消费者的沟通很重要的一部分是通过品牌输出好的内容，而这些好的内容很重要的标准就是是否满足消费者的需求以及是否能够迎合消费者的喜好。消费者对品牌的认同和对品牌与之沟通的内容的喜好，与他们的信息接收和消化程度有相关关系。早期当大部分人的信息渠道比较有限，消费者寻求简单直接地传递品牌利益点，后来竞争激烈，选择多样，很快他们已经不能满足单纯的直接信息的品牌传递，更追求创意式、差异化的接收信息。此时的内容应围绕消费者自身的需求、特点、文化等因素进行创造，以力求满足他们在感官上的喜好为出发点。

二是能满足或引领时代的审美标准。

在满足喜好的多维度基础上，内容的呈现和信息的传递也需要满足或者引领这个时代的审美情趣与审美标准。

审美是一种时代的视觉感官表达，在不同的时代和不同的文化环境下有着不一样的表达方式。自从人类懂得比较和选择，大抵对美的判断就开始了，经历几千年的变化，从柏拉图等一系列哲人开始，到近现代的美学家、艺术家，有无数的人试图创立学说、设定标准，但都未能完好地诠释美的概念。在一个固定的时间和地点看不同的群体，总是有不一样的审美习惯，无论是对物体的喜爱，还是对人的欣赏，均因人而异，正所谓"萝卜青菜各有所爱"。品牌是现代社会审美的重要载体，也是审美的重要推动力量。而进入互联网自媒体时代，当人人都有机会获取全球最及时的资讯时，审美才在真正意义上得到了全方位的释放，年轻人通过媒体进行比较、学习和创造，结合东西方文化开始逐渐形成东西方结合的现代审美。这个审美的变化是一种信息的开放兼容并包的结果，也是经济发展的结果，经济基础决定上层建筑，随着中国经济实力和国际影响力的提升，我们正逐步从文化和审美的输入国转向输出国。西方的审美代表着工业化时代的精神表达，而东方的现代审美可能预示着后工业时代自然的诠释。此时的品牌作为一种时代精神的载体，原本是引领消费者的审美情趣，因为互联网，因为更多的体验和感知，逐渐被消费者同步或超越。新的品牌营销内容创造如果还停留在原有的审美观点上进行创作，显然不能满足消费者的时代审美需求，就会被认为是过时或老土；反之，如果在审美上太过前卫则会变成另类，不容易被接受或变成小众。因此，在审美上，品牌的内容沟通要努力实现很好地满足消费者的需求，或者能够持续地引领消费者的需求才能够赢得市场，少一步则不足，多一步则不适，保持长期引领半步的节奏，就是最好的定位。

三是能调动消费者的正面感官。

品牌营销的内容创造和沟通，不管在内容呈现上如何抓眼球，回到品牌本身的时候，内容最终能否调动消费者的正面感官成为很重要的标准。

有些品牌在内容创造过程中没有考虑一个区域的民族情感和文化习惯，而导致伤害了当地消费者的感情，最后的结果就是品牌不被当地消费者接受。

也有一些品牌，为了短时的眼球效应，经常放弃坚守自己的底线，不是在内容上提供给消费者更多美好的体验，而是不惜采取丑陋、负面等手段，最后在一时间的眼球抓取之后，并没有得到更多的品牌良好的积淀，成为消费者眼中反面的记忆素材。这些品牌内容，都是不成功的品牌内容，或者长远看不会是占据消费者正面心智的品牌。一个品牌如果想赢得消费者的喜好和信赖，必然在其对外沟通的内容上要始终努力去传递感动的、积极的、美好的、快乐的各种正面信息和观点，通过这些好的内容去调动消费者的正面感官，才能成为好的沟通内容。

四是能建立品牌或产品与消费者的有效信息连接。

我们知道，好的品牌的营销内容要努力去迎合消费者的喜好，去满足消费者的审美，也要能调动起消费者的正面感官。既然是品牌的沟通内容，那么最终需要努力实现将品牌及产品的信息和理念很好地传递出去，并且被消费者记住，这才是最好的结果。如果品牌传播之后，所传播的内容不能促使消费者获得有效的信息，便是一次比较失败的沟通。因此，品牌通过内容进行营销和传播的好坏，除了满足消费者的喜好，更重要的标准是，品牌的有效信息能否被准确地传达并且正面传达。

2. 当下市场环境的营销内容需要找到适合的承载渠道

一是文字形态渠道：包含论坛、贴吧、微博信息、微信话题、电商评论、问答平台、新闻媒体等类型，以文字为主要内容信息，进行文字型传播。

二是图片形态渠道：包含网络平面图（微信、论坛、微博等平面内容）、户外广告平面图、Gif 动态平面图、图片新闻网站、杂志等类型，以图片为主要内容信息，以图片与文字组合的方式进行传播。

三是声音形态渠道：包含广播、播客网站、录音平台、音乐平台，以及可承载声音内容的综合类平台，通过声音内容的形式进行信息传递。

四是视频形态渠道：包含各类电视平台、电影平台、视频网站、直播网站、视频互动网站，以及其他可承载视频的综合类平台，通过视频的形式进行相对复杂信息的传播。视频作为一种声音、图片、文字、光影相结合的形式，具有较强感染力，能够很好地调动视觉和听觉两个重要的感官，能更加有效地增加人们的记忆。

五是技术形态渠道：包含为传播所开发的技术型信息渠道，如游戏、App、H5、搜索引擎等平台和形式，基于技术开发的基础进行的内容信息传播，可完成组合文字、图片、视频、声音等形态。但由于受限于网络的带宽、速度、平台的信息不共享等问题，技术形态的传播相对比较困难，往往需要借助其他平台为载体，难以实现有效的直接传播。

3. 内容该如何创造才能具有影响力，才能有效地传递品牌信息

这里的内容指的是那些符合消费者喜好，并且能够从品牌利益出发正向影响消费者的内容。要建立品牌与消费者的连接，往往受时间、地点、人物、文化、消费习惯和消费力等维度的综合影响。

消费者的喜好，往往因为时间的变化而变化，10 年前喜欢的东西和现在喜欢的东西肯定不一样；中国这么大，不同省份的文化和习惯都有很大的区别；而不同年龄、不同职业的人，对事物的看法也千差万别；不同的文化背景，也常常决定着人们对于事物的看法和喜好；就算各种因素都相对接近，最后也会因为消费能力的不同，产生消费行为的极大不同。

4. 创造好的内容是需要依靠必要条件的

创造好的内容，是一个综合的考量结果，需要考虑影响消费者喜好的各种变量。

一是内容的创造需要建立在充分的消费者洞察基础上。

在内容创造之前，应该有一个复杂的消费者洞察工作，才能够找到消费者的痛点和关注点，让内容的创意和创作有的放矢。消费者的洞察，则需要综合地考虑包括年龄、性别、教育、职业、收入、消费水平、行业、文化、地域和习惯等各类因素。在相应的关系因素的基础上，从品牌所能输出的或希望让消费者认知的沟通点出发，去寻找最容易引起共鸣的利益点和品牌的结合点。这样的消费者洞察，才是价值最大化的手段。

二是内容的创造需要符合品牌营销的整体策略及品牌信息连接价值。

建立在消费者洞察基础上的内容创造，与整个营销一样需要有相应的策略工作。单纯地思考消费者洞察，没有策略逻辑的内容创造，充其量只是点子，不能算是创意。好的创意需要具有深刻的策略思维，能知道消费者和市场的喜好与口味，能懂得思考是什么、为什么思考、应怎样去思考的思考模式，充分地寻求策略的准确性，再去进行内容上的创作；并且在有策略逻辑的基础上，也需要落到品牌信息的链接上，才能够有的放矢、合情合理。

营销行业中，我们经常会发现，很多品牌或内容创作者经常陷入一种要么是不了解消费者的自说自话而产生的尴尬，使消费者觉得莫名其妙，说的不是消费者想听的，更多的是“王婆卖瓜”式的营销模式；要么是为了迎合消费者喜好而使得营销手段太过滥情，内容的结果似乎都与品牌没有关系，把一个品牌的行为变成了一个公益的行为。这就是没有充分地制定整体策略和落实品牌信息链接的反面结果。

三是内容的创造要充分发挥创意的灵活性。

内容创造的过程，也就是创意的过程。如何创作出符合当下消费者喜好的内容是一个比较大的考验。广告的创意和创作的过程需要经历很多阶段，每一个阶段的不同特点都充分地让我们感受到，创意是一个动态的过程。

在广告的启蒙和发展的早期阶段，由于资讯稀缺、媒体有限、消费者信息接触量较少，广告内容往往比较单一。只要品牌和创作者制作一组平面图，将其设计得比较有特点，便能够引起观众的驻足甚至媒体和社会的强烈反响。那时的设计师或策划人是一门非常吃香的职业，俗称为大师。

后来在媒体形式比较丰富、品牌营销比较成熟的时候，品牌营销的形式也越来越多元，创作者既要懂得平面设计，也要能够创作 TVC 的镜头。由于媒体相对垄断，只要制作出来，都能被关注。这个时间的营销人是非常幸福的人，广告营销很多时候确实能为品牌带来巨大的改变。于是广告的从业者总能扬眉吐气，拿着较高的工资，穿着奇装异服，留着一头长发，背着一个巨大的画板，嘴里叼着一根烟（最好是雪茄），走过大街小巷，穿行在高楼大厦之间，一股酷劲成为一代年轻人的向往。

随着互联网和新媒体的出现，内容的创造进入一个新的次元。原来的那些平面设计能力、TVC 式的文案能力等成为传统的思维，也成为一种基本能力，在互联网的面前显得尤为单薄。那些停留在传统常规套路和方法的营销人，他们突然发现互联网数字营销非常的不一样，消费者很难搞懂，设计一张平面图、弄一个 TVC 已经不能被接受了。在互联网中，营销的从业者很多时候并不是从广告和营销专业毕业的人，但他们在这里玩得风生水起，这就是常说的“乱拳打死老师傅”的现象。其根源就在于，在互联网下新媒体蓬勃发展，原来媒体和资源垄断的情况被改变，消费者从被动接收信息转为主动选择信息。品牌营销的内容创造还按照原来的思路操作已经不能抓住消费者的眼球，只有展示出互联网特点的创意，才能够获得消费者的喜欢。对创意的要求也越来越高，要求创意和创作人员对消费者、对媒体、对创意的形式（文案、设计、视频、音乐、技术等）各方面都要有所了解，甚至懂得创作。关于创意灵活性的要求，第一次被提得如此之高，以至于很多曾经的“大师”，在互联网这个讲求走心、讲求实效的环境中退化得毫无建树。于是我们看到了一个全新时代的来临，这意味着传统营销手法的退潮、新的营销方式的兴起。只有那些跟得上时代的年轻创作者，才能称作这个时代真正的创意人。

四是内容的创造要满足传播的自发性可能。

由于互联网时代的特点，自媒体的现状使得信息分散和碎片化，同时又因为互联的状态，形成了分散中的关联，大家彼此各自是一个节点，又彼此连成一个网状。这个特点给品牌的营销制造了很多麻烦，它们比较难像原来一样通过控制媒体来控制向消费者传递的信息表达，实现硬植入。在互联网中硬植入，经常会被消费者跳过，起不到很好的营销传播作用。因此，传播的内容创作开始变得尤为重要，一个赢得消费者喜好的内容往往能够起到四两拨千斤的作用。内容的创作，在符合策略逻辑、符合品牌需求、深刻洞察消费者的时候，必须能够结合痛点、热点以及人性去触发内容的自发传播性的可能。

五是内容的创造是一个持续性的过程，不能只求一招得天下。

在互联网时代，内容创作的存续性与传统营销有很大不同。以前一个平面设计、一个 TVC 传播完毕以后即为结束，在媒体中也自然下架。而今，所创造的内容在互联网中的传播才刚刚开始，通过内容的创作以及自媒体的传播，被消费者看到并产生兴趣，对方会进行产品数据和信息的比较，再进行购买、使用，最后将心得分享出去，又引起自媒体传播渠道用户的再次传播。这样不断地形成一种循环。因此，品牌营销的内容开始逐渐成为一种在线资产。那些有大量受欢迎的信息的出现和被保存的品牌，在互联网中虚拟的资产就更加有价值，而那些没有内容的品牌就比较不可信。在追求资产积累的道路上，营销内容的创作和积累是一个逐步的过程，今天被消费者喜欢，并不代表永远被喜欢，而是要长期去创造符合当前消费者兴趣的内容才能长盛不衰。

5. 好的品牌内容，在属性上有不同维度的分类

对于企业来说，好的品牌内容应分清不同的出发点和属性，

需要分别满足业务的内容、产品的内容、品牌的内容、服务的内容和消费者层面的内容。

一是业务的内容：无疑是从生意目的出发，去引导消费者对该品牌和产品产生兴趣，并愿意去购买使用。在商业的行为中，这是企业的生命线，在这一目的的促成中，是一个复杂的、综合的过程。既要满足消费者清晰的信息获取需求，又要通过内容去诱发消费者的感官冲动。业务的内容，往往是由消费者需求层面的导入、产品信息的输出、品牌好感的传递和服务保证的信任等多维度的综合因素决定。

二是产品的内容：主要是从产品的功能、外观视觉、人性化的使用、效果等多角度去传递产品的信息，以满足消费者需求或引领消费者需求的方式获取对产品的认同。因此，产品的内容自然更聚焦于产品本身的信息传递上，去诱发消费者对产品的关注、认知和尝试，并形成使用的正向感受，甚至有向他人推荐产品的动力。

三是品牌的内容：广义的品牌内容是产品、传达概念、服务、视觉效果、业务渠道及消费者反馈等多维度的综合表现。狭义的品牌内容是指品牌的内在概念和外在视觉以及形成与消费者的沟通信息和良好反馈的表现。品牌的内容既是一个上层的建设，也是一个长期的过程，需要从消费者的需求和文化出发，有机地将品牌所能提供的理念、视觉、产品和服务等一系列信息植入消费者脑海，使之形成积极的、长期的、正向的反应。

四是服务的内容：很明显，就是通过向消费者提供或者展现品牌服务的优势、特点、细节和美好体验等信息，吸引消费者对好的服务有所向往或有所认同，形成品牌对于其他竞争产品的软实力。当产品和品牌没有足够强的优势，往往服务也能成为重要的优势生产力和壁垒。

五是消费者层面的内容：当一个品牌在品牌本身、产品、服务之外，也注重对消费者的洞察研究，以消费者需求为出发点和诉求点，努力与消费者打成一片或引领消费者的生活和观念，建立消费者之间的信息流通机制，一切来源于消费者，一切又服务于消费者，那么这个品牌的内容将会受到消费者欢迎。有时候营销不一定都要露出品牌、产品和服务，而是从消费者本身入手，去制造消费者需求和消费氛围，往往也能反过来促进行业、品类和品牌的发展。这个发展若是做好了，便可成为最理想的商业生态。

6. 内容营销的创造需要遵循企业不同阶段的规则

企业和品牌的发展与人的成长一样，需要经历不同的阶段，从初创的没有品牌根基，到积累阶段的小型品牌，再到发展阶段的中型品牌，最后到定型阶段的大型品牌，甚至到走下坡路的老品牌等阶段，各有特点，各有特定的条件。在不同的阶段和条件下，内容的创造上都需要遵循相应历史阶段的规则，可以有创新，但尽力不要做不符合自己的事情。

一是在没有品牌的初创阶段，应该努力为自己的品牌设立远景目标，然后回归产品本身，修炼内功，把产品的品质、对消费者的利益点提炼到极致，再去做品牌的动作，才能够拥有品牌应有的基础和根基。此时的内容应尽可能立足于产品的基础上进行创作，从产品特点、功能点以及消费者的利益点等方面去进行实用性、便利性等内容的输出。

二是在品牌的小型阶段和中型阶段，在持续提供好产品的基础上，适合对特定区域的人群输出符合特定群体消费者需求的品牌和服务的内容，提升区域可见的体验和好口碑；同时，讲好自己的故事，让品牌的创始故事和产品一起走向人群，将能够很好地加持品牌建设。

三是在大型品牌阶段，讲求品牌的理念，讲求创新的精神，也讲求服务的体系，从内部的员工到销售的渠道，再到空中的推广以及各环节的服务，都成为品牌内容产生和输出的重要原点，都能够创造该有的品牌影响力和价值感。

四是到了品牌走下坡路的阶段，往往是因为品牌自身在创新和紧跟潮流或引领潮流的能力上，经历了一段时间的下降而无法得到改变所造成的。没有哪个品牌愿意看到自己走向那一天，假使有那么一天，也将是品牌再造的另外一个课题。

今天的互联网时代，我们也看到，很多品牌在初创阶段便借由其讲故事的能力和创造关注的能力迅速地吸引大量的粉丝，很快地成为街知巷闻的网红品牌。比如，有些品牌在创立初期借助美女老板或帅哥老板成功吸睛，引来了不少消费者关注；有些品牌，利用雇用排队的方式创造消费氛围；有些品牌，一开始便使用代言人模式，以明星效应来带动品牌，引来消费者广泛地关注和讨论；等等。

凡此种种，各有方法，各有千秋，这也是互联网新媒体给各品牌带来的新机遇和新挑战。营销创新很有必要，但不管你怎么营销，始终要遵循市场的规则，努力为消费者创造利益和价值，要经受得住时间和时代的考验，才能成为名副其实的品牌。

7. 品牌内容的创作需要找到合理的思维逻辑和路径

对于一个品牌来说，需要去创造与消费者沟通的内容，这包含品牌创造内容（BGC）、专业人士或组织创造的内容（GGC）、消费者创造内容（UGC）（图 4.1）。

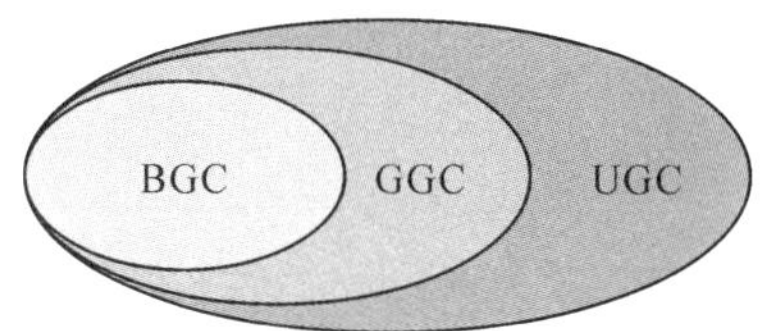

图 4.1　BGC、GGC 与 UGC 三者间的关系

理论上，BGC 和 GGC 也属于 UGC 的一部分，都是在 UGC 的大环境中，使用同样的方法去创造内容，只不过出发点不一样。品牌希望创造内容与消费者沟通，终极目的是在品牌内容的引导下获得消费者对品牌的认同，也就是引起广泛的 UGC。品牌会努力通过自我内容创造来实现这一目标，但由于品牌与消费者的沟通存在立场的不对等和信息的非客观性，因此天然地与消费者存在距离，消费者信任度相对较低，再加上品牌本身创造内容的能力相对较弱，因此，需要寻求有能力、有经验和极具影响力的专业人士或组织参与其中进行内容创造，间接地为品牌与消费者沟通建立有效的桥梁。

随着互联网的发展，品牌代创作的中间商由原本的大量组织开始转为更为大量的个人，很多是依托于自身自媒体的影响力以及自己对自媒体及其粉丝喜好的了解进行内容创造的，由此满足了大量开始意识到自媒体作用并认同品牌传播需从客户喜好出发的品牌方。

美国学者埃弗雷特·罗杰斯在《创新的扩散》一书中，提出了一个“创新扩散曲线”模型。即在创新、内容创造和传播规律中，有2.5%的消费者属于吃螃蟹的人，他们是营销链条中开先河者，也是内容的核心创造者；有13.5%的人属于早期采用者，他们引领着很多人的关注视角；另外68%则是被影响的人（分为早期跟随者和晚期跟随者）；剩下16%的人则属于对内容无感者，即无论你怎么传播和影响，他们最终仍不为你所动（图4.2）。

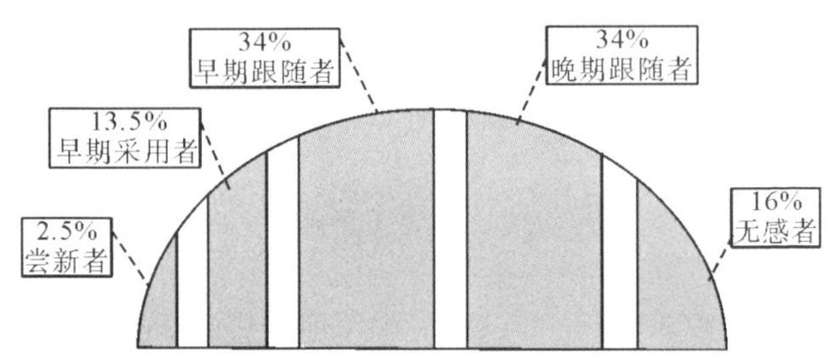

图4.2　创新扩散曲线

在品牌内容的创造过程中，不同品牌对于市场和消费者以及互联网的传播规律的理解不足，未能分清传播的主次、节奏、重要性和针对性，很多时候都处于相对被动或者盲目主动的状态，最后都未能取得较大的成功。

8. 需要充分认识品牌内容创造及传播误区

不同阶段的品牌、不同经历的品牌经营者以及不同教育背景和认识高度的品牌所有者，他们对于品牌内容的创造都会持有不一样的态度，也会随时间的变化产生观念和行为上的改变，同时这个变化的过程有好有坏。综合来看，存在着各种各样的误区。

一是内容与品牌调性不符或不断变化。

很多品牌方，因为销售和发展的需要，知道需要进行品牌的传播，也知道需要创造用于品牌传播的内容与消费者沟通，但常常对自己品牌的定位不太了解，导致内容的方向及调性与品牌调性大相径庭。例如一个严肃的品牌调性却呈现非常风趣的品牌感觉；一个讲究乐活的品牌往往展现得特别高冷；一个有爱的品牌做得特别冷酷；一个较为含蓄的品牌受老板影响做得特别奔放；等等，这种现象非常多见。因为中国的品牌大部分都缺少品牌的积淀，在市场处于品牌匮乏供不应求的环境下，品牌成了市场需求的附属品，而且大部分品牌的掌舵者基本上都还是品牌的第一代创始人在运营，而作为第一代创始人的品牌所有者，往往大部分不懂品牌，而是根据自己的喜好和心情去决定品牌的输出内容的风格与调性。有时候，在看了越来越多的别的品牌的输出后，突然发现自己品牌的表现有些不对，至少相比之下没有别人的那么高级或那么受欢迎，于是很多人开始不着边际地去改变，最后在消费者看来，这些品牌就显得特别的分裂。这种缺少积淀、缺少科学规划和缺少系统性管理的品牌调性，在中国众多品牌的建设过程中特别常见，也是很多品牌建设的重要误区。

二是为求快速传播，不惜破坏品牌形象。

在很多传播的实例中也经常会碰到，很多品牌在网络数字化媒体的冲击和引诱下，看到很多小品牌因为数字媒体快速的传播特点而取得成功，也希望搭上这班列车，有望将自己的品牌快速地传递到每个消费者和潜在消费者的心里，于是谋求各种能实现快速引起热议的方式。在碎片化的互联网中，要谋求快速传播，往往要用猎奇、有趣、社会性甚至突破三观的消极方法，才能够获得低成本的成功和快速传播，但这样的方向性选择往往突破了消费者对该品牌的认知底线，还破坏了品牌的形象。这是得不偿失的方式。

三是不懂讲故事。

中国的品牌是有故事的品牌，从一个几乎没有品牌的时代发展起来，短短几十年时间，品牌林立，各个品牌都经历了奋斗的历程。但是，中国的品牌却往往陷于不会讲故事的尴尬境地。这其中有品牌的发展落后于消费者对于市场认知的需求原因，消费者由于通过走出国门或接触互联网等方式获得了对于美好生活的更高认知，而使得品牌不敢去讲发展的故事，怕自己的故事没能满足消费者的需求和眼光；也有品牌审美落后于消费者的审美需求，于是在自我品牌根基不稳、消费者对品牌认同又不足的情况下，为了留住消费者的心，跳脱自我的品牌属性和品牌积淀，去模仿国际品牌的感觉，结果就是土洋结合的新感觉。也有跟不上时代的节奏，或者不思转变被淘汰，或者不断变化被遗忘的诸多品牌。所有这些，都让品牌在对消费者讲故事的过程中无法自拔。

四是盲目追热点。

也有很多品牌，在互联网的洗礼中，被不断地冲刷着自己的行为和心境。因为互联网传播的快节奏及网络平台的自媒体属性，一个符合消费者兴趣点的内容，可能很快就能传播开来并站上各大媒体的头条，成为时下热点关注事件。很多品牌看到了这个机会，便纷纷紧贴相应热点进行营销工作。于是大量的品牌开始效仿，天天紧盯某个新闻热点，然后使出浑身解数，希望自己的品牌能够贴上这个热点，被消费者广泛关注。很多品牌乐此不疲，不惜耗费巨大成本，却经常收效甚微。

其实它们不知道，自己已陷入羊群效应的怪圈。当品牌的经营者面对繁杂的信息瀑布时，为了让自己的品牌信息能更快更多地显露给消费者，却不知如何自我创造时，就看什么最受关注而做什么的决定，根本上是品牌不自信的一种表现。跟风的做法，也在某种程度上体现了品牌经营过程中自我创造力的薄弱或者缺失，不知道品牌需要什么及不需要什么，在高强度的品牌发展压力下，便病急乱投医。事实上，我们发现，当品牌热点出现后，大量的跟风品牌随之跟进，它们往往炒热的是热点本身或者热点制造的品牌本身，跟风而成为头条热点的基本上凤毛麟角。这就得出一个结论，大部分参与跟风的品牌，其实是在花自己的品牌广告预算在助推热点或热点所制造的品牌，而自己却收获甚微。如果是这个逻辑，那么跟风追热点就显得毫无意义。

五是不懂消费者要什么，自说自话。

有很多品牌，在对消费者沟通的内容创作过程中，常常因为个人喜好或个人观点限制了创作的空间。品牌所有人和职业经理人在自我的创业和职场经历中，觉得自己之所以成功是因为自己懂得市场、了解市场，可能是一个产品需求重于品牌需求的市场，可一旦市场发生转变，他们的思路却被扭转过来。

我们都有过这样的经历，很多品牌所有者侃侃而谈自己对品牌创建的经历、成功的故事以及自己对于品牌的理解，但当最后正式切入品牌建设和与消费者沟通的时候，我们发现他们理解的“品牌”其实还停留在“产品”层面时，沟通就成为非常困难的事情。在他们心里，自己公司的品牌影响力已经非常高，而这些品牌的影响力就是通过他们努力地做产品和拓展渠道，最后把产品的卖点推出去形成的，所以产品就是品牌。于是他们希望向消费者展示自己的产品多么厉害、使用功能多么不一样、产品的外包装多么好看等，他们自说自话，不管消费者对品牌的关注和理解方式而硬将产品推向市场，当他们的产品在市场上碰壁以后，又开始抱怨市场不好、经济不好、政府不好、团队的人不好等诸多不好。这就是很多中国品牌面临的现状。

当然，也有很多品牌为了迎合时代的变化和年轻消费者的需求，转变了经营和沟通的思路，有些中老年品牌创始人甚至急流勇退，起用年轻的经营者接力品牌，最后发现慢慢地找到了感觉，品牌焕然一新，走出了被动的境地。

六是迷信小范围调研，陷入决策摇摆。

有不少品牌经营者，对市场缺少判断，对消费者缺少了解，在品牌营销的过程中由于不敢或无法决策，便经常采取小范围调研的方式来决定品牌的策略、创意的方式、传播的渠道等，这便使得市场决策陷入一个小范围决定大市场的主观臆断。

我们深知，每个人的喜好和决定均受制于个人爱好、生活习惯、消费水平、文化素养、生活环境、他人主观影响等各方面，有其相应的局限性。个体与群体之间、群体与群体之间、小群体与大群体之间都存在不同差异，有时很难由哪一方主观地认定其结果是好还是坏。个体的局限性决定了如果没有足够多的样本，很难判定群体的喜好。而群体与群体之间的不同，也决定了很难用一个群体的喜好决定另一个群体的喜好。

所以，在品牌营销的决策过程中，要么大量采样，让决策建立在大量样本分析的基础上；要么就特殊群体单独对待，走细分市场，深耕小众，再谋求影响更大范围的人。

“苹果”公司在乔布斯的带领下，创造了一个智能手机的全新时代，但在刚开始时，智能手机已经存在，很多人觉得智能手机体验很差，没有前景，甚至讨厌早期的智能手机，觉得那是一种伪命题，毫无意义。但乔布斯力排众议，避开大家对传统手机的理解和关注，将智能手机定义为具有通话功能的智能娱乐终端，迅速走出差异，成为一个全新的创造，缔造了他的企业帝国。同时将与消费者传播和沟通的方式界定出了全新的“苹果”模式，一个极致的产品、一场演讲式的发布会、一种极简高品质的视觉表达、一套非常独特的产品展示和表述宣传内容，这一切共同构建成独特的“苹果”品牌印记。如果当年乔布斯小范围调研，得到智能手机没有前景的结论，或者在传播上随大流而被漠视，然后终止了发展，那么今天的世界便少了很多创新和乐趣。

七是为了形式而行事。

很多品牌方或者代理商，在为品牌量身定做沟通内容的时候，经常会以自我的喜好为出发点，不重视品牌的沟通利益点，一味地追求形式上的不一样。但他们忽略了，形式只是表象，并不适合所有的消费者。不同属性的消费者，对于形式的感知和兴趣是不一样的。这就好比求婚，有些小伙子从自身愿望出发，希望给女友一个独特的求婚形式，给对方惊喜，于是便在大庭广众之下，如商场或地铁等地方突然袭击进行求婚，可是女友性格非常内向，这一举动反倒吓坏了女友，从理想中的惊喜变成了惊吓；也有些男生，忽略女友有恐高症，为了追求形式，要求女友蒙上眼睛跟他去一个地方，结果来到了高楼天台，待女友摘开眼罩便就地求婚，最终却因为女友恐高而没有达到期望的效果。类似的事情在品牌的身上也经常发生，很多品牌方明明知道这个群体的消费者对形式并不感冒，或至少对某一方面的形式不感冒，仍一味地向消费者展示形式，这反而使品牌本身及内容本身显得非常空洞，甚至因为这些形式使消费者产生反感，那就是适得其反了。

在内容的创意过程中，形式的新颖固然是创意的方向之一，但所有的形式最后都需要服务于内容，而所有的内容最后又都是服务于消费者。如果违背了这个规则，那么品牌沟通的效果势必会降低或者起反作用。

八是迷信“四两拨千斤”，任何内容都求“火”，力求少花钱办大事。

在互联网环境中，尤其是以自媒体为代表的互联网，品牌的传播经常会因为切中某一群人的痛点而引起广泛的传播，形成具有热议或者社会性的事件，这就是品牌营销人口中的传播很“火”。很多品牌把“火”作为营销的唯一标准，尤其是一些资金相对不足的企业，把“火”当成唯一的目标，这就让品牌的营销走向一个怪圈，变得越来越浮躁，越来越没有自我底线和准则。固然，在社交媒体的环境中，品牌的推广如果符合消费者的痛点、品牌的输出又非常吻合品牌的特性，也因为很好的创意和传播的方式产生了“火”的结果，那当然是好事。但很多品牌为了要“火”，逐渐放弃了品牌该有的追求，完全一边倒地迎合庸俗的关注点，便会造成更大的长远损失。实际上，品牌的营销不应该只是为了广度，还应该有深度。有些营销方式是为了抓住消费者的注意力，有些是为了实现理解，有些是为了实现喜好和美誉，即这是一个将知名度、认知度、喜好度、美誉度和忠诚度逐级累积与递进的过程，并不能由单纯的某个环节去解决所有的问题。因此，在品牌进行内容营销的过程中，需要深刻地理解相应的原则，也要努力地坚持做对的事情。

丨 未来品牌感官营销的设想及实现条件

内容为王时代，也是感官营销的时代，内容的创造是为了满足消费者的感官体验，所以，内容的营销往往也是感官营销的一部分。但感官的营销也受到各种现实条件的制约，受制于目前只能调动听觉和视觉两个感官，使得内容的创造非常有限，真实感依然有待提高；另外，感官的营销也受制于各内容创造方之间和内容信息传播平台之间的利益，彼此独立，致使有效性始终无法发挥到最大限度。

所以，如果最终要达到真正的感官营销，整个营销的思维、渠道和环境还需要经过很多阶段的发展和变革才有可能实现。

1. 跨平台兼容和数据共享

网络平台之间的互相兼容和数据共享将使营销实现更高效、可追踪、降低成本和数据真正有效使用等好处。多年来，品牌和营销从业者都希望实现这一理想，但却很难实现。大部分有影响力的媒体出于自我利益、数据保护、隐私保护等目的，纷纷构筑自我的平台和数据壁垒。一方面，彼此数据的割裂有利于保护自己的数据，展示自己投放的效果，以虚虚实实的方式立足于行业，具有利益诱导性；另一方面，根据平台的隐私要求，如果平台兼容和共享，那么自己遵守了这一要求，但不排除别的平台不守约遵守，在没有一个明确标准和行业准则的情况下，很难促使行业迈出最有价值的一步。行业内也存在为了解决这一问题的广告联盟的投放模式，曾经也吸引很多人的关注，最后却发现，广告联盟主要还是消化一些剩余流量的非优质资源投放模式，而真正的优质资源基本都还垄断在大平台的手上，他们因为占有着流量的垄断优势，是不会愿意去参与联盟共享的。各种自我保护的同时，就使得平台间的营销内容和信息流通性在制作、投放与监测等各方面的成本陡然升高，这非常不利于行业的发展。

如果这一问题能够得到解决，将会很好地降低营销内容的制作成本，至少在投放时所产生的为适应不同平台的版本支出得以减免；在投放过程中，更容易去实现平台之间的联动和投放精准度的优化；也会使众多品牌和代理商能够很好地监测所投放的广告效果。

2. 跨界面的交互式视频跟踪

我们前面提到，视觉是人类获取信息最主要的方式之一，也是当前人类获得感官体验的最重要来源，因此，视频的营销方式显得尤其重要。但视频作为包含声音、图像和光影的信息传递形式，其复杂性以及其动态呈现的特点，使得内容的交互和追踪成为一个难点。随着科技的进一步发展，下一代视频的呈现科技如能实现跨界面的交互，那么视频的市场格局将会发生巨大的改变。届时，我们可以轻松地将同一个视频随意地放在不同的平台，使其能在不同的网页之间、不同的电脑之间、不同的电视之间、不同的户外媒介之间轻松切换。于是，所有的媒体成为联通的介质，不同的媒体之间实现了兼容，不同的界面也实现了彼此协议下的交互，而当交互形成，视频的追踪也成为一个简单的事情，这里包含视频的呈现数据的追踪，也包含视频内容元素的交互式可追踪，即不同的消费者、不同地区文化的消费者，对视频的关注点不一样、反应不一样，都可实现追踪和反馈。

3. 人工智能

随着计算机的不断发展、计算能力的不断提高、计算机独立思维的能力不断提升，使得计算机在很多依靠标准计算和记忆存储等方面的能力大大超越了人类的大脑，也借此，人类逐步走上人工智能的发展道路。人们寄希望于通过人工智能的全面实现来解放人类的劳动力、提高生产力。随着下一步物联网的成型以及计算机对于人类语义的理解、行为方式的习惯，甚至仿生科技的实现，人工智能将真正进入人类生活的方方面面。我们将从文字、语音和视觉的多个维度获得人工智能的支持。相应的、重复的、基础的、可标准化的人类劳动将会被人工智能所取代，人们解放了生产力，将会更多地把时间花在不可标准化的感性思维和行为上。此时，人类在艺术、感性思维等方面空前繁荣，感官的享受成为全人类共同追求的对象。

4. 体感感知信息的传输

当人工智能得以全面发展，科技使得人工智能为人类全面服务，人们逐渐开始思考和研究，让人类自己也具备人工智能某些优秀的属性，如获取知识和信息可以以计算机存储与传输的方式导入人脑，将让人类的科技和知识取得巨大的飞跃。物理的信息和知识实现传输后，人们将会努力实现除了听觉和视觉两种感官信息之外的触觉、味觉和嗅觉的可传输。当我们接入网络，就能够通过数据获取来自不同地方的感官信息。这将是人类社会历史上新的飞跃。届时，人类将真正进入体感感知的全新时代。

经过如上技术和条件的变化，就如同前面所说，我们就能进入真正的感官营销时代，不再只是停留在视觉和听觉的信息传输。

品牌营销过程注重消费者的社交需求

在品牌营销过程中，我们充分地理解和践行消费者的信息获取与感官享受的需求，也不能忘了，消费者作为社会的个体，除了对产品的了解和使用，以及拥有对服务的体验和品牌所传递的感官体验之外，还有很重要的社交属性的需求。

某种程度上说，品牌与消费者的社交本身是个伪命题，对于消费者来说，他们只希望使用品牌的产品、获得品牌的服务，他们不希望品牌骚扰他们的生活，更别说要消费者跟一个品牌进行对话和社交。对于消费者来说，品牌具有活的一面，也有死的一面。消费者希望品牌通过产品、通过资讯、通过服务表现出真实、亲和、鲜活的感受，同时又觉得品牌就是品牌，是一个没有生命的东西，不能与之互动和沟通，一旦互动和沟通，往往就是一种商业行为，他们不想被打扰，或者是品牌背后的人为了商业利益故意表现出一种迎合式的社交方式，他们并不会喜欢。

因此，品牌与消费者的社交，需要着重打造的是不同于常规的社交。

1. 品牌与消费者的社交是一种感官上的精神社交

在品牌营销过程中，品牌为消费者创造的品牌感知和产品体验，最终建立的是品牌在消费者心目中的社会需求。当品牌以独特的定位、独特的产品、独特的视觉传达和完善的服务等多维度建立品牌的形象与体验的时候，消费者会通过使用获得自我需求的满足，去实现质量好、美观、便利、服务优等各种满足，当这些需求得到满足的同时，也建立了消费者与社会的多维度关系。从在自我生活品质上与他人接近或者高于他人来证明自己的消费能力，到通过以自我的消费决策品牌的独到选择来证明自己的眼光及审美与众不同，再到通过独特的品牌消费或者接近品牌核心来证明自己的独特资源，进而维持自己在社会属性中的存在感。通过这些我们不难发现，品牌与消费者社交，更多的是建立消费者在社会中个体存在的属性，而品牌只是其社交的一种介质。

2. 品牌与消费者的社交其实是消费者与消费者的社交

一个品牌努力地建立与消费者的沟通，试图通过沟通与消费者建立长久的联系来维护彼此的关系，而忽略了消费者与品牌之间社交的本质，最终经常会本末倒置。在市场上，消费者往往是不忠诚或健忘的代表，当有更能满足他们自我需求和社会需求的品牌与产品出现时，很多人就会迅速地离开原有使用的品牌。尤其是在今天这样一个信息爆炸、产品竞争空前的时代，消费者有一万个理由放弃一个喜欢的品牌。很多品牌并不知道，为了获得消费者的芳心，除了主动沟通以外，更重要的还是要磨炼自己的产品和服务，使得自我在消费者心目中的价值得到提升，再辅以自我特点的表达、美感的输出和主动的沟通，并且与时俱进，为消费者因时因地的改变而改变，只有这样才能长久获得消费者青睐，起到留住消费者的作用。

聪明的品牌应该知道，品牌为此努力建立起来的与消费者之间的社交，最终实际上是消费者与消费者之间在社会属性中的一种社交映射，并不是品牌与消费者之间的社交。当一个品牌能够持续根据消费者当时的需求提供给他们社交的资本，那么这个品牌就能够长期在消费者心中和市场上占有一席之地。那些在与消费者沟通的过程中产生的资讯、交流与互动，事实上只是这个消费者与消费者社交的一部分衍生品，其目的是为了更好地实现让消费者去知道问题、了解问题和解决问题。

| 品牌的营销过程需要努力让消费者实现自我实现的需求

我们前面也曾讲到，消费者除了要获取品牌的使用价值，也需要实现自我社交的价值，而社交价值除了满足沟通以外，很多时候是为了一种内心的满足，这个满足有理念的表达契合、便利的享受，也有证明生活品质提升的需要，或是一种攀比的心理以及对未来的想象。这就在一定程度上实现了消费者自我实现的需求。

所以，在很多的营销案例中，如果最终能够很好地满足消费者这一终极需求，那么就能够获得成功。“苹果”手机每次一款新产品出来，正式发售前都会找一些消费者进行优先体验，对于这群消费者来说，实现了比别人更早的使用机会，内心的满足感是超乎想象的。“小米”手机在整个产品的生产过程中，自知自己在技术上不一定能够瞬间超越“苹果”，或者在市场上有颠覆性的能力，于是努力让一些拥趸用户参与产品的设计和生产，吸引大批粉丝积极响应。那些参与者获得了一种强烈的参与感，总能感受到品牌对自己的尊重，甚至能够为自己的设想进行生产和改进，其自豪感和优越感不言而喻。

第五章 新环境中的品牌营销优秀案例

在社交媒体时代，不懂营销的品牌常常举步维艰，而懂得营销的品牌更容易实现让品牌长远发展的目标。在过去几年里，有哪些案例值得人们研究呢？

在社交媒体时代，不懂营销的品牌常常举步维艰，而懂得营销的品牌更容易实现让品牌长远发展的目标。在过去几年里，有哪些案例值得人们研究呢？

| 六神花露水品牌焕新之《花露水的前世今生》

2012 年有一个品牌传播的案例风靡中国，这就是著名的六神花露水的“爱上夏天”品牌焕新案例。

六神花露水源于 20 世纪 30 年代老上海风靡一时的“明星”和“双妹”香水的灵感，1990 年上海家化联合股份有限公司（以下简称“上海家化”）将香水的配方与中药古方相结合，创出了融清凉消暑和驱蚊功能为一体的花露水品牌。“六神”品牌在日常生活中创造了一个全新的品类，一经推出，便备受市场欢迎，成为上海家化的明星产品，20 几年来牢牢地占据了花露水市场的大部分份额。六神花露水伴随着很多“75 后”“80 后”的年轻人度过了美好的童年，成为他们这一代人的回忆，最后也成为上海的一张品牌名片。

2012 年这样一个时间节点，“六神”品牌通过市场调研和分析发现，该品牌依然在市场中处于绝对领先地位，但消费者却在不断的变化中。原来那些“70 后”“80 后”消费者已经到了而立之年，留给他们的是对花露水的记忆。而“85 后”“90 后”年轻人因为生活条件的改变，加之市场上同类品牌层出不穷，他们在使用六神花露水的频率和场景减少了很多，也就自然是对花露水的印象和感情比较淡薄。随着新的一批消费者对产品的接触较少、认知较低，再加上曾经的品牌拥护者随年代变迁而逐渐流失，导致的后果必然是品牌在市场中的人气瞬间下滑。因此，品牌方在数据的分析中有了对未来的焦虑和紧张感。

在这样一个节骨眼上，品牌方要么尽快以全新的科技和研发来进行产品的迭代或全新创造，去赢取年轻人的需求；要么在品牌营销上努力去实现与消费者的沟通，让消费者获得对品牌的认知和认同，并努力转化为拥趸消费者。尽管当时上海家化也出了一套全新的产品，显然，在短期内，品牌并未做到对于产品的迭代和完全的替换。为了巩固旧有的长期累积起来的巨大市场，最后品牌方决定，还是努力在品牌营销上发力，与年轻消费者沟通，让他们接受并习惯使用六神花露水，而且要让他们对花露水的文化产生认同和喜爱。

经过品牌方的市场研究和营销机构的筛选，他们发现，如果说“70 后”“80 后”消费者是互联网的新兴一代，那么“85 后”“90 后”年轻消费者俨然已成为互联网的深度用户，就是传说中的互联网原住民。如果要对这群深度互联网原住民进行营销和沟通，通过传统的方式显然已经不合适了，必须有针对性地进行营销和沟通才行。此时，他们主要的信息获取渠道已经从电视、报纸等媒体转变为互联网媒体。门户官网让信息获取更加方便，BBS 和博客刚刚完成历史使命，“人人网”“开心网”便开始方兴未艾，“土豆”“优酷”等视频网站此起彼伏，直到微博的出现，让碎片化的信息沟通风起云涌，也开启了一个全新的社交媒体时代，大批用户不断涌入。进入社交媒体的时代，消费者的信息被轰炸现象非常频繁，是原来的很多倍，而他们面对庞杂的信息，第一次有了选择权。品牌方通过创造符合消费者感兴趣的内容，吸引他们的眼球，大量的互联网内容快速被全国乃至全球的用户所关注并自发传播，以此证明了内容营销在新时代下品牌营销和沟通的重要性。在这样的环境下，品牌方需要找到一家合适的代理商来进行此次的品牌升级和营销沟通的工作，这个代理商需要具备洞察消费者的能力，懂得社交媒体的规则，并具有足够的资源，在创意上能够结合数字媒体并有其独到之处，还要在创意执行和传播执行上具有足够的经验，能做适合产品的营销策略。

经过角逐和比较，Verawom 广告公司胜出，成为此次项目案例的代理商。在获得代理商资格之后，该公司发现这是一项具有极大挑战性的工作，其核心集中在如下几个方面：

一是六神花露水的老用户已经“老去”，而新用户没有接上，属于品牌老化的一种，在产品没有大变化的前提下，要实现产品年轻化，难度不小。

二是品牌要做升级的沟通，需要兼顾老用户，也要吸引新用户，属于双重难题。

三是花露水本身是快销品，是营销传播中非常低关注度的品类。

四是新用户是当下引领潮流的年轻人，他们在消费上既冲动，又有自己的主见，只有触动他们的喜好和共鸣才能获得关注与认同。

五是花露水的季节性极其鲜明，使用和销售都集中在夏天，在产品营销上需要非常集中和精准。

六是品牌方希望与年轻消费者的沟通能够实现既要年轻化又要有品质，具有国际化大品牌的感觉。

综合相关挑战和市场特点，Verawom 广告公司为这次品牌升级制定了相应的策略，考虑产品的独特季节属性，确定“爱上夏天”的沟通主旨，寄希望于强化花露水的夏天属性，让消费者在夏天的时候能够联想起六神花露水，也希望消费者通过六神花露水能够爱上夏天，为他们带来正能量。在沟通手段上以数字内容营销为核心，以社交媒体为重点，辅以其他传统媒体的广告，努力实现消费者的自发传播。针对那些不了解花露水的年轻人，以他们喜闻乐见的方式讲述“花露水的前世今生”；而对那些了解花露水的人，则展示花露水的多功能用途，并通过内容的品质和活泼的表现展示品牌国际化的形象。因此，就有了这样一段关于“门神”花露水的视频在各大媒体流传。

《花露水的前世今生》视频文案选段：

如果说一个人家里有很多奢侈品
你一定认为他有个了不起的爹
但事实上
很多我们现在习以为常的日用品
在它们刚诞生那会儿都是不折不扣的奢侈品
比如自行车和电视机
比如花露水
在 1908 年的上海
有人在唐朝古方的基础上研发出一种原创的香水

它的名字叫……
当时它还没有名字
于是大家就到唐诗宋词中去找灵感
有人说叫“滚滚长江东逝水”
太长
“黯然销魂水”
矫情
“白毛浮绿水”
呃……
就在这时，有人读出欧阳修的名句
“花露重，草烟低，人家帘幕垂”
浪漫的意境和韵味已经秒杀了之前所有的创意
于是就叫它“花露水”吧
在花露水刚刚诞生的年代
绝对是身份和品位的象征
出入十里洋场的旗袍妹子们人手一支
……
经典的产品设计就算放到今天看
仍然高端得一塌糊涂
时光如高铁 岁月如动车
中国人的生活越来越国际化
各种进口香水逐渐占据了美女们的梳妆台
就在花露水险些要 out 的时刻
1990 年六神花露水横空出世
和过去纯粹走气味路线的花露水不同
六神将中药古方和花露水结合
兼具驱蚊止痒和祛痱提神的作用
六神花露水中含有一定比例的酒精

而且是食用级的
但它绝非是为饮用而设计的
在我们伟大的中医文化中
以中草药和酒精调配使用称之为酒剂
酒精的挥发使得香味四处飘散
更重要的是它能杀菌消炎、舒筋活络、止痒健肤
令中草药的药物成分效果倍增
在酒精挥发的过程中会从皮肤表面带走热量
再加上六神原液中的薄荷和冰片等药材
会让你感觉无比的神清气爽
……
在滴了几滴六神花露水的木桶里洗澡
成为很多孩子心中最惬意的童年记忆
事实上除了驱蚊止痒之外
工作累了喷一喷 可以提神醒脑
加入水中可以给浸泡的衣物消毒
用花露水擦凉席会让整个夏天格外清爽
……
没有六神花露水的夏天是不完整的
那文艺而又小清新的味道
正是美好夏天的一部分
这种味道不仅仅意味着立竿见影的奇效
更洋溢着淡然别致的中国式浪漫
当你从浮躁中慢下来
透过这些味道
闻到关乎文化和记忆的传承与敬畏
就能体会到剔透绿瓶中深沉的情怀
你就会发现每一个被花露水悉心庇护的夏天

都值得你用心去爱

整个视频获得超过 2 000 万人次点击观看，单条视频在微博中获得超过 30 万的转发，大量明星主动参与转发和评论，案例获得多个营销奖项金奖，俨然成为当时最热门的案例，影响深远。这个案例也开创了通过动画形式进行品牌营销推广的方式。

在内容和营销都得到突破的情况下，2012 年 1~6 月，六神花露水整体同比实现了两位数的增长，其中随身花露水同比增长 78. 8%，六神宝宝花露水同比增长 47. 2%。就市场份额来说，六神花露水增长了 4 个百分点，达 70%。

更重要的是，通过在特定时间和特定季节传播，使得该品牌被广大的年轻消费者广泛接受并主动讨论和自发传播。品牌年轻化升级战役取得了认同和业绩增长的双丰收。

| “红星美凯龙”30 周年品牌升级营销《更好的日常》

“红星美凯龙”是中国本土家居产品的流通商超品牌，由传奇人物“木匠”车建新于 1986 年创立，经过 30 年的发展逐渐成长为中国最大的家居流通品牌，至 2016 年刚好走过 30 个年头。

在过去的 30 年，“红星美凯龙”从无到有，一步步见证了中国百姓家居生活的巨大变化。

随着电商的兴起，很多行业都来不及转型，纷纷倒在了电商的利刃下，唯独家居行业因为其独特的体验式消费特点而让电商暂时无从下手，依然按照原有的方式蓬勃发展。不过电商的兴起依然给家居领域带来了不小的威胁，很多小件产品和可标准化的家居产品开始逐渐被电商化，出现了如“梵几”“造作”等品牌。另外，年轻人尤其是“90 后”的购物行为电商化已经成为一种不可阻挡的趋势，而“红星美凯龙”在过去 30 年积累的品牌形象受制于时代的影响，给很多年轻人一种复杂的认知：有人觉得“红星美凯龙”的产品有品质，但价格太高；有人则认为“红星美凯龙”的品牌形象比较“土豪”，不符合自己的风格，可是当他真的要买家具，选来选去还是觉得“红星美凯龙”的比较好、比较有品质。那么，“红星美凯龙”了解市场和趋势的同时，自己的品牌如何继续往前走呢？这是品牌部门需要解决的一个重要问题。

30 周年是“红星美凯龙”的一个重要时间节点，既要回顾过去，也要展望未来。从品牌的角度来说，是选择回顾过去，还是选择展望未来，其方式会很不一样。最终，品牌方选择了以展望未来为主的方向。一个消费者买家居产品，基本都会直观地从几个角度去判断：品牌、材质、款式、风格、设计感和价格等。那么从家居领域来说，什么视角代表着未来？对于熟悉这一领域的人来说，很容易地就能脱口而出：新材料、设计感、智能。这三个角度对于“红星美凯龙”这样一个家居流通品牌来说，由于自身不生产产品，所以基本能直接涉及和关联的只有设计感。事实上，“红星美凯龙”在过去的 30 年里也一直是遵循这个原则，为市场选择更有设计感的品牌和产品，也指引有设计感的产品被更多消费者认知，在某种程度上也引领了中国市场的设计水准的提升，也影响了千万中国人的生活和审美。但是，设计本身是一个无法标准化和量化的事情，也是一个随着时代不断变化和生活变迁的动态的行为，要去寻求引领和获得信服是一件不容易的事。尽管如此，“红星美凯龙”结合过去的努力和成就，经过一番策划，给未来设定了一个目标和主题，即为中国生活而设计。

这项任务落在了品牌营销合作伙伴 Verawom 广告公司的肩膀上。大家接到需求后，既兴奋又担心：宏大的方向足以让有志青年发挥才能，但也会一不小心走入没有方向的困扰。经过几轮沟通，品牌方希望尝试从匠心精神角度出发，因为 30 年来“红星美凯龙”在家居这条路上一直在坚持，也一直在突破，契合了以匠心坚持的根基和展望未来的视野。加之早前，Verawom 广告公司关于 New Balcance（新百伦）《致匠心》的案例已名扬天下，所以匠心视角的内容，对他们来说应该是驾轻就熟，具有优势，顺理成章。

但是，经过双方客观的分析和冷静的沉淀后认为，如果继续从匠心角度出发，实则没什么特点，也没有新的创造力，最终放弃了这个方案，重新构思。品牌方决定，既然演绎的是设计，那么必然需要找做设计的人来说设计。在机缘巧合中，找到原研哉、隈研吾等国际设计巨匠来代言和参与。

请来那么多国际级设计师，品牌方自然是需要与他们一起参与进程的，于是品牌方邀请他们亲自从中国消费者的生活出发，去设计不一样的家居产品，并由“红星美凯龙”牵头与国内知名品牌厂商合作量产，在全国进行售卖。

这是“红星美凯龙”一次新的尝试和突破。当然，经过系列的思考，双方都清楚地知道，售卖产品并不是“红星美凯龙”的本意和第一要务，第一要务是一方面作为30周年的一个传播大事件，另一方面是要带领消费者去思考中国的家居生活、去启迪未来。所以，大家的任务自然就很明确了，第一任务是传播，既然是30周年这样一个特殊节点，对于企业来说是既希望有当下传播，也希望通过传播有长期沉淀的内容。

在Verawom广告公司的精心策划下，整个项目的主题被定义为《更好的日常》，简单浅显，又耐人寻味。大家都觉得，在30周年的这个时间节点，如果说一个“为中国生活设计”如此宏大的主题，还是老套路的看菜做饭，显然要么“假大空”、要么不动人。而今天，用的是落到生活实处、让人们去思考什么是“更好的日常”、让设计来源于生活又服务于生活的手法，是多么的高明。当人们看到为主题量身打造的主题宣传片的内容文案时，很多人的内心更是被砰然一击，产生不少共鸣。

《更好的日常》文案：

我猜你知道设计是什么
可生活是什么你并不一定知道
生活是随便下点雨就一定会拥挤的高架路吗
还是应付完工作关上电脑发呆的那一瞬间
是记忆里一个好多年都忘不掉的名字
还是深夜街头半碗扬着热气的面
我们都曾以为理想的生活应该在别处
但你总有一天会明白
生活是否美好
只取决于拥有怎样的日常
而日常

就是所有家居设计的起点
事实上家居设计师不过是一群
奇怪的挑剔的敏感又多情的面对生活的人
为什么客厅一定要有吊灯
为什么沙发要占那么大地方
为什么马桶不能五颜六色
为什么总觉得东西没处放
为什么书架非得是木头的
为什么床始终睡得不够爽
人们都以为是他们在设计自己的生活
其实我们都注定活在别人的设计里
让日常生活变好的
并不是那些可能一生只有一次的惊喜
而是弧度刚好不会撞到的桌角
随意关上抽屉时的优雅手感
会自动调节光线的灯
和温暖又容易打扫的地毯
有时告别平庸的设计
就会开启未来生活的全新可能
再见不耐看的椅子
再见会响的床
再见堆满东西的茶几
再见无聊的白墙
再见坐久了会累的沙发
再见一碰就倒的床头灯
再见永远擦不干净的水龙头
再见不够好的日常
好的设计也许改变不了所有

却足以重塑日常
而更好的日常
也许就是生活该有的样子

5 位国际设计巨匠，全新家居创作，为中国生活量身设计
“红星美凯龙”30 年独家倾力呈现。让日常，不寻常

1986—2016 年
“红星美凯龙”30 年，为中国生活设计

虽只有短短几百字的内容，字里行间却渗透着对生活的理解和朴实而又耐人寻味的话。

一个大家都喜欢的创意，如何让它发挥最大价值，如何将“红星美凯龙”“30 周年”“国际设计师”“未来”“中国生活”“中国家居”等一系列元素完美组合，成为一个受大家喜欢的内容，又是一个巨大的课题。Verawom 广告公司找了大量样片，也做了大量思考和分析，在很多次沟通以后，大家的方向渐渐明朗起来。项目方也请来我国台湾地区知名导演周格泰来执导此次项目内容，周格泰导演向品牌方传达，要做一件很不一样的事情，如此好的创意和文案，如此宏大的主题，如果还是按照常规做法，就会显得俗套，所以，决定用“无”来表现“有”，就如同家居设计和房子装修，同样也是一个从无到有的过程，只有一点点地加入元素，才构成了美好的家居生活。这一下子就把创意的执行提升到一个不一样的高度。提案后周格泰说，如果《致匠心》是一个独唱，《爱木之心》就是二重奏，而未来的这个《更好的日常》就将会是一首交响乐。

灯光暗下，一个水杯放在桌面上，杯子的背景是隐约的窗外城市的风景，接着设计师们娓娓道来对于设计的理解。当你在思考设计师告诉你设计是什么的时候，一个“我猜你知道设计是什么，可生活是什么，你却并不一定知道”的问题，顿时将人们的注意从眼睛拉回了内心：是啊，生活是什么呢?

芸芸众生，每天都在忙忙碌碌地生活，可生活为何物，也许你没细想，也许你想过却未曾想明白，但你每天都必须面对和孜孜以求。生活是一些琐碎的细节和片段吗？正如古人所说，一箪食、一瓢饮。每个人都有不同的生活经历和理解，我们也许不会有统一的生活标准，但好的生活就是过好每个日常。设计师也会告诉你，设计的真谛就是帮助人们寻求美好生活。在车水马龙的现代都市我们寻求着生活的样子，在人言鼎沸的菜市场计算着生活的价值，在午后的咖啡厅享受那宁静的时光并思索着生活的真谛，为自己的目标热情地寻求解决方案……生活就是设计师们每天在寻找的方向，对于他们来说，有大成者不是设计师在做设计，而是哲学家在思考生活。一系列的家居和生活问题都出现在画面中。镜头的快速推进，使我们的思维也在不断转变。当我们努力用尽所有的能力为自己的生活加乘的时候，设计师们却突然说，我们应该把自己放空。

当我们踏上人生的这个舞台，就注定作为一个为自己和别人设计舞步的舞者，舞蹈的好坏，只取决于自己对于日常和内心的理解。“活着”是人类的本能，而更好地活着，则考验的是人的本事。生活的选择各有千秋，在不能掌控自我的时候，人们寻求基础的生存；在有更好条件的美好时代，人们希望活得更好，而要做到活得更好，我们就得懂得放下。只有抛弃一切不符合内心的糟粕，告别平庸的设计，我们才有更多的机会去拥抱未来的生活。当我们仰望星空、当我们面朝大海，我们是时候告别旧时代了，把强大的内心用在推动美好的未知上，一切也就会更加明朗起来。

也许，今天的倡导和努力，只是社会和中国的一小步，而对于“红星美凯龙”来说，却是一大步，这一步跨越了30年。当新的时代浪潮到来，“红星美凯龙”在思索和努力，而不管如何努力，最重要的是始终从日常生活出发，一碗热气腾腾的米饭是最好的答案，这也很好地与前面的一杯水前后呼应，可谓神来之笔。

好的设计让设计师挖空心思，灵感来源于生活的酸甜苦辣，好的传播创意也一样必须历尽人间冷暖，才能有所成就。落到传播上，在碎片化的时代，又是另一个更大的考验。

“红星美凯龙”首次采取了线上点映的创意，在网民中邀请明星、红人、设计界大咖等上千人进行限量观看，看完即止。一时间，播放平台被点击到后台崩溃，好评如潮，当第二波大潮涌进来的时候，可惜点映已经结束，受众的胃口又被再一次调动起来。

紧接着，在一部分人都在通过自媒体讨论自己看到的东西，另一部分人则翘首以待的时候，品牌方和代理公司悄悄地邀请了一些媒体人士来到位于上海市淮海路的一家IMAX电影院一起坐下来看电影。电影还没开始，却播出了“红星美凯龙”的《更好的日常》，片子在电影院巨幕上完整播出，大家受到了极大的震撼，都在不停地拍照，短时间内已经有不少媒体着手报道。

这个项目借由好的内容和创新的传播，获得了巨大的成功，当传播达到高潮时，也是人们广泛热议的时候，“红星美凯龙”

如期在2016年7月18日举行了30周年的大型活动。活动期间请来了5位领衔出演的知名设计师和国内外上百位设计师出席，5位知名设计师分别发布了自己为“红星美凯龙”30周年设计和定制的产品。同时从“红星美凯龙”的角度出发，一方面回顾过去，更重要的是公布了“红星美凯龙”未来的发展战略，如何在未来一段时间内从“设计”的角度去改变人们的日常生活；另一方面，配合整个活动，在全国的“红星美凯龙”商场，进行了一次针对所有品牌设计款产品的促销，吸引了来自全国各地超过1 000万的客流，实现了短短两天超过45亿元的销售额。

更关键的是，经过调研发现，这次的营销，让大量的年轻人重新认识了“红星美凯龙”，很多人感受到了“红星美凯龙”展示出的时尚和品质感，褪去了“红星美凯龙”在部分年轻人心中存有的偏见印象。这对于一个传统产业的民营企业来说，是一件难得的事情。

对于“红星美凯龙”来说，一切才刚刚开始。

| 华帝2018年世界杯品牌营销《法国队获胜退全款》

2018年世界杯在俄罗斯主场举办，作为全球最受瞩目的体育赛事，自然受到各国百姓的高度关注。除了赛事本身和球员等主体的人与事之外，在中国当属华帝股份有限公司（以下简称“华帝”）这一品牌最受瞩目，原因在于华帝结合世界杯赛事做了一次非常具有话题性的营销。

世界杯在俄罗斯举行，对于商业价值来说，有几重意义：首先，世界杯本身是一个难得的全球关注赛事，很多国际化或正准备国际化的企业都会借助这个契机进行宣传；其次，对一些还没有国际化的品牌，由于世界杯的眼球效应，通过与世界杯的相关合作，也可以在短时间内获得国内更多的消费者关注，同时展示品牌的实力；最后，俄罗斯与中国友好，市场政策向中国开放，因此很多企业觉得这是一个很好的机会。

因此，此次世界杯吸引了来自全球各地的大品牌的竞相角逐和赞助，如“可口可乐”“阿迪达斯”“Visa 信用卡”“万达集团”等国际足联全球合作伙伴，还有海信集团有限公司、蒙牛乳业（集团）股份有限公司、中国通信设备制造商 Vivo 和百威英博等几个赛事官方赞助商，以及雅迪电动车等区域赞助商。其中，中国的品牌非常活跃，在主赞助商中占据了 7 席。赞助费自然也非常高，动辄上亿元人民币，但考虑能够获得市场的集中关注，很多企业仍是不惜花重金参与其中。

这个赞助对于年销售额只有 16 亿元的华帝来说显然有点过高，但这也不能阻止一个聪明的品牌拥抱世界杯的决心。华帝在经过决策以后，选择进行球队的赞助——赞助了法国队，并签约法国队热门球星亨利作为代言人。华帝从策略上把这定义为一次影响年轻人和国际化的营销战略。所以在深刻地洞察年轻人的基础上，华帝发现大量品牌都在玩体育营销，但成功者并不多，年轻消费者关注世界杯最多，但对于很多品牌的营销都是响应度和参与度不强烈，更多还是广告的轰炸。于是，华帝从共赢和了解年轻受众的心理特点出发，提出以“我们都很燃”为核心的足球营销行动，从法国队合作、亨利代言拍微电影，再到携手“海信”“康佳”“TCL”等品牌一起约球。华帝把营销的前期铺垫做得很足，也充分带动起一批年轻人的响应。

随着世界杯的正式开打，华帝的营销活动也陆续开始。同年5月，华帝对外公布将在世界杯期间推出针对世界杯的冠军套餐。同时公布一则促销信息：“若法国国家足球队2018年在俄罗斯世界杯足球赛中夺冠，则在2018年6月1日0时至2018年7月3日22时期间，凡购买华帝指定产品并参与‘夺冠退全款’活动的消费者，华帝将按所购指定产品的发票金额退款。促销活动于线上线下同时开展，同时结束。”

消息发出后并没有受到太大的关注，不过随着法国队过五关斩六将轻松进入八强开始，社会各界开始关注起华帝的动向。再加上其代言人林更新在微博中的呼吁“华帝退全款，我将买1 000张电影票回馈粉丝”的明星效应助推，一时间各种围绕世界杯和华帝的言论开始被热议。随着“法国队踢得很漂亮”“我赌法国队会赢”等呼声越来越高，人们开始讨论起华帝，有些人觉得华帝这回真的危险了，而正在装修房子的人也开始动摇：“是否咱也去买个华帝产品，没准还真能退全款。”

随着法国队进入四强，华帝开始被大量的主流媒体关注。大量媒体开始为华帝测算，认为华帝如果退全款，将会亏掉7 900万元，而华帝的年销售额也才十几亿，这对华帝来说是一大笔资金，甚至可能使华帝的资金链断裂。紧接着，人们看到媒体重点关注起华帝，看到有华帝的一些门店突然关门，消费者和媒体都纷纷议论，认为华帝涉嫌经销商跑路，承诺将难兑现，消费者的退款恐成泡影。大量的媒体盯住华帝，受华帝股权和经销商门店关门的影响，华帝股市一度下跌，让市场各种担忧。中消协看到市场的反应也站出来发话，呼吁华帝切实履行承诺，人民网也呼吁，别让冠军套餐变成烂尾套餐。华帝顺着舆论的发展，非常冷静地做出回应和承诺，在努力给市场一颗“定心丸”的同时，也赚足了各方人士的关注。各种媒体和消费者的关注与议论，将华帝的这一营销方案推向尽人皆知的程度。

最后，2018 年 7 月 19 日法国队真正夺冠，华帝第一时间兑现承诺，当天组织退款，最终到 8 月 2 日完成全部退款事宜。

各大媒体看到华帝这一兑现承诺的行为，都对其成功的营销创意表示赞誉。随着世界杯的落幕，华帝无形中成为这一届世界杯营销的最大赢家。

经华帝统计，华帝在这波世界杯期间的总销售额达 7 亿元，而冠军套餐的总市价为 7 900 万元，实际成本只有1 600万元左右，加上宣传的投入，华帝在营销上的花费不超过 3 000 万元，这个投入产出比超乎想象。通过这一波营销，华帝在那段时间的搜索指数一度达 50 万（长期霸占中国网络热搜的品牌杜蕾斯最高搜索指数是 10 万），华帝也从一个不知名的品牌，瞬间跳脱，成为全国上下广泛认知的品牌。

从营销创意的角度来说，华帝的这次创意并不算什么独特的创新，早在 20 世纪 30 年代便有美国的品牌用过同样的手法和策略，甚至在此次世界杯期间也有不少品牌跟风华帝的退款营销，但笑到最后的却始终是华帝。

很重要的原因在于以下两点：

第一，华帝敢于突破常规的营销思路。华帝作为国内不算知名的厨电品牌，虽然在过去的几年里发展还不错，但相对于“老板电器”、方太厨电等大品牌来说，它几乎是一个可以忽略不计的小品牌。华帝在2017年的销售额达16亿元，而华为给自己设定的目标是2019年实现年销售100亿元的目标。不巧的是，进入2017年中国的经济大环境走弱，房地产价格高且流动性较差，直接影响了厨电行业走入了一个低迷期。在这样的环境下，要去实现发展的目标，华帝肯定不能遵循原有的思路，而应该有“剑走偏锋”的勇气。华帝以“擦边球”的方式进行营销，做到了这点。

第二，华帝在策略上洞悉了消费者及市场。华帝在了解市场的消费者关注点和喜好之后，敢于有准备地去走这个“险招”，很好地抓住了世界杯各方的消费心理。首先，对于球迷来说，只关注球不关注品牌，在传统的营销方式下，品牌只是绿叶，消费者没有参与感；其次，要调动消费者的参与感，莫过于给消费者最大的利益，从消费者的角度出发，直接给予其免费的回报比花钱投入大量广告更能抓住消费者的心；最后，不管对于华帝、法国队还是消费者来说，都是多方共赢的一种状态，这也充分展示了华帝迎合市场核心需求的洞察力。

在突破常规思维的魄力、强而有力的市场洞察力、科学的成本管控和言而有信的执行力等多重因素的结合下，华帝可谓是在一个合适的时间做了一件对的事，不仅顺利地引入了话题，还给市场留下了一个锐意创新、活泼果敢、言而有信和有品自信的正面形象，也给很多资金充足、资源丰厚的大品牌狠狠地上了一堂在社交媒体下的品牌营销课程。

喜茶新品牌独特的崛起现象

近些年，有一个品牌在中国都市的年轻人市场中几乎可以说是无人不知，所到之处总是能引来大量的群众围观、排队购买，形成类似于早期的“苹果”新产品发售时的羊群效应。这个品牌由一群“90后”创立，从广东一个叫江门的小城市起家，短短几年已经在全国开店近百家，创造了单店日销量超过2 000杯、单店月销售额超过300万元人民币的良好业绩，远远超过“星巴克”单店年营业额600万元人民币的成绩，先后获得IDG 1亿元的首轮投资和红杉等4亿元的B轮投资，受到资本的热捧。更关键的是，这个品牌俨然已成为都市青年时尚茶饮的代名词和生活方式，它就是“喜茶”。

为何喜茶能够快速达到这个高度？

“喜茶”在初创时曾起名为“皇茶”，后由于品牌升级需要，也因为注册的问题，将名字改为“喜茶 HEYTEA”。在茶饮品牌林立的市场，前有以传统茶为代表的工夫茶系，后有各种粉质冲泡的茶店，再有如“香飘飘”“妙恋”等批量生产的标准化奶茶，从来没有停止过竞争。“喜茶”面对竞争激烈也不断更新迭代的市场，并没有刻意去复制哪一个品牌，而是采取了比较笨的方法，努力从产品研发和突破入手，以此去满足市场的需求。

在早期，“喜茶”的创始团队研发了各种产品，却总是在市场中反应平平，也因此受到困扰，追其原因，主要还是口感的问题。每个人都有自己的喜好，中国的地域差别、饮食口味差别、个体的习惯差别，方方面面都影响着对味道的判断，因此很难形成口感上的共识。创始团队在经过大量的尝试和反思后，将口感的把握作为重要的产品发力点。究竟什么样的口感才能够在多元的口味市场上获得普遍接受？在无数次的试验中，“喜茶”始终没有找到答案。直到创始团队无意中看到一个消费者的微博评论：一位女生问男生“喜茶”的味道如何，男生评价说一般，没有初恋的感觉。这个评论让创始团队豁然开朗，初恋就是一种没有过的尝试，真实、甜而不腻、新鲜而又富于想象。

于是，“喜茶”在产品的研发上力主选择最好的茶原料，并进行多样调配，使得消费者来到“喜茶”无论是口味还是选择上都有了不一样的体验。在此基础上，“喜茶”还将咸芝士巧妙运用其中，创造了独特而备受推崇的芝士茗茶。

在原材料、味道、口感、香气和颜色等各个环节的极致苛求与创新下，“喜茶”一直在突破消费者的固有观念、味道惯性和原产地困局等难点，让消费者喝到的茶绝对不会是自己惯常喝到的茶饮，都是通过独特的来自不同的茶的精心调配，试图形成自己的产品标准，而且满足消费者的好奇心理，将这个不断迭代更新的产品设定为永远的测试版，只要某一款产品让消费者喝到共同的口味，那么“喜茶”就会果断地换掉这款茶，重新出新品，保证每个人的口感体验都保持新鲜感。

芝士茗茶系列：

备受消费者推崇的原创芝士茗茶系列，选用进口新西兰乳源浓醇芝士，口感绵密，层层叠进，搭配幽香清醇的茶香，两者交相衬托，妙不可言。在原创芝士茶的基础上，“喜茶”将新西兰进口芝士与鲜奶精心配比，研发出轻芝士茗茶系列，口感更轻盈细腻，轻负担，给茶客多一个更清爽又兼顾美味的选择。

鲜茶水果系列：

清甜饱满的鲜茶水果系列的推出，旨在让顾客享受水果与好茶相结合的美妙口感。精选优质茶叶为茶底，以天然糖分温润中和，诠释出清爽丰富的效果，是夏日消暑的优选。

当季水果系列：

四季轮替，每个季节都有其独特的气质及产物，为了呈现当季最新鲜的风味，喜茶推出当季水果限定系列。时令鲜果制作，不添加任何果汁果酱，过季即下架。已推出的“芝士莓莓”“芝士芒芒”“芝士蜜瓜”“芝芝莓果”等，深受消费者喜爱。

以上来自“喜茶”官网对于产品的介绍表现了其做产品的态度。尤其是“芝士金凤茶王”“芝士绿妍”“芝士玉露茶后”“芝芝莓莓”等一系列创新茶的推出，通过市场的检验，及时调整和改进，使得每一次的新口味上市总是能让消费者为之尖叫和欢呼。

过硬的产品品质以及其性感的口味，让“喜茶”在林立的传统工夫茶、立顿袋泡茶、“香飘飘”等工业方便式奶茶、各种街边冲调奶茶和各式果汁茶饮等茶饮市场中脱颖而出。

除了产品以外，很重要的一点就是，“喜茶”很好地瞄准了以“90后”为主体的消费升级的市场趋势。中国的经济发展已经诞生了2亿以上中产阶级，在这些中产阶级的带动下，消费开始朝着更高品质的方向发展。消费的升级，快速地带动产业的升级和迭代，一大批传统企业慢慢地失去市场，被消费者所遗忘，一大批低品质或不符合消费需求的品牌默默被淘汰，这成为近10年和未来10年重要的主流趋势。

“90后”作为职场新贵及早期中产阶级的后代，具有极高的消费水平和良好的消费观念。在他们看来，传统冲调奶茶对身体没太多益处，因此，“喜茶”的出现恰好满足了他们对于消费品质的追求，既年轻又健康，同时还伴有新潮的感觉。

年轻人的消费升级过程，除了品质、味道等比较具象的追求之外，在美感上也一样不能少。颜值在他们眼里俨然成为一种生产力，甚至有时超越产品本身，不好看则不为伍。“喜茶”在满足消费者的这一需求上，也下了大量功夫。

从Logo开始，使用一个人的侧脸，手中握着“喜茶”，茶饮即将送到嘴边，神情陶醉。以黑白搭配的底层设计逻辑，追求形象简单、富于联想以及现代主义的美感。遵循这一原则，“喜茶”的每一款茶都在颜色和层次感上努力追求美学的感官体验。在门店的设计上，把白和灰作为标准色，每个店的风格都努力将现代主义的禅意和极简的美学灵感贯穿其中，创造出了独特的茶饮空间“酷”的精神。在这样的美学追求下，逐渐去塑造年轻人喝茶的现代都市风格和生活方式。

面对即时信息流通的时代和高要求、有见解、懂消费、不受约束的年轻人市场，“喜茶”始终坚持原创的精神，提供创新和高品质的茶饮，并且引领或满足年轻人的美感要求，也时刻追求从最根本上去启发大家的灵感，引发了消费者的广泛共鸣，这无形中使得“喜茶”重新定义了一个细分的茶饮品牌。

第六章　新环境中品牌营销结果的衡量

在过去，我们都知道品牌营销中的广告费有一半是被浪费掉的，但浪费的是哪一部分却没人知道。在社交媒体时代又是如何衡量品牌营销效果的呢？

营销效果具有多元的特点和因素

有人说："我不做推广，照样生意很好，推广了也不一定会为生意带来直接关系，更看不出对品牌产生的直接提升，所以我不做推广。"这是"推广无用论"。

这样的推广无用论主要的误区在于，品牌方认为品牌的营销就是传播本身，传播的外在表现是广告，但看广告本身并不能直接链接至销售，有时甚至也尝试让广告和销售挂钩，最后发现都不理想。因此，认为营销推广是一种无效的行为。

事实上，品牌的营销是一个立体的行为，奥美集团早期提倡的360度营销理论就认为品牌的营销是一个包含视觉形象、广告、公关、渠道、促销和互动的360度行为。广告传播只是品牌营销的一部分，是一种相对外在的表现。完整的品牌营销推广，是一种与消费者的沟通，从产品针对市场需求的生产，到相应的不同层级的销售渠道，再到品牌的形象，直至空中的广告和落地的公关等，是一个互相关联的过程。这个过程的任务，很重要的就是努力去建立从知晓度、认知度、兴趣度、喜好度到忠诚度的漏斗形任务。随着时间的推移，目标消费者数量也在逐级递减。广告完成更多的是知晓度的任务，经过反复强调和吸引，使得消费者形成品牌记忆，并促使部分人愿意去了解和尝试。最终是否能产生直接的销售，与广告传播的力度和频次以及广告本身获得消费者认可程度有关，也与产品本身的需求满足、销售渠道的消费体验直接相关，最终实现部分消费者愿意去尝试消费。

有意思的是，在新互联网时代，当一次消费者沟通产生一个销售之后，往常的传统营销从传播至消费即告沟通结束，但在新的环境中我们发现，消费和使用只是营销的一个旧的结束，也是一个新的环节的开始。消费者在被广告影响而消费后，他们会进行二次的传播，并形成新的营销循环，一次的销售随着二次的传播，可能会带来新的销售累积。因此，销售本身是一个360度的立体行为，每一个环节都与销售有着相关关系，品牌营销各维度的表现很重要的是形成长期的品牌累积，同时也表现为销售的结果。品牌的累积和销售的转化，常常会因为一部分尝新者和冲动消费者而实现部分转化，其他的更大一部分消费者则需要经历更多时间和次数的影响才能推动销售的转化，他们或者受尝新者的影响或者由广告的推动呈现出动态曲线的递进过程。

单次的品牌传播不能带来百分之百的销售转化，其本身是一件常态的事情，那些瞬间带来大量销售转化的营销案例，或者品牌满足了市场的需求具有稀缺性，或者本身已经经历了一定时间的品牌积淀，正好在一个临界点实现了转化。

同样，也有人认为品牌传播就是一切，把生意的好坏完全归结于品牌传播的好坏，这是一种“传播决定论”。当品牌以一个立体形式呈现的时候，营销与销售就不会是单一的因素决定。因此，那些试图把所有的销售转化的任务全部依托于广告的品牌方，实际上是对品牌营销与销售的关系未能全面认识的错误表现；同样，单次的营销推广更不可能实现百分之百的结果，那些试图通过一次或两次的广告推广就期待见到大比例提高销售的人，也是一种认知的不足。

销售与品牌传播是一种辩证关系的存在，互为因果。彼此的关系属于正向、中性还是反向作用，以及其作用的量变关系，均需要考虑不同的行业属性、目标消费者情况、品牌发展周期等因素，也由相应因素形成立体多维度的综合效果。

快消产品因其需求度广、复杂度低、进入门槛低、内涵浅、竞争面广等因素，决定了其在该品牌中的营销权重将会比较高，其信息简单，往往又因知名度决定了其被直接且大量使用，好感度也随之增加，同时也就决定了其销量。

相反，耐用消费品或者 B2B 产品，因其需求度窄、复杂度高、进入门槛高、内涵深、竞争面相对窄等因素，决定了其推广更需针对特定目标消费者进行，在特定范围内，推广的上升与递减对销量的上升和递减的影响也相对较小，速度较为缓慢。

奢侈品则在各个维度上都更加缓慢，因为产品稀缺、价格高、消费量少，长期通过独特的产品和消费者的社会心理维护着一批相对固定的拥趸。在一个相对固定的市场，消费者会时刻关注其新品的变化情况，越是限量越受追崇，基本上不太会因为一两个广告推广就使得销售上有什么巨大变化，甚至我们常常能看到奢侈品基本很少做对外的大规模广告推广，长期以来，精准的杂志广告、户外广告和线下邀请公关活动成为奢侈品最重要的消费者营销与沟通方式。

营销效果的认定人为特点明显

在一些互联网营销传播的案例中，很多甲方对供应商或媒体提供的数据总是持怀疑态度，觉得效果不好。似乎好的结果都千篇一律只有一种理由，而不好的原因却有很多种。

（1）数据很好，但销售增长不明显。很多案例消耗了较高的成本，运用了很多传播的方式，最后传播的数据统计起来达5亿~7亿人次的关注，销售却常常惨不忍睹。这就能很明显地看到，传播的数据很好，但效果很差。

（2）传播很差，销售状况却很好。令人更尴尬的是，有一些品牌，因为预算少所以传播的量很少，传播上的结果固然就比较差。待项目结束后却发现，产品的销售状况异常的好。这很好地支撑了很多品牌所有者推广无用论的观点，也很容易让品牌主对自己的产品和渠道过于自信，逐步丢失了品牌的优势。

（3）传播很差，销售也很差。这样的结果，基本上也就为这个营销传播的案例宣判死刑了。参与的各方并不知道，在传播中决定传播和销售的结果有多重因素，可能涉及品牌、定位、产品、策略、创意、媒介、销售渠道等各方面的选择。在这些选择上，与决策人的市场认知、知识面、审美观和决断力也息息相关。

（4）传播很好，销售也表现得不错。这个皆大欢喜的结果，应该是所有人都希望看到的。不过，很多职业经理人和供应商还是笑不出来，因为品牌方称其朋友并没有看到广告或者不喜欢这个广告。品牌方说不好，那么你再好也等于不好。在这一方面，有很多中国品牌，尤其是民营品牌表现得特别突出。

原本在一个市场蓬勃发展且到处能看到人口红利、宏观经济红利的时代，品牌的发展往往随着市场对产品的巨大需求呈快速提升阶段。不过由于市场从一个相对无序的时期走来，市场需求呈爆炸式扩大，常常使得产品的财富累积掩盖了品牌的时间积淀。这就是我们看到的，如今中国的品牌数量已经有所剧增，甚至在财富500强的企业中，中国企业占据的数量越来越多，但真正具有世界影响力和认同度的品牌依然寥寥无几的原因。在产品先于品牌发展的时候，很多品牌方经常只带着产品和销售的视角去看待品牌的营销与传播，对品牌的认知度不足，所以总是把品牌与传播等同。并且在过去的创业和品牌发展的过程中，由于市场红利较好，缺失对品牌营销的全面理解和认知，当有一天红利渐退，需要树立品牌以继续保持市场优势的时候，便惯性地认为新的品牌传播无效，或者没有品牌积淀的主见，形成人为的判断和人为去干预品牌营销工作。

营销效果的快速表达及其滞后性

既然说营销有用，但没法立马表达出来，那么效果与平台、方法、时间有什么相关性？

在供不应求和非竞争的垄断时代，或者不完全竞争时代，传播的必要性较低，只有掌握更大范围的信息传播渠道，并在海量的传播效果前进行转化，效率才会有所提高。

而在充分竞争和自媒体时代，理论上，面对消费者信息的可选择和信息的庞杂性，传播的效率有别于原本的垂直传递，开始极速下降，短期内难以快速覆盖，使得大范围覆盖到筛选例子的效果变低。但同样因为这个特性，却在特定市场和需求受众的传播上，从单点入手，影响局部群体，再通过群体间的相互叠加，又部分扩展至全范围，实现了小众到大众的回流，往往能达到更快速触及的效果。

所以说，在一个被信息互联网摊平了的时代，大众即意味着无感，而小众即可能成为大众。很多人担心自己的品牌太小众，也担心营销的表现方式太过于小众，总担心因为小众而没人去关注，接触面不够广，或者大家会不喜欢。他们不知道，今天的大众，就是从曾经的小众开始的。每一次社会的发展和时间的更迭，一些技术的创新和人员的变化，必然带来认知和习惯上的变化。一项技术的出现，早起的时候总是表现得与旧世界格格不入，因为人们在当时当地来看待这个新事物，不能理解，它需要去寻求一小部分能认知和理解它的人，再逐步进行拓展。那些接受新兴事物、有独特爱好和表现、追求走不寻常路的人，年轻时是小众，当他们长大后，又有新的一批人加入这个行列，而他们已经开始能接受这个新兴的事物，一切的小众就是这样在迭代发展的过程中成长起来的，最终才成为大众；反之，如果一开始就在没有任何基础的情况下去寻求大众的认同，那是非常困难的事情。所以，小众并不可怕，大众也并不代表具有绝对和长久的优势。

营销效果的更加准确性

新媒体出现后，很多人质疑品牌传播效果，认为没有原本传统渠道来得直接和简单，看媒体给的数据，或第三方的调研数据就能知道传播的效果；自媒体环境中，平台展现的数据和第三方的数据开始备受质疑，有人认为平台数据可以作假，第三方数据不够全面，最后形成一个矛盾的现象，既觉得这是趋势需要做，又觉得这是虚假的结果，也导致了人们不知如何判断好与不好。

事实上，传播的结果可以通过多维度进行判断。一般的传播，数据上包含平台页面展现量、直接点击浏览量、网民转发及评论互动量、第三方平台传播数据趋势指数，以及第三方调研机构对内容、数据、接受渠道、接收频次等数据的统计，还有品牌内部相关人士的感知度，并由相关数据产生的加权平均值。

借用可见的数据和综合的科学判断，在互联网中的营销效果要比传统的营销更加容易看清楚。品牌营销作为一个长期的行为，如果在短期中看不出前期投入的真实效果，可将营销时间拉长到一年甚至三年，必定会看到真实的营销效果，也必然会为我们带来品牌资产的叠加、市场的反响和销量的提升。

第七章 品牌的供给侧结构性改革及新的经营思路

在互联网信息时代，品牌应该如何跟随时代的变化时刻占有优势？

信息技术带来很多想象空间和要求，但品牌营销在理想与现实之间该如何平衡呢？

时间发展到一个信息互联的时代，而中国的品牌随着改革开放的发展，从计划经济走向市场经济的短短几十年时间里，中国的品牌市场如雨后春笋般冒出了大量的品牌。这些品牌的大量涌现，是中国经济突飞猛进的一大表现。

中国的经济发展经历了几个阶段，从计划经济时期走向了改革开放时期，20 世纪 80 年代的半计划、半市场的经济再到 20 世纪 90 年代的市场改制，之后又逐渐走向了更加开放的市场经济。从 2000 年开始中国经济现代化建设努力筑底，2008 年至今，中国开始走向世界，以越来越强大的自信拥抱世界的国际经济洗礼。中国经济的几十年发展过程，走过了其他发达国家百年的发展史。

随着经济的发展，中国的品牌也一样经历了一轮轮的演进。在计划经济时代，几乎没有品牌可言。改革开放的前 10 年，老百姓对商品的需求欲望空前，可以看到几乎只要有一个工厂生产出满足消费者需求的产品，都会瞬间被抢购一空，甚至要找关系、托朋友才能拿到购买权。直到 20 世纪 90 年代，市场竞争越来越大，品牌意识才开始觉醒，逐渐地有一些品牌开始兴起，并因为品牌的积累优势，在市场中获得经济红利，获得了较大的成功。涌现出诸如“海尔”“联想”“中石化”“中石油”“四大银行”“茅台”等国有企业或集体企业的发展或改制品牌，在房产和市场改制后，也一样涌现出一大批如“万科”“万达”“三一重工”等以广东为龙头的地产和制造类品牌。进入 2000 年，随着互联网的兴起，信息化时代开始来临，便诞生了诸如“腾讯”“阿里巴巴”“网易”等互联网品牌。这一轮又一轮的发展，让中国企业和品牌在经济的浪潮中享受到巨大的红利，也反过来推动了经济的进一步发展。

从 2006 年开始，伴随着社交媒体的逐渐成形和发展，至今“社交化”已成为所有互联网产品的标配功能。社交媒体的属性，让每个人都成为信息的获取者，也成为信息的创造者，人人皆媒体的时代应声出现，彼此可以零距离沟通。这第一次解决了人们信息不对称的问题，使得人、事、物变得更加透明，也使得时间和空间瞬间被拉近。这就促使消费者在面对品牌时有了更多信息的了解和对比，让消费者在市场的选择中第一次有了主动权，是一种权力的回归。这个机制让市场经济进一步开放，也进一步加剧竞争。一个企业或品牌如果经营得道，可能会被全民追捧，短时间内备受瞩目；也有可能因为经营不善，瞬间被全民唾弃，直至破产，被市场淘汰。在这样的信息环境下，意味着企业和品牌在经营的过程中需要时刻关注消费者的需求与喜好，努力做到最好；也有利于品牌及时获取市场的反馈和资讯，为自己的品牌决策提供最有价值的支撑。

在以社交媒体为特点的信息互联时代，进入 2010 年，我们发现曾经强悍的中国制造品牌，随着中国经济实力的提升以及老百姓生活水平的提高，原材料成本和劳动力成本也在水涨船高，曾经依靠低廉劳动力发展的品牌陆续失去了优势。一些在中国的制造业外企也因为成本的提升陆续迁出中国，走向东南亚一些成本低洼国。当中国的品牌还没强大起来的时候，就因为成本问题以及长期生产低端产品等问题，导致产业结构失衡、效益低下、竞争力较弱。中国制造向着中国创造的转型处在了一个比较困难的时期。

中国政府面对国内外的困局，以力挽狂澜和壮士断腕的决心，呼吁进行经济的结构性改革，努力促进产业升级，让中国的经济走向可持续性发展。除了在内部构建大型基础设施工程外，还要努力走出去为中国企业和品牌寻找新机会。

我们终究还是需要将经济建立在满足消费者需求和品牌的发展基础上，只有这两者关系的互相平衡和促进，才能够有力地构成强大的市场经济，才能发展国民经济。在这样的情况下，中国的品牌似乎稍显式微，缺少核心科技，缺少时间积淀，缺少为市场创新的动力，在低端制造积累过久，而且借助经济的红利过得还不错，导致很多企业和品牌成为“井底之蛙”。当市场变化的时候，一堆不适应的毛病便显现出来。最突出的是，很多品牌长期处于模仿状态，没有自己的核心技术，而产品还都比较低端，这与国民日益提升的生活水平所需要的更高品质的产品和服务配套形成了鲜明对比。老百姓在消费的过程中，以前由于消费水平低和信息不对称，便将就使用这些品牌的产品；但现在信息互联、旅游发达，老百姓随时随地都能放眼看世界，找到在这个经济水平下最适合自己的东西。

在这样的情况下，品牌自身的供给侧结构性改革也必须引起重视和快速启动。这个供给侧改革，主要应该落实到品牌的商业市场选择、消费者寻找、产品和品类的创新、品牌定位、品牌沟通策略的制定、消费者洞察下的创意表达和服务新时代下的传播媒介的有效选择等全方位的改革中去。

商业市场的选择及消费者的寻找是最大机会点

在品牌的供给侧结构性改革中，很重要的一部分就是选择市场，找到值得自己去挖掘的消费群体。综合自己的能力，去判断自己在市场中的位置和机会点，成为品牌非常重要的能力。我们看到，中国的市场非常大，有一线城市，也有一些省级的二线城市和三线城市，甚至有地级和县域的四线城市和五线城市，还有广阔的农村市场。每一个级别的市场，都非常不一样，根据竞争程度和消费者的消费能力即可区分这些市场的维度。有很多国际的大品牌奢侈品，在国际市场中因为经济的走弱，业绩纷纷下滑，最后却在中国的一线城市蓬勃发展；也有很多国内的大品牌，原来在主要的大城市消费者众多，生意兴隆，却发现近些年市场逐渐萎缩；在一线城市生活的人经常会惊讶于某些品牌，根本没听过，但对方每年的销售额却是几百亿，非常惊人；“小米”的主流用户也并不是一线城市的人，而是二线城市和三线城市的广大青年，但它的市值俨然已经成为一个庞大的帝国。这些现象都充分说明了中国市场的巨大潜力和多样性，只有在市场选择上做对了，也跟上了整个市场需求发展的方向，才是最大的机会点。

产品和品类的创新是品牌供给侧改革的基础

找到商业目标市场后，对于很多企业来说最重要的工作就是思考在这样的市场中，这个品牌希望切入什么样的品类，在这个品类中拿出什么样的产品才能赢得市场？

品牌所有者的眼光和经历以及品牌的能力和优势，决定了品牌将朝哪个品类发展。微软创立时，比尔·盖茨凭着自己在软件研发方面的能力，加上自己的母亲作为IBM的高管，确定了做电脑软件和操作系统是可行的，便进入了这个品类，最后成为这个行业的标准，也是最具影响力的公司。“阿里巴巴”的发展，从马云学英语看世界开始，先是切入做翻译社，后来做旅游，接着做电子黄页，最后锁定做电商。在经历了一系列的选择后，最终找到一个最符合社会趋势的切入点，确定了一个品类，才有了今天的巨大成就。马云相信，中国经济这样快速发展，与国际其他国家必然需要经贸往来，而且这个交易的量和速度只会越多与越快，如果建立一个商贸往来的桥梁，那么将能很好地推动经济的发展和生意的拓展。

有句老话说，“一流的企业做标准，二流的企业做品牌，三流的企业做产品”。但在市场的发展规律上，常常是反过来的发展路径。一流的企业在品类选择和产品创新上具有优势，通过创新的产品占领市场，形成品牌，到了一定程度后，便以自己的系统化逐渐地被他人接受，成为市场的标准。二流的企业在自己的产品创新优势上不一定太大，但花经历用品牌来弥补研发和技术的短板，并逐渐通过市场的认同来修复自己的创新力，最后也能成为一个伟大的企业。三流的企业在产品和品类创新上都没有优势，也没有明显的品牌特点，那么它们只能在现有的商业逻辑和标准中寻找一个可以附生的机会，为行业的标准提供服务，通过这个服务拿到比较低又偏稳定的收入。

台湾宏碁集团创始人施振荣先生提出的“产业微笑曲线”理论盛极一时（图7.1），其经过一段时间的研究发现，一个产业的附加价值最高的领域都集中在研发和市场的两端。占据研发端的企业，通过研发的投入掌握了先进的技术，并可以获得长久的专利，也将占领市场的制高点，当市场对其依赖程度越来越高的时候，该企业便可以获得大量的收入，并逐渐成为市场的标准体系。这类企业的附加价值非常高，通过技术的制高点，可以很轻松地参与国际的竞争，也必然会带来来自国际的更广阔的市场回报。

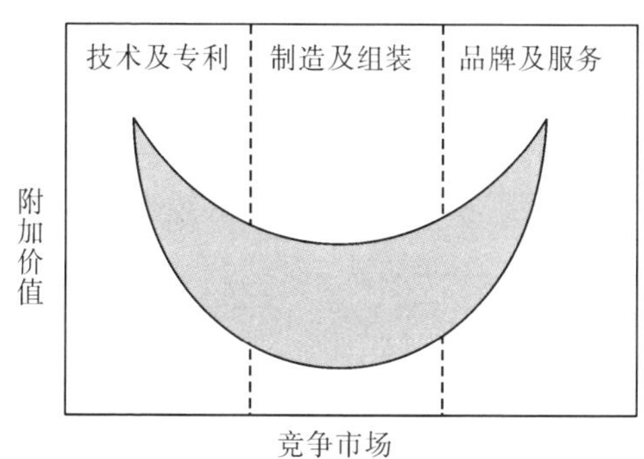

图 7.1　产业微笑曲线

在市场中占据品牌优势的企业，由于懂得营销，具有品牌积淀，在一些不是太要求技术属性的领域，通过品牌的影响力也能够很好地赢得市场。毕竟在市场上，最终表现成败的结果是看被市场接受的程度。而懂得市场，拥有品牌经营能力的企业，往往最终获得的附加价值回报会非常高。

品牌的发展和竞争受市场的范围影响较大，大部分需要从本土文化出发，在最熟悉的区域内竞争胜出以后才走向国际。也因此，品牌在区域内的附加价值内生性比较强，在文化、习惯、认知、政策、消费渠道和服务等壁垒的保护下，品牌往往为那些技术优势不明显的本土企业带来生存和发展的优势空间。

中国自改革开放以来，兴起了大量民族品牌，享受着经济和人口的红利，越来越壮大，大到可以走出国门去竞争。很多企业在发展到一定程度后，开始意识到技术的研发和品牌的建设非常重要，技术能引领市场，而品牌能够积累财富。当它们摩拳擦掌准备走出国门、冲向世界的时候，它们才发现，自己的品牌是建立在国家经济飞速发展的基础上，通过低端的组装和制造所积累起来的。但这个品牌在技术面前，尤其是在高端技术面前却显得尤为脆弱。“苹果”公司凭借强悍的技术优势和独特的品牌经营能力在全球市场赚得盆满钵满，利润率达30%~45%；而为其代工的富士康，虽然也发展迅速、规模庞大，但利润率却只有2%。在过去的几十年里，中国大部分企业从低端入手，为发达国家从事基础的组装和制造工作，赚着辛苦钱，长期受市场的不确定因素影响。市场大好时，中国制造企业小好；市场下滑时，中国企业大波动。

中国以强大的制造力量成为全世界最大的圆珠笔生产国，但直到今天，我们仍悲哀地发现，圆珠笔的核心部件——笔尖中的钢珠依然得靠进口，而这部分是圆珠笔所有部件中利润最高的。

所以，当一个企业能控制微笑曲线的技术和品牌两端的时候，这个企业也将获得来自市场的最大利益化回报，这也是当下在中国的品牌企业需要着手去努力改革的方向。从市场的需求出发，市场需要引领生活、改变生活品质的新兴技术，市场也需要具有可信度、影响力的品牌来引导消费和提供服务。而在本土品牌还不具备强大的技术优势的时候，企业主应该利用多年累积的本地品牌优势积累经济收益，并不遗余力地着手进行技术研发的投入，才能长治久安，长盛不衰。

“华为”就是一个非常典型的例子。20 世纪 80 年代，从通信产品的销售代理开始，“华为”除了代理销售各类通信技术产品，也着手投入研发自己的专属产品，并借助产品的研发，逐步累积技术力量，最终在国内外站稳脚跟，交换机、光纤电缆、ICT 解决方案、华为手机、5G 通信技术等一路高歌猛进，甚至输出大量标准，成为中国引以为豪的科技企业。

丨 品牌的新时代定位和到位的沟通策略是重要指引方向

在品牌的发展史上，总是与营销发生着不可分割的关系。在品牌的营销过程中，也随着人员、科技、信息和媒体的变化而更迭，不断推陈出新，构筑起人流、物流、信息流、资金流的多重网络，这也使品牌在营销的过程中变得越来越难且越来越复杂。

进入互联网信息时代，原来在品牌的创造上创意出奇，做些户外平面图、拍个 TVC，通过强势垄断媒体进行集中投放，短时间内就能触及大部分人的时代已经过去，取而代之的是碎片化的信息互联网。在“人人皆媒体、人人皆记者”的环境中，消费者拥有信息选择的主动权，品牌曝光在任何角落都处于比较被动的地位。这就使品牌的营销已经不只是原本的集中式推广那么简单，为了实现品牌在消费者心中的正向积淀，必须全方位服务市场。从产品生产、销售渠道、售前售后服务，到推广物料、媒介选择、运营、活动、官方信息阵地和消费者舆论管理，再到品牌的定位、输出的理念价值观、展示的形象等各个角度，都成为需要直面消费者，而且需要及时有效解决的一些工作内容。每一个环节都是营销环节，每一次营销都会产生内容成为品牌的资产，良性的资产可以使一个品牌快速成长，负面的资产也可能使品牌以十倍甚至百倍的速度覆灭。这就是这个时代的有趣之处。

市场那么复杂，兴起的时间又短，很多人并没有太多经验，如何才能在新时代的市场中走出对的步伐，在竞争中脱颖而出，不至于在竞争中因为决策的失误而越做越小，甚至消失在市场中？

在纷繁复杂的市场中，很多品牌方和营销界人士开始在发展过程中寻找规律。20 世纪 70 年代，以艾・里斯和杰克・特劳特为代表的品牌营销策略大师在实践中提出了定位理论，在之后的几十年中，该理论通过带动一系列品牌的应用和坚持获得了巨大的成功。定位理论提倡通过精准的、简单的品牌定位，聚焦品牌的优势和力量进行准确的传达，努力占领消费者的心智。特劳特咨询公司从定位理论出发，服务了“AT&T”“IBM”“美林”“施乐”“莲花”“爱立信”“惠普”“宝洁”“西南航空”和其他财富 500 强企业，在中国也为“加多宝”“东阿阿胶”“香飘飘”“方太”等一批企业提供了战略定位咨询服务。大量的案例，一直在佐证定位理论的价值。

不可否认，定位理论在一定时期的商业市场上具有独特的价值，即使到今天，定位理论依然有其独特的魅力。不过，定位理论在以电视为核心媒介的时代有其成功的地方，但进入互联网时代，定位理论开始变得不是那么有效。在定位理论下，讲求企业实力，选择核心产品，在单一的品类中集中突破，聚焦效应，最终通过不断地重复去教育消费者，直到占领消费者的心智。品牌的营销从定位开始，这固然没有错，过去的营销在信息不对称、供需间距离较远的情况下，可以有更多的时间和空间给予品牌不断的反复推广。可是在互联网时代，尤其是自媒体时代下的互联网，品牌与消费者的距离几乎是零，可能会面临你刚一开口就被拒绝的现象，也可能你推广了很多次最后都被忽略跳过，甚至有可能消费者用了你的产品，最终成为对立面长期反对你的人，几乎是不给品牌太多的机会。在这样的情况下，战略定位的过程中，除非你能够拥有别人所没有的绝对垄断资源，或者你的技术真正厉害到可以给人惊艳的感觉，改变行业和世界，可以如“苹果”公司一样即便停留在原地什么也不做，也依然能吸引大量的粉丝蜂拥而至；否则，就有可能面临被淘汰的风险，这就犹如武术运动员，在绝对的实力面前，任何的花招都显得多余。而在技术上如果没有绝对的优势实力，那么只能依靠营销去获得消费者的认同，这个认同在新的时刻变化的环境下，还长期靠着一招鲜活的方式将很难获得广泛成功。

在信息互联时代，用户的选择更加多元，注意力更加分散，对待消费和需求也更加感性和任性。因此，品牌的定位和沟通策略也需要转换频道，适时而变，品质和理性信息交给网络与工具，是一种基础行为，最终能否影响消费者则更多的是靠感性的理念，即所谓的走不走心就是这个意思。

品牌定位在怎样的生意上，定位在怎样的产品优势上，并在此品牌定位上努力寻求消费者的合理沟通，找到一个策略，是营销的重要指导方向。

定位是否符合消费者的需求、喜好和习惯，沟通策略上是否能找到一个最有共鸣的切入点，这将决定品牌营销的沟通方式是否能够更加轻松和有效。要实现持续地紧跟消费者的脚步，已经成为越来越困难的事情，在互联网的文化中，不断地衍生出各种独特的圈层，如奢侈的、文艺的、复古的、未来派、二次元、科技控等，各种各样，彼此互相包容，又互相隔绝。面对这些纷繁的圈层文化，一个品牌要从定位和策略上紧跟步伐，就需要努力让自己成为其中的参与者，并且保持沟通的状态，走出属于自己的符合圈层文化的风格。

“老板电器”是中国知名的厨房电器品牌，经过 30 年的发展，其发展历程也充分展现了一个品牌定位不断改变和调整的历程。

20 世纪 90 年代初期，“老板电器”主打产品为吸油烟机，市场上针对都市厨房空间烹饪的油烟机问题解决产品相对较少，于是“老板电器”上市之初便因满足市场需求而受到消费者的欢迎。到中后期，随着越来越多的竞争对手出现，“老板电器”开始受到来自国内品牌和国际品牌的双重竞争压力。于是在竞争中，“老板电器”试图去寻找一个专属于自己的品牌定位以区隔于别的品牌。先后从没有油烟、免洗、创新材料等各种角度去寻找定位点，最后发现没有起到很好的作用。彼时，随着中国经济水平在改革开放的推动下快速提高，消费者的消费能力在不断提高的同时，市场的开放力度也越来越大，大量的进口品牌进入中国市场。加之国际品牌在制造方面的品质和审美优势，一度使得国内，尤其是大城市的消费者只信任进口品牌。在这样的情况下，“老板电器”这样的民族品牌就显得压力更大。

为了能在市场上占有一席之地，“老板电器”于 2008 年开启了全新的品牌定位战略。在技术创新、品牌信任度、产品功能、外观视觉等各方面都不具备优势的情况下，如何去找到一个区隔于国际品牌又能被市场认可的定位点，成为很重要的课题。经过市场调研和分析，“老板电器”发现，中国的家庭烹饪与西方的烹饪有着本质的区别，中国的烹饪由于饮食文化丰富，煮、炒、煎、炸等各种烹饪方法不一而足，就容易产生大量的油烟，而西方的烹饪则非常的简单，除了少量的牛排类煎煮，其他的都是冷食或烤制，油烟非常少。进口品牌由于质量和品牌优势，有实力的消费者已经趋之若鹜，在营销上基本比较少花力气。既然这样，说明“老板电器”还是有机会能够挑战进口品牌的，那就是尽管进口品牌品质和信任度更高，但它们的饮食文化决定了它们不能深刻地懂得中式的烹饪文化。于是，“老板电器”聚焦抽油烟机，推出了大吸力抽油烟机，并在后期的营销中重点主打“大吸力”。其隐含的含义为，中式烹饪会产生大量油烟，所以需要用更大吸力的抽油烟机品牌才能够解决油烟问题，而进口品牌不懂这个文化，它们的产品吸力相对较小。这就如当年的“百度”和“谷歌”之战，“谷歌”以强大的技术和名气进入中国，“百度”则只是一个小品牌。为了吸引用户，“百度”在营销上则调侃谷歌不懂中文语义，周星驰演绎的广告《我知道你不知道》让人印象深刻。配合上一系列的营销，“老板电器”将大吸力的定位大量地传播市场，最后获得了广泛的认同，抽油烟机销量不断上升，直至成为行业的第一品牌。

时间推移到2016年，“老板电器”已经成为一家厨电类的上市公司，市值一度超过450亿元，其产品品类也从原本单一的抽油烟机，经过几年的发展，横向扩展到煤气灶、蒸箱、烤箱、净水器等大部分大型厨房电器。此时除了自我的产品增多了，市场上的竞争也逐渐增多。中国的经济水平和消费水平吸引着一大批国际品牌进入，如“美诺”“西门子”“博世”“嘉格纳”“利勃海尔”“SMEG”等；也激发起一大批成长飞速的中国本土竞品，如“方太”“美的”“海尔”“卡萨帝”“华帝”等，竞争空前激烈。此时对于“老板电器”来说，又一次走到了重新定位和抉择的时刻。

除了自己的变化以及其他品牌的变化，更重要的是消费市场的变化。随着互联网的兴起，尤其是类似“美团”“饿了么”这类餐饮外卖平台的出现和成熟，使得在烹饪这件事情上，第一次出现了多样性分化。第一类，以“80后”“90后”的父母为主力，对于烹饪从家庭的责任出发，强调一种对于家和家人的爱，竞品“方太”的品牌定位于这类责任和爱，强调“因爱伟大”；第二类，以年轻人自己的兴趣为出发点，做饭是一种爱好和兴趣，也是一种挑战；第三类，干脆就不做饭，要么蹭吃，要么直接点外卖。对于“老板电器”来说，它们的消费者是哪一类呢？

“老板电器”在新一轮的定位策略中确定自己的目标消费者为那群喜欢做饭的年轻人，也许他们可能不会做饭，但具有热爱生活、勇于探索的精神。面对市场和自己的变化，“老板电器”最终选择未来3~5年内的品牌依然定位在聚焦“大吸力”抽油烟机作为核心资产上，同时辐射其他品类产品。并且为新的定位做了大量的宣传，可惜受中国大经济面和股市大盘下行的影响，也受中国房地产面临的压力影响，在新战略定位启动后的半年内，“老板电器”股市大幅下跌接近50%，让看好“老板电器”的人们大跌眼镜和不能理解。是否股市的下行受新的战略定位核心影响，我们不得而知，但肯定有部分关系，至于新的战略定位能否成功，还得看未来市场的长期反馈。正如一位业内人士所说，“老板电器”的经营没有错，业绩也在增长，甚至其业绩还是在行业中表现突出者，但市场却信心不太足，因为市场在变化，如果品牌没有变化，或者品牌还没有找到未来的增长点，那在未来的发展上将比较被动。

定位和策略，在品牌营销的供给侧改革上，是一个从顶层开始的设计，也是一个决定未来能走多远、做多久的关键因素。可惜的是，很多企业都缺少长远思考的眼光，没有能够从品牌定位入手，从策略上去整体思考，而是以凭经验、碰运气和走一步看一步的习惯性思维来看待品牌的发展。

雷军在做“小米”之前，是一个从来没有从事过硬件的金山软件股份有限公司的从业者。为了创办“小米”，他几乎走访了所有能联系的硬件大亨，大部分人都警告他做手机没有戏，因为市场已经饱和，很难再有什么大的突破。业内人士告诉他，技术上你不可能有“苹果”的优势，品牌上你没有“三星”的优势，从零开始在一个陌生的行业做起，80%以上的概率就是自寻死路。经过比对和分析，雷军并没有被大家的警告吓倒，反而越发坚定了自己的信心。他除了发现一个目前市场上的机会点，切入价格适中、质量够硬的市场空缺，也经过反复的思考，决定做一家创新型的互联网公司，而这个手机“为发烧而生”。运用互联网粉丝经济的方法，发展自己的核心用户群，这些爱好硬件也热爱生活的用户，让每个人参与其中，一起去“为发烧而生”，最后看到大量的用户“为‘小米’发声”，走出了一条不一样的发展路线。第一步的定位和沟通的策略，为“小米”指引了方向，也奠定了坚实的基础。

有消费者洞察的创意表达是改革的手段

品牌的营销传播最终与消费者直接沟通的都是有具体内容的创意表达，品牌营销和广告的发展也基本上是伴随着创意这一工作。由于创意的视觉和听觉的表达非常直观，也是转化为消费者信息进行沟通的重要介质。因此使得很多行业之外的人认为营销和广告就是创意与设计，其他的都与这个名词无关。这也使得，好像营销和广告这个行业的很多年轻从业者认为，只有做创意才是真的做广告。

在营销和广告的创意工种上，主要分类为设计和文案，根据不同的工作年限和能力，很无趣地分为若干个级别。这两个工种根据项目的需要，共同协作为品牌提供相应的创意服务。长期以来，文案和设计既合作又竞争，在不同的历史阶段，有各自不同的历史作用。广告的早期，主要靠着设计做出不同的画面，呈现产品信息便可以完成营销的任务；后来，在市场品牌竞争越加激烈的时候，单纯的平面设计不再能吸引消费者的注意力，此时文案的力量显现出来，他们利用具有魔力的手为平面设计配上有吸引力的文案，获得了巨大的成功。

人们发现，在现代广告发展的近一百年的历史里，营销界熠熠生辉的人物，如大卫·奥格威、亚尔伯特·拉斯克、史丹利·雷梭、雷蒙·鲁比堪、李奥·贝纳、克劳蒂·哈普金斯、比尔·彭贝克等，这些20世纪广告界的精英和精神领袖大部分都是文案出身。

在广告界，文案的优势是更懂得理解消费者的需求，然后根据这些洞察去展现广告的诉求，成功的概率比较高；而设计在这方面相对较弱，那些具有深刻洞察的设计，要么本身就是文案，要么都当艺术家去了。

我们都知道，设计师在视觉上的努力和贡献，通过广告逐步地提升各国民众的审美情趣和审美观，而文案则在众多的视觉中吸引人们去关注他们，正所谓“一个外在表现，一个内在沟通”。两者不可或缺，相辅相成。

品牌营销发展到互联网时代，原本单纯的文案和平面设计的创意表达开始有了局限。面对网络对于人类所接受的各种信息形式，如文字、图片、音乐、视频和技术等多样性的表达方式，原本传统的广告创意思维和模式突然间不再能满足需求。这要求品牌营销过程中创意人员的能力要更加全面，文案与设计能力是基础，在此基础上懂得消费者的洞察，才是一个创意需要具备的最重要的素质。

由 Verawom 广告公司为 New Balance（新百伦）品牌进行的新品上市推广执行的案例便是其中很好的例证。

接到需求时，New Balance 的目标是将英美产系列产品在中国进行上市推广，希望提升认知度的同时，促进新品销售。产品售价在 2 000 元左右，目标受众锁定在 25~45 岁有消费能力的中青年。产品的主要卖点为“这是一款手工制作的鞋”。

这样的产品，这样的卖点和售价，以及面向的目标人群，综合分析来看，似乎并没有什么大的痛点。如何把卖点转化为消费者的痛点？如果卖点与消费者的痛点有较大的距离，那么该如何去找到消费者的共鸣点？这些都是值得在品牌营销中思考的问题。

Verawom 广告公司经过调研和分析发现，手工制作的卖点，在品牌锁定的一线城市和二线城市似乎并不独特，大量的定制品牌存在于市场，运动品牌方面，耐克等也都可以根据消费者的喜好进行定制。因此，手工制作并不是什么优势卖点。

如果卖点没有优势，是否可以找到另外一个卖点来进行营销推广呢？经过与品牌方的确认和市场上竞品的比较分析，项目方看到除了品牌，手工制作已经是最大的卖点。

在卖点没有优势，又难以找到其他卖点的情况下，只能寄托于挖掘消费者的痛点。对于鞋类产品，市面上的竞争巨大，可选择品牌非常多元，产品并没有大的区别，消费者可能有的痛点，包括品牌、款式、质量、舒适感、独特面料、独特科技、独特制作工艺、名人同款等，综合比较，发现此次的产品也并没有什么巨大的不同。

在产品上市时间越来越临近的时候，该公司在策略端放弃了从产品出发去寻找消费者的硬关联，而是转变了思路，跳开鞋的市场去思考鞋。他们发现，如果从产品出发没有优势卖点，很难找到产品与消费者的直接痛点，那么应该从消费者本身及社会生活的角度去思考他们的共鸣点。在营销中，消费者的共鸣涉及不同的可能性，或者在感官上能够获得享受，或者具有社会性，或者能得到超乎想象的利益。究竟这款鞋能够满足哪一点共鸣？

Verawom 广告公司试着将消费者的共鸣点设定在具有社会性的工匠精神上，一下就找到了有利的突破口。只要品牌方在这样一个共鸣点中合理地演绎和表达，就能够起到较好的沟通和宣传作用。

策略的方向找到后，Verawom 广告公司迅速将这个传播项目的沟通主题定为《致匠心》，并且制订传播及沟通的完整计划。

计划中，希望找到一位合适的明星或名人来进行产品代言，该代言人需要具备匠心精神，同时也需要具备知名度。有趣的是，在代言人的选择中，知名度和匠心并举的人选成为一大矛盾。在社会和生活环境中，往往有匠心精神的人都没有知名度，他们都是默默无闻地在某个领域努力工作，有些在特定的领域很有名，但跨出这个领域，就立马无人知晓，这样的人在传播上就没什么优势；而大部分知名的人，如明星，他们有极高的知名度，却大部分演而优则导，导而优则唱，往往是为了获取最大的经济效益而身兼数职，这样的行为也就没有什么工匠精神可言。于是，选人的事情便陷入了困境。

经过大量的比对和分析，最后项目方锁定了知名音乐人李宗盛，而且可说是唯一选择。原因有以下五点：

第一，李宗盛是一个非常符合匠心精神的人物，李宗盛一直专心于音乐事业，30 多年来，写了不到 300 首歌，是量少而多精品的代表；

第二，李宗盛的知名度和影响力足够，直到今天，李宗盛的演唱会还经常一票难求；

第三，李宗盛的目标受众正好是25岁以上的成熟青年，他的大胡子形象与匠心精神也非常吻合；

第四，李宗盛自己也在经营一个手工制作的吉他品牌，彰显匠心精神，与New Balance运动鞋的手工制作遥相呼应；

第五，李宗盛近些年没有什么品牌代言，正好是代言真空期，也是代言价值最高的时候。

于是，项目方和品牌方迅速采取行动，与李宗盛进行沟通，并签订相关合作协议。紧接着以李宗盛为对象，为项目进行了针对性的创意。围绕李宗盛的创意如何表达才能够受消费者的喜欢？这成为很重要的着力点。根据传播的需要，涉及户外平面图、主题视频和线下发布会等内容。视频创意中，设定李宗盛与消费者分享自己追求音乐的经历，也分享对于匠心的理解；画面中展现他非常努力、专注和享受地进行音乐创作和手工吉他的制作。整个过程中，将手工做鞋的过程与之交相呼应，展现了产品、代言人和匠心的完美结合。

《致匠心》文案：

人生很多事急不得，你得等它自己熟
我20出头入行，30年写了不到300首歌
当然算是量少的
我想
一个人有多少天分，跟他出什么样的作品
并无太大关联
天分我还是有的

我有能耐住性子的天分
人不能孤独地活着
之所以有作品，是为了沟通
透过作品去告诉人家心里的想法
眼中看世界的样子
所在意的，珍惜的
所以，作品就是自己
所有精工制作的对象
最珍贵，不能替代的就只有一个字“人”
人有情怀，有信念，有态度
所以，没有理所当然
就是要在各种变量可能之中
仍然做到最好
世界再嘈杂
匠人的内心绝对必须是安静安定的
面对大自然赠予的素材
我得先成就它
它才有可能成就我
我知道
手艺人往往意味着
固执，缓慢，少量，劳作
但是这些背后所隐含的是
专注，技艺，对完美的追求
所以
我们宁愿这样，也必须这样，也一直这样
为什么
我们要保留我们最珍贵的，最引以为傲的
一辈子，总是还得让一些善意执念推着往前

我们因此能愿意去听从内心的安排
专注做点东西，至少对得起光阴岁月
其他的就留给时间去说吧

于是，在线下精心准备的新品发布会上，邀请代言人李宗盛来演唱当红的歌曲《山丘》作为开场，产品发布完的同时，户外的平面图正式上刊、主题传播视频正式开始网络传播，一时间感动和震撼了很多人。在浮躁的社会中，在经济发展的洪流中，很多人被利益冲刷着，越来越着急，越来越不能沉下心来做那些喜欢和该坚持的事，甚至逐渐迷失了自己。此时，有一位自己喜欢的人以他的行动来告诉自己，专注做点东西，对得起光阴岁月，其他的就留给时间去评判。这是一种情怀，一种信念，也是一种态度。整个创意的表达，洞悉了很多人的内心，也为很多人指明了方向，那些手工制作的，用匠心精神呈现出来的作品，都值得每个人认真地去感受和体验。

最后，整个案例成功地被消费者大量关注和自发传播，成为一个现象级的传播案例，并且也为产品的销售起到了巨大的推动作用。对于消费者的洞察和每一个执行的细节，成就了这样一个具有突破性的创意表达。

媒介的精准有效是重要的考量指标

在品牌营销供给侧改革中，不论策略和创意怎样，最终都要落到传播的效果考量中，而传播的媒介经历过一系列的变化，从以电视和报纸为主导的传统媒体，到以互联网为中心的新媒体，发生了很多有趣的变化。这种变化，也是媒体从垄断走向分散型发展，最后走向自由竞争的过程；同时，也为品牌的营销效果拓展出新的可能性。原来在营销效果和媒介投放的效果上，在央视垄断的时代，任何媒体的投放都可以集中发布，全国覆盖，因为娱乐和信息获取渠道的稀缺，不管男女老少都会被营销的内容和投放的广告所覆盖。因此我们经常能看到，电视的覆盖率，尤其是央视春节联欢晚会的覆盖率都在90%以上。当各地的卫视和报纸崛起后，就逐渐起到了对消费者注意力的分流和分散作用，单纯只依赖央视媒体已经不太能满足大部分消费者的需求。尤其是那些营销预算比较有限的品牌，逐渐在市场的分化和分流中，开始选择各地卫视和地方媒体，并且都起到了很好的营销效果。后来在互联网的兴起中，尤其是社交媒体的发展，进一步将电视台的注意力分解。一开始品牌只是将预算的一小部分分到互联网中来尝试一下，慢慢地它们发现，很多人把主要的时间都花在了互联网上，视频网站、微博、微信等媒体占据了消费者的大部分时间。传统媒体对互联网媒体从看不着到看不起，再从看不上到看着着急，逐渐转变；当年轻用户因为互联网的信息瀑布逐渐远离传统媒体时，从业者才发现需要以网络为中心，带着网络思维去做传统媒体。

尽管媒体从传统向新媒体不断转型，很多人却陷入了营销效果衡量的困境。在品牌竞争较少的传统媒体时代，很多新品牌只要通过央视或卫视投放广告，便会得到媒体端提供的效果数据，覆盖了多少人，同时销售也在增长，投入和产出似乎相得益彰。在互联网新媒体时代，很多人却看到，传播效果很难分类，都是大众覆盖，传播效果与销售似乎没能产生直接的呼应关系。

其实，这是一个阶段性的问题。

第一，消费市场和消费习惯全都在线下渠道和传统媒体上，当市场对产品的需求处于供不应求或者竞争较小的时候，品牌可以享受人口和市场的红利，借助垄断型的媒体，集中引导，很快就能取得良好效果。

第二，消费市场从原有模式向新的模式转变的过程中，注意力首先是朝着新媒体快速转型，但消费习惯滞后于信息获取渠道。此时我们会发现，尽管在新媒体中的传播效果非常好，但销售的表现却没有预期的反响。这时很容易引起品牌对于新兴事物和新媒体环境的质疑。

第三，当品牌方还在质疑的时候，消费者受注意力的影响，逐渐将消费习惯转移到新媒体中的新方式，从传统渠道的消费购买逐渐转移到互联网的电商中。这个转变会从一些消费相对较低的消费品开始，进而走向价格较高的标准化产品，然后在传统渠道消费和新媒体渠道消费中进行一段时间的互补与共享，实现新零售的过渡阶段，直到最后走向高价值非标准的品类，这就实现了全品类的消费习惯的转换。

当消费市场进入新媒体的阶段和环境，因为网络数据的可追踪性，本质上是有利于品牌营销效果追踪和统计的。

在营销效果可追踪和统计的互联网新媒体环境中，媒介的精准推广成为一种可能。品牌在营销和推广的时候，将从不同媒体间的消费者数据进行投放判断，也能根据数据分析和消费者的圈层寻找更精准的投放方式。

随着数据的清晰可见，品牌的营销在媒介上的精准和实效将成为供给侧改革很重要的一部分。在这样一种机制和思考逻辑的基础上，将会逐步地让品牌的推广、消费者影响、品牌力的累积和产品的销售等各个维度越来越清楚地找到关联性和精准度。

丨 把品牌营销部门和代理公司当成一个生产力部门

在品牌的发展史上，品牌内部的各个部门随着时间和市场阶段的不同，其重要性与地位都有很大的不同和变迁。在早期供不应求的市场环境中，人们会发现，市场时刻在等待品牌将产品供应市场，此时生产部门便起到了至关重要的作用；在竞争较大的供求相对平衡或供过于求的阶段，销售部门往往决定了一个品牌的兴衰，生产部门生产出的产品只能寄托于销售部门努力销售，销售部门就成为一个赚钱的部门，让很多人羡慕不已；到了市场充分竞争的时代，很难再依托于单一的线下销售，要想获得成本更低、范围更广的产生效益，品牌营销成为一个重要的选择。不过品牌营销是一个累积和长期的动作，其效果也有相应的滞后性，当品牌发展到一定程度后会发现，短期内的品牌营销并不会产生大的品牌营收的影响，但长期来看却会有深刻的影响。问题在于，这种长期性和滞后性为很多品牌营销从业者带来了不少困扰，尤其是在当下互联网信息时代，营销传播的努力与结果没能形成直接的挂钩和反馈，也容易造成工作的绩效不被认可。有时，传播的效果和数据非常好看，影响力也很大，但企业主往往会认为那是因为自己的品牌好或者渠道好才能带来好的效果，因为公司的销售一直是这样做，一次或几次的略好并不能证明什么。凡此种种，常常使得营销部门哑口无言。

品牌营销部门由于是花钱的部门，始终被品牌方内部认定为是一个消耗的部门。很多企业主认为，花钱的部门不产生直接利润，尽管他也知道品牌营销肯定有价值，通过营销可以让更多消费者知道品牌，但所有的数据之间并没有相关性，总是需要对这个价值产生一系列的怀疑。

品牌营销部门究竟是消耗部门还是生产部门？该如何理解？又该如何界定？

在大部分的成熟品牌中，品牌营销上的年度预算基本定在3%~15%，以品牌年度收入10亿元计算，营销的预算在3 000万元至1.5亿元之间，如果没有将这笔钱花出去，用以扩大知名度、巩固现有用户的认知、提升服务水平、转化消费者长期好感等工作，那么短期内对原有的渠道销售没有太大影响，但超出一年，这个品牌的知名度很快会降低，而认知会很快被消费者遗忘，消费者会觉得服务跟不上，进而好感度逐渐消失，那么销售也就自然受到相应的影响。

所以，很多时候，懂得赚钱是一种生产创造，懂得花钱更是一种生产创造。企业的生产部门和销售部门是属于创造价值的部门，其作用是产生具象产品并进行售卖。而品牌营销则是一个生产抽象产品，树立产品外延形象和性格的行为。具象产品是生产的核心要素，抽象产品则是生产的精神要素。一个好的产品，通过品牌的营销才能与消费者沟通，从找准消费者到与消费者展示产品的信息、形象、性格、故事等一系列的信息，最后才能真正地占据消费者的心智，并促使他们发起购买和使用的行动。一个产品如果成本是100元，但实际在消费者不了解的认知里，可能觉得该产品只值60元，但当通过品牌营销的沟通后，消费者认知到产品的作用、颜值和内涵，在反复的品牌营销触及下，可能就会在心里觉得该产品值 200 元，甚至更高。因为产品本身硬件的部分一方面竞争很大，真正具有引领和绝对颠覆力的并不多，比起拼硬件很难有相应的优势；另一方面，硬件的产品随着市场的信息越来越透明，很难有比较高的溢价。

“苹果”手机之所以能在市场中卖得高价，除了产品上有相应的创新和良好的体验外，更重要的是“苹果”手机为人们在营销端展现的极简且智能的生活方式。通过使用“苹果”手机，人们的信息交流非常简单、娱乐方式更加多样。这样软性的东西，才是支撑“苹果”迅速成为全球第一品牌、迅速占领全球市场、在市场中长期保持高回报的重要力量。

因此，在市场中，产品是硬件，而品牌营销是软件。产品的生产是创造价值的行为，那么品牌就是一个提升溢价和增值的再生产过程，同样属于重要的生产过程。品牌营销的部门和负责品牌营销的代理公司，也应该是重要的生产力部门。

第八章 新环境下对品牌方和代理商的挑战

行业内的人们原本以为，技术的发展会带来营销的更简单、高效地运作还有红利，但社交媒体和信息化却带来了品牌与营销的新问题。这个行业的未来应该在哪里？大量的品牌营销从业者的价值该如何体现？

自从有正式的商业广告出现的那天开始，广告作为商业品牌与消费者沟通的重要方式存在了100多年。这个行业承担了社会对于商品品牌、产品、技术、服务等各方面信息的传递工作，为现代社会树立起各种大大小小的品牌，深刻地影响着每个人的生活，也是社会现代化一股重要的推动力量。

同时，这个行业也是一个非常综合的学科，涵盖了统计学、逻辑学、心理学、社会学、美学、计算机科学等多门学科，综合应用，不断地将文字、图片、声音、影像和新技术等各种人类感官所能接受的方式运用起来。

100多年来，成千上万的广告人努力地参与其中，为品牌的塑造、产品的销售和声誉的维护做出了大量的贡献。随着市场的全球化发展，营销及广告也如流水一般顺应了市场的需求朝着全球发展，崛起了大量优秀的广告公司，也带来了为实现全球的资源和力量集中优势，产生了全球性的广告集团，如“WPP”“电通”“阳狮”等，这些公司在过去很长一段时间风起云涌，影响着全球的消费市场。根据胜三（R3）公布的数据，2017年全球广告营销的规模已经超过6 000亿美元，形成了巨大的市场体量，这个规模却撬动着超过10万亿美元的巨大消费市场，功不可没。

不过，随着互联网的发展、电商的崛起和数字营销的发展，近10年来，广告和营销的格局正在改变。尤其是电商、自媒体和大数据的发展，改变了过去传播的逻辑，冲击着传统品牌，也同样冲击着为品牌提供服务的各大广告供应商。传统品牌被电商冲击，丢掉了自己的阵地和消费者，走向了没落和转型的道路，纷纷在思考电商化，在品牌营销方面也努力地追求效果营销的做法。很多大型广告集团，也被自媒体及信息碎片化的沟通方式摊平，逐步地被去中介化，业绩不断下滑。很多咨询公司借由自己的数据分析能力、客户把控能力和资金雄厚等优势，纷纷看到这个机会，准备接盘广告这个行业。

但不管怎样，100 多年来，品牌公司和广告公司之间一直存在着一些矛盾始终无法解决。一方面，在广告支出中总是有一部分费用是被浪费掉的，具体是哪一部分被浪费掉，我们却不得而知，可是我们的付出必须是百分百的投入，这对品牌公司非常不公平；另一方面，品牌公司要求所投入的营销和广告资源能够有等量或者更多的销售产出，如果没有明显产出，那就是无效广告和营销，这又对广告公司非常不公平。可以说，这些矛盾是一个世纪难题。

营销和广告的行为是一种为品牌与消费者沟通创造解决方案和架设理解桥梁的行为，是具有艺术性的表达，所以有不可复制和唯一性的特点，也是靠着各自的理解和感知来接受或不接受的，有其主观性和务虚性的特点。广告和品牌营销本身有价值，但因为价值取决于广告主和消费者的主观认同，具有不确定性，无法量化；同时，广告在营销的过程中既要兼具品牌建设和积累，也要肩负产品和服务的销售工作，究竟哪个更重要，哪个又占据主导地位，我们无从知道。

对于品牌这个投资商来说，目前的广告内容创作过程属于中心化、劳动密集型的生产方式，成本往往随着社会劳动成本的增加而不断增加，导致市场的沟通代价极高。尽管广告的内容大家都公认是一种虚拟的资产，但因为不可累积计价，这种无形的资产无法进行价值追溯和累积，每一次都需要相应投入去创作，成本不菲。

对于广告内容创作的供应商来说，除了出售自己的智慧和劳动，从广告主手里拿到纯劳动付出的佣金，这个行为也就结束了，并没有由此产生的效果相关性，也无从激励更多从业者付出更多创造力。就算广告主愿意给更多激励，往往也不知道如何去计算其中的价值和数量。

在自媒体出现后，广告的供应商，包括广告公司、制作单位、媒介公司等各类中间服务商纷纷受到信息透明带来的去中介的冲击。广告主可以通过自媒体直接找到各类下级供应商、媒体、个人，从而使得中间环节缺少了信息的不对称性优势，一切显得非常透明；另外，下游的制作、创作、媒体和自媒体等各个环节又可以通过自媒体和信息流直接找到品牌方。这样一个格局，使得各类中间服务商瞬间失去了信息优势，价格越来越透明，利润逐年下降。全球最大的广告集团 WPP 近些年的业绩越来越差，2017 年全年公司的股票市值蒸发超过 60 亿美元，2018 年 3 月 2 日甚至创下单日市值蒸发 24 亿美元的巨大震荡。

媒体作为传播的渠道，成为营销的前沿阵地和主战场，多年来也因为信息传播的方式不断更迭和改变。作为消费者的接触渠道和入口，始终控制着消费者注意力的走向，也因为占据入口的优势，基本控制了大部分广告的费用。真正花在消费者身上的有多少，也许只有媒体自己知道。所幸的是，互联网等各种媒体形式的发展，使得传统媒体被分化、消费者注意力被分散，促成了多元的竞争格局。不过，大的平台依然占据了最大的流量和话语权，还是无法摆脱注意力垄断的现象。当广告公司及广告主要求媒体提供相应的真实数据或者要求各平台数据共享以完成效果最大化时，各平台之间因为利益的关系常常采取自我保护或美化自我、贬低他人的方式，而使得广告的价值评估大打折扣。于是便经常出现广告数据不透明、数据虚假等有损行业发展的事情，为了保护自己的利益，广告主也经常或出于保护自我的利益而拖欠营销费用，或由于没有营销预算而骗取供应商和媒体为其投入与付出劳动，形成一层层的死循环。

品牌、广告公司和媒体可以说是“相爱相杀”了很多年，理由都是为了市场、为了消费者，好像在这个过程中，消费者只是一个假设和虚构的对象。但真正的市场主体却是消费者，他们的直接需求、想法和感受以及为消费做出的贡献，长期以来得不到应有的关注、重视和激励，这也是过去广告比较难解决的问题。

全球品牌营销及广告这个行业对整体市场的影响巨大，市场的繁荣及现代化，某种程度来说有科技的进步、需求的提升、市场的开放等各方面的因素，同时也与各品牌在营销及广告推广上付诸实践，并持续调动消费者的审美、消费意愿以及对美好生活的追求等，各方面的行动息息相关。

这其中，真正能有资源做品牌营销和广告推广的品牌基本是行业规模靠前为数不多的品牌。这些品牌占据大量资源，却在营销端因为成本越来越高、资源竞争同质化、创新不足等情况，没能产生足够大的效益。而一些小品牌，由于资金和资源有限，很难进行有效的品牌营销工作，就算有好的产品，也没能打开市场的大门。

另外，随着科技的发展、数字营销的发展、自媒体的兴起，让信息更透明、营销及传播的方式更多元、消费者的注意力更分散，广告公司、传统媒体等又不断在经受去中介化的挑战，业绩下滑、利润降低、生意难做等现象频现。

这个行业一直存在效率低下、资源垄断、小团队劳动、劳动密集型生产、无用功、价值不被认可、成本高昂、无法标准量化、传播不可追溯、媒体垄断、数据作假、拖欠款项等各种问题。直到区块链的出现，才为人们打开了一扇窗，提供了一种可能性，也带来了一个全新的视角和希望。

下篇

区块链引领品牌营销及广告行业的革命

第九章　什么是区块链

区块链经过近 10 年的发展，从默默无闻到炙手可热，被社会和国家看到了其技术的价值，尤其是与区块链相关联的数字货币的火热，发生了一系列动人心魄的故事，带动了全社会对区块链的特殊关注。那么，究竟什么是区块链呢？

区块链是一种按照时间顺序将数据区块以顺序相连的方式组合的一种链式数据结构，并以密码学的方式保证不可篡改和不可伪造的分布式账本，由此形成的一整套建立在经济学、会计学、编程学和密码学之上的技术逻辑。

这一技术逻辑的创造源于一个叫中本聪的神秘人物于 2008 年 11 月 1 日在网络中发布了一个叫《比特币：一个点对点的电子现金系统》的白皮书，吸引了一部分极客的关注，并且与中本聪在网络中进行探讨和沟通。经过双方之间达成共识，中本聪和社区的志愿者网民一起于 2009 年 3 月 1 日正式上线了比特币（BTC）系统，这一天中本聪建立了第一个创始区块，也陆续地挖出了相应的比特币，比特币是一种数字货币，也是中本聪心目中理想的电子现金，在社区中，大家根据白皮书的理想不断开发和完善整个系统，并且不断有越来越多的人参与其中，遵循彼此共识的基础让整个系统越来越稳固，直至 2014 年中本聪在网络中神秘消失，比特币已经在一定程度上风靡全球，而他的这一隐退，却开启了一个全新的比特币认知，也因此成就了一种叫作区块链的技术。

要了解比特币，我们就需要去深刻地理解一下区块链的具体逻辑和技术特点。

丨 区块

区块是指组成区块链的各个数据模块，其中包含区块的基本信息和交易记录两个主要部分。

区块的基本信息也就是区块头，核心包含头哈希值（上一个区块的父哈希值）、父区块哈希值（上一区块的头哈希值）和 Merkle 根（本区块的哈希值）、时间戳（保证各个新建区块不会重复而以时间的方式来区分的标记）和工作量证明随机数（为了保证区块的整理、建立和维护得到激励，通过算力进行工作量证明的代码）。

区块主体就是区块的交易记录，是区块最关键的部分。通过 SHA256 算法进行加密，形成 Merkle 根哈希值，与区块头相连，保证了区块主体交易记录的安全。

区块链

区块链就是将各个记账区块用 SHA256 算法进行加密，并根据顺序首尾相连，组成一个稳定的链状数据结构。本区块的父哈希为上一区块的头哈希，也将成为下一区块的头哈希。本区块的交易数据记录通过 SHA256 算法进行加密，便得到 Merkle 根哈希值，便可实现区块主体与区块头相连。每个区块彼此关联，首尾相连，本区块包含上一个区块的所有信息，下一个区块包含本区块的所有信息，相关信息通过哈希散列进行连接，既保证了关联性、公开性，又保证了安全性。

交易及挖矿

区块链中由交易、支付和转账等行为产生各类新的交易信息，系统设定每产生一个交易信息便通过社区网络进行广播，并由社区进行验证和记录，最终写入账本，这就是交易的过程。

而对相关交易信息进行整理和验证，并建立区块的人或节点便称为矿工。矿工建立区块，并通过提供算力进行工作量证明，而获得记账权的过程便称为挖矿。

挖矿的过程

第一步：组合随机字符串。

将“前一个区块的SHA-256函数值+这个新区块的基本信息+这个新区块所包含的所有交易记录”通过哈希算法公式组合成一组新的随机字符串。

第二步：寻找一个随机数。

在这个新字符串的末尾加上这个随机数，组成第二组新字符串（一个256位二进制数），假设机制设定确保这个字符串的前50位全是0，则完成挖矿工作。随着时间推移，挖矿难度会根据区块链机制增加，如要求计算出字符串前53位都是0，那么寻找随机数的挖矿难度就会成倍增加。

第三步：挖矿奖励。

挖矿后将结果公布出去，便抢先拿到建立区块的权力，可以在该区块中为社区整理交易记录，并获得相关奖励+该区块的其他交易费。

第四步：共识维护区块。

通过鼓励挖矿，获得记账权，并对区块链进行维护，保证安全和稳定。

丨 比特币

比特币是在区块链中，矿工整理交易记录并创建区块，以及维护区块链稳定过程中通过挖矿的工作获得的劳动奖励。比特币是一种点对点的数字货币，也是一种去中心化的电子现金支付系统。比特币以其去中心、点对点、唯一性、匿名性、稀缺性、可切割性、安全性等特点存在于区块链中，成为具备货币属性，甚至优于黄金属性的数字货币。建构于区块链基础上的比特币，设定的规则按照首年挖矿每个区块获得 50 个比特币，并根据每 4 年减半的原则实施，总量不超过 2 100 万个比特币，最小单位可以切割为小数点后 8 位数。

比特币从 2009 年创世，经过社区的逐步呵护和大量爱好者的支持，从原本的价值接近于零到价格最高上升至 2 万美元的高点，价格上升超过 2 600 万倍之多，总市值高点时一度超过 3 200亿美元，带动整个数字货币的总市值飙升至接近万亿美元。与此同时，比特币为了保证绝对的公平和安全实行的通过算力竞争记账权的挖矿机制，使得全球算力飙升，峰值时甚至达到 32EH/s（每秒 32 万万亿个哈希），导致每年电量消耗超过 100 万亿度，相当于全球用电量的 1%。价格的飙升和能源的损耗，使得比特币被大批的人疯狂追逐，也总是被推上浪费能源的诟病中。

区块链和比特币的诞生，是中本聪的天才创造，但并非是完全从零开始的独创，也不是突然冒出来的技术和事物，而是科学家们多年来努力的探索和尝试，最终才在中本聪的手上化虚拟为神奇。

1976 年，曾经的诺贝尔经济学奖获得者，著名经济学家弗里德里希·冯·哈耶克创作了一本叫《货币的非国家化》的著作，在当时国家资本主义盛行的时候，并没有什么大的影响，但在后来却越来越引起人们的关注。哈耶克在该书中认为：既然人类社会的商品生产和流通是通过竞争实现了更高的效率，那么货币也应该激励竞争来实现效率和价值，而不是由国家和政府垄断货币的所有权，致使其效率低下，因为历史上的货币本身也并不是一直属于统一的国家所有。某种程度上说，这本书奠定了比特币和区块链的经济学基础。

同年，著名密码学家维·迪夫和马·赫尔曼共同署名发表了名为《密码学的新方向》的论文，引发了很多人的思考。

1977 年，三位美国教授罗纳德·李维斯特、阿迪·萨莫尔和伦纳德·阿德曼共同提出 RSA 加密算法（即非对称加密算法），使得密码学在实践中更进一步。

1980 年，拉尔夫·默克尔提出了默克尔树（Merkle Tree）数据结构，让密码学的验证更加简单和优化。

1982 年，知名的图灵奖获得者莱斯利·兰伯特在研究计算机和早期人工智能中提出“拜占庭将军问题”，引发了算法上的广泛思考和讨论。

同年，密码学家和计算机技术专家大卫·乔姆与合伙人一起商业化了一套叫 E-cash 的密码学电子支付系统，旨在通过加密的方式让电子支付更安全可靠。后来该技术受到很多人的认可，但由于大卫本人的情绪化和傲慢心态，以及在团队管理上的缺失，使得该项事业不能持久推行下去，最终项目在波折中淡出了人们的视线。

1985 年，著名数学家尼尔·科布利茨和维克多·米勒提出了椭圆曲线加密算法（ECC），通过椭圆曲线数学，实现以更小的密钥建立更高安全性的公开密钥加密的算法。

1997 年，爱登·贝克提出 Hash-cash 哈希散列 POW 算法，是一种工作量证明的机制，该机制旨在用于抵抗邮件的拒绝服务攻击及垃圾邮件网关滥用，后来被微软等公司广泛应用。

1998 年，密码学家戴伟和尼克·萨博分别提出了 B-Money 与 Bitgold 的设想，希望可实现一种建立在密码学基础上的去中心化货币。尤其是尼克·萨博的理论和他的博学多才，一度使人以为他就是中本聪本人。

1999—2001 年，Napster，EDonkey 2000 和 BitTorrent 等点对点的分布式网络平台相继出现，并获得了大量消费者的喜爱，开启了网络数据 P2P 传输和共享的风潮。

2002—2005 年，由美国国家安全局（NSA）设计，美国国家标准与技术研究院（NIST）先后发布了 SHA-1、SHA-2、SHA-3 等系列算法，并通过大量的防碰撞攻击测试，进一步提升了算法的安全性。其中 SHA－256 算法被选为比特币的算法之一。

2008—2009 年比特币正式诞生，中本聪结合前人的理论和技术，将密码学、经济学、编程学和会计学进行了有机的组合与创作，实现了区块链的全新技术。

区块链在一整套技术和共识机制的保护下，带来了一系列的技术特点。

首先，每个节点的交易记录通过区块的挖矿获得记账权，并且在密码技术的保护下实现了分布式的存储，因为分布式的方式，使得其不需要中心化的服务器，实现了去中心的模式。

其次，区块链在密码学和算法的保护下，进一步完善了保护机制，以一个不可逆的方法让系统不可篡改，如果要篡改需要经过整个社区超过 51%的人同意，这几乎是不可实现的，让密码的破解难度随着参与的人增多而升高。区块链采取的 SHA－256 算法，其指数为 2 的 256 次方，这是一个天文数字，相当于宇宙原子的总和，结合其互相存储、互为关系的分布式加密存储机制，在目前的条件下，几乎规避了破解的可能。

再次，在安全和分布式共享的基础上，将区块链的体系完全公开和透明，实现了社区共同监督和共同管理。结合区块链中的通证挖矿激励机制，所有参与方可以根据劳动所得获得相应报酬。让区块链真正实现自我组织，集体共识、共同维护和共同分享等政策，让数据资产得以确权。

最后，建立在区块链的特性基础上，使得所有的事情都基于一个安全可靠的生态，人人按照代码和程序的既定规则办事，获得应有的利益和回报，让生态自如运转。这又脱离了现实社会以国家机器和法律为基础的传统中心化的信任体制，跃升为以代码和机器为基础的信任机制。在代码的标准下，在合约的要求下，在通证激励机制下，社区实现去中心化的信任自治。

因为去中心、分布式、去信任、集体共识、不可篡改和安全性的特点，成就了区块链不同于任何技术，具有极高的革命性价值。比特币实现了货币的数字化，第一次真正地让货币通过网络的形式存在和可交易，具有货币和黄金的属性，而优于黄金。摆脱了货币由某一个权力机构中心化发行的垄断和不可信，实现了由去中心化的系统发布，由参与方共同拥有，实现了一次全新的资产确权的革命。

比特币作为数字货币的伟大现身第一次实现了价值可数据传输的进化，这无疑是一场伟大的技术进步。但比特币的底层技术，区块链则更受瞩目。除了货币价值之外，区块链的出现，解决了人类历史上很多无法解决的难题。那些需要公开透明而又受安全制约的问题；那些需要共享才能解决而又不能共享的问题；那些由中心化的机构或组织垄断，而大部分人缺少权力的问题；那些价值收益被少数人占有，大部分劳动者由于机制问题没能获得应有的劳动报酬的问题；等等，这些问题都因此而看到解决的可能性。

第一，区块链的价值体系第一次实现了价值可信息传输，让虚拟的世界有了价值机制，也让信息的互联网完成了价值互联网的伟大转型。这一转型具有极大的想象空间，也成为很多行业和事项的数字化转型的重要价值根基。

第二，区块链去中心和分布式的特点，让人们看到了每个个体的权力和维护这个权力的可能性。每个人作为一个天赋人权的个体，将拥有其应有的权益，不应该受到中心化的权力垄断机制的制约。每个个体可以在分布式的生态中开放自己的行为，共同为这个自组织网络服务，也获得对等的报酬。

第三，区块链匿名性、唯一性的特点，实现了每个人权益的安全性。每个人作为一个唯一的个体，在社会中具有唯一的权力，也应该被很好地保护隐私。有了区块链，既可实现公开透明，又能实现唯一不可被篡改的自我安全保护。

第四，区块链实现了集体共识，在一个无组织的组织中，形成了集体的机制共识，抛弃了人情冷暖的不可靠信任，真正实现了去信任的信任，是一次权力的回归，也是一次意识的觉醒。组织的各方，通过科学的方式，共同维护系统的稳定。

第十章　区块链将颠覆世界

很多人说，区块链只不过是一个小小的技术创新和理念，它真的具有那么高的价值和那么大的能量吗？如果有，它将会如何影响世界和未来呢？

区块链从一小部分理想主义者的实验开始，慢慢地在几年后进入各个国家和专家的眼帘，并因为大量精英的教育和数字货币的大幅上涨而引发大众的高度关注。

在关注之外，很多人看到，区块链并没有那么简单，它的技术逻辑和价值体系堪称一种颠覆，是一件了不起的事情。在不久的将来，一个以区块链推动的变革将会快速来临。

丨 区块链技术解决中心化弊病

区块链技术具有分布式存储、哈希加密、公开透明、不可篡改、集体共识的技术特点，其核心是解决存储、安全和共识的问题，在三个问题得到解决的基础上，又无形中形成了一个去中心的价值。

当今社会已发展到互联网时代，人类的行动速度、信息流通速度都在快速提高，但人们发现，集中的生产、集中的流通、集中的管理、集中的信息、集中的财富、集中的权力等几乎所有中心化的模式都有一系列的问题而无法得到解决。集中在一定程度上产生资源的统筹配置，也许有利于效率的提升，但集中带来的是利益的不均衡、不公开透明和缺失公正公平。政治上的过于集中，往往带来集权的结果，于是人类努力希望在保证效率、发展的道路上又实现公平，这便有了民主的设想，但由于人口众多，大部分只能采取中介式、代表式的方式来实现相对的民主。在经济上，过度的集中常常产生垄断，也就容易产生经济的发展失衡、贫富差距加大，于是不得不通过政治的手段进行干预，或者直接陷入某种形式的“强取豪夺”；在思想上，过度的集中常常由于无知所致，总是受制于强权或利益的牵绊，不断地陷入秩序的混乱。

天下大势，分久必合。过去由于生产力不高，人类为了生存和发展而集中在一起，一起去获得食物、寻求发展，从部落到奴隶制、封建制、资本主义制度，几千年的时间，将集中的效用发挥到了极致，也是符合那个时代需求的一种方式。可以说部落是食物的集中，人们通过统一捕猎或劳作，将食物集中在一起统一分配，以保证集体可以存活；奴隶制是人力的集中，奴隶主将奴隶集中进行劳动，获得一小部分人的生存条件的维持和提升，而让大部分奴隶的利益受损；在封建社会中，当人口越来越多，人们发现一切的利益争夺都集中在人口和土地上，于是将土地进行集中分封和管理成为重要的手段；资本主义时代的生产力第一次与人力脱钩，生产资料成为重要的资源，在资本和利益的驱动下，资源开始向工厂集中，以求产生规模效应，提高效率、降低成本。互联网的发展，从信息开始突破了原有的集中模式，走向了多中心和去中心的碎片化传播，使得原本集中的模式开始变得信息越来越透明、选择越多、竞争越大，从而走向了分散。不过人们发现，信息化下的互联网虽打破了信息的壁垒，却跳入了新的平台和流量集中的魔咒，过去资源集中产生价值，如今变为流量集中产生价值。“Facebook”“阿里巴巴”“腾讯”“亚马逊”“谷歌”等都是互联网下流量集中模式的代表，慢慢地人们发现并没有与原本资源集中的时代有什么本质的区别，只是从原本的线下资源集中，转向了线上的流量集中模式而已。

天下大势，合久必分。当今生产力已经随着自动化和科技化的发展实现了巨大的飞跃，再加上信息的去中心化叠加，让全人类从意识形态开始有了更多的自我意识，为生产力的发展和需求的变化带来了越来越强烈的个性化需求。自我意识和个性化需求以及科技力量的提升，在无形中指向了一种去中心化的社会发展方向。

一个中心化的国家和社会最核心的三件治理工具是：军队、法律和货币。

军队掌握在执政者手中，是国家和社会维护稳定与权力的最后防线，但一些理想主义者看到，因为军队的权力集中，历史上总是因为利益天平不能平衡，在一个个临界点便引发了人类自相残杀的悲剧。

法律是维护社会秩序的最重要准绳，也是人类社会进步的重要标准之一，社会在法律的框架之下进行平衡和发展。但法律在中心化的社会中，经常成为利益主导方的工具，过去国君制定律法维护国君的统治地位，后来资本家制定法律保护自我的财产，依然有人为的因素，有失天下为公的大范围公平。

货币是国家以价值手段进行市场调控的方法，但货币的权力过于集中，常常由于货币的增发，导致货币的贬值和通货膨胀。1933 年，经济危机刚刚结束，美国政府为了稳定市场，决定以 100 美元为单位向国民收回手中的黄金作为储备之用，以此共渡难关，当老百姓都将家里的黄金如数兑换给国家之后，政府很快增发了 3 倍的货币，导致手上拿了美元的民众财富快速缩水。此类事情时有发生：委内瑞拉 2017 年货币贬值超过 1 000倍；2008 年，俄罗斯在经济危机来临时以刺破汇率的方式来保护房产，从而导致货币巨量贬值；津巴布韦的货币 2008 年通胀达到顶峰，通货膨胀率超过 11 200 000%，最后政府离奇地发行了 100 兆面额的新钞，但实际价值仅有 25 美元。

2009 年比特币创世的时候，中本聪在第一个区块中提到一句具有讽刺意味的话“The Times 03/Jan/2009 Chancellor on brink of second bailout for banks”（译文：2009 年 1 月 3 日，英国首相正准备第二次拯救银行），他希望创造一种可以脱离中心化弊病的、归属于全体民众的、公开透明的、安全的可点对点交易的电子现金。比特币成功实现了中本聪的部分理想，创造了一个去中心化的加密数字货币，也同时诞生了区块链的技术属性。人们深刻地去领悟比特币和区块链的内涵与特点，不禁大为惊讶。比特币创造了第一个可以通过数字手段进行发行的货币，不需要依靠某一个中心化的机构和服务器，不归属任何一个人便可以运行起来，实现了去中心下的价值流通。就算未来比特币不一定会成功，但其底层的区块链技术却意义重大，肯定会因此而诞生其他具有价值的数字货币。

对于区块链技术，很多人乍一听，会觉得不过就是一种分布式账本，没有什么大不了的创新，但仔细领会便会感觉混沌中出现了一丝亮光。尤其是其去中心的理念，结合激励机制，将使中心化的社会逐步被瓦解。很多中介式的领域，因为区块链技术，将逐渐消亡，供需双方可以更直接地建立关系和达成交易。从记账开始，社会中的各类交易，在区块链的基础上交易即实现记录和存储，基础的会计会被削弱，银行、保险、审计、广告等中间方也将被逐步地转向或取代。那些需要通过中间方提供服务、效率较低、成本高昂的工种，在区块链面前将越来越显得无法生存。

普华永道会计师事务所于2017年突然宣布将全力转向做区块链的审计，它觉得，如果不及时转型，那么在不久的将来有可能会因为没有竞争优势而宣布倒闭。区块链的技术以及区块链的通证体系实现了交易即支付、支付即结算、结算即审计的强大功能，与过去中心化的中心会计处理模式有很大的不同，这将是一个不可阻挡的趋势。

| 区块链的价值体系将革新货币和金融

弗里德里希·冯·哈耶克的《货币的非国家化》一书在经过一段时间的沉寂后，从20世纪80年代开始引起很多人的关注，逐渐有很多密码学界和经济学界的人开始思考一些现代社会的经济问题。究竟现有的一系列经济危机是怎样引起的？政府通过货币发行来掌握货币的宽松和紧缩的政策是否能够找到很好的规避危机的办法？货币除了国家来调控，还有更好的方式来保证稳定吗？金融的逐利性特点鲜明，凭什么美国西海岸代表21世纪的大量科技公司要受制于东海岸代表20世纪旧秩序的金融大鳄？

此后的多年，发生了包括密码朋克运动、2008年金融危机、占领华尔街和中本聪的比特币发行等事件。这些事件都成为一种旧秩序力量与互联网科技为代表的新秩序世界的不兼容，也代表一个新秩序力量与旧秩序力量的某一种抗争。最后，中本聪的一本小小的白皮书经过无组织且自发的方式居然无意识地被全球的很多年轻人接受，刮起了一场加密货币的旋风，也带来了区块链的技术思潮。

区块链创造出的安全、透明和点对点的数字货币，结合其独特的挖矿激励，全民共同参与，各自按照劳动和付出获得回报，在价值的基础上达成共识。基于数字货币的唯一性、安全性、稀缺性、可传输性，具有货币的属性，使得区块链形成了区别于传统法定数字货币的全新价值体系。只要民众具有相应的价值共识，便可以借用数字货币进行等值交易，第一次实现了在网络中将协议、交易记录和货币进行直接的关联，产生了价值的互联。这为未来的数字经济环境找到了一种新的模式，同样也给予以美元为中心的国家货币体系一个巨大的挑战。可以想象的是，当越来越多的人接入数字生活，而货币的体系如果还是纸币模式，此时有新的更适应数字世界的货币模式，那么将会有越来越多的人逐渐地抛弃旧有的模式。

随之，一个法定货币和数字货币并存的新世界格局将会快速形成。首先，变革会从各个国家或机构的利益出发，试图努力突破美元中心化霸权而寻求发行国家的法定数字货币；其次，会有不少自组织，因为对去中心化货币的共识和认同而使其快速得到应用，其中比特币已经得到很好的验证；最后，还会产生一系列由品牌、机构主导发行的生态内货币。三者互相共存又互相竞争，将逐渐验证弗里德里希·冯·哈耶克的货币竞争预言。

除了货币之外，区块链的数字通证具有的货币、股权、股份、证券和凭证等特点，也带来了完全不一样的课题。从货币和价值链出发，将会给金融体系带来一场风起云涌的变革。现有的传统金融系统，在区块链数字通证的优势压力下，随着人们的生活逐渐数字化，现有的金融体系也将跟着数字化。

有了数字通证，从货币的角度，国际贸易将变得更加直接，去掉了银行和汇率结算的美联储等中间环节，实现直接点对点的交易、支付和结算。数字通证的发行，从发行方出发，可以直接被市场的消费者所获得和使用，中间的银行也将失去其效率，也许现有的银行将成为法定货币和数字货币的汇率兑换服务商，仅此而已。

随着项目和品牌的数字通证的发行，对于市场来说便实现了货币、股份和股票的属性，因此，围绕某个品牌和项目的交易、资产评估与资产流通也变得更加直接。消费者和投资人只要持有其数字通证便可以购买其产品，只要购买其数字通证，便可以成为其股东，拥有其股票，实现拥有其数字资产的目的。那么围绕品牌的中间券商、证券交易所等将逐渐地退出历史的舞台，取而代之的是新的数字通证的公有交易平台。

在这个逻辑基础上，围绕着货币和金融的颠覆格局已然开启，并越来越清晰。

区块链技术解决信任问题

英国人类学家罗宾·邓巴在对人类的组织及信任进行研究时发现，原始部落大部分的成员数在 150 个人左右，若超出这个数字，其部落内的沟通和协作就比较困难，就需要垂直的组织机制来协调；他进一步研究奴隶社会到封建社会甚至到现代社会，发现有效沟通和信任成员数惊人地接近 150 个人。不管是封建的帝王，还是现代的领导人，实际上一个人的有效沟通都停留在身边经常接触的和重要的 150 个人，社会的变化和人群的扩大主要是垂直的组织起到了协调的作用，使得一个人能够延伸至更广阔的社会效益。一个公司也一样，很多企业在只有 150 个左右的员工时，其团队是最为团结的，其工作效率也是最高的，因此有很多大公司，会采取各种制度，将团队进行分化和分工，以保证团队能够按照一个比较高的效率进行工作。甚至，当邓巴把范围缩小到个人时也发现，我们每个社会的个体，生活中的亲人、朋友、同事等关系，有些人的人脉很少，有些人影响力很强，但真正能够有效沟通和真实信任的人数也都不太会超过 150 个人。在这样的基础上，社会的发展和人类的向外交流纬度越广，就需要形成一种组织结构来维持这种信任的关系。国家要与千万的百姓形成信任和沟通，就需要通过垂直的组织制度，通过一级又一级的基层组织成员去实现。个人要与陌生人达成交易，就需要建立在国家和法律的信任基础上，通过货币来实现，常常还需要通过第三方的机构或个人才能够彼此信任。

直到社交媒体的出现，人们发现，社交媒体在信息共享的基础上，让沟通可以跳跃邓巴理论的局限，实现非组织的黏合，大家根据各自的兴趣、爱好、职业、性别等圈层和社群达到一种无组织的信任，于是围绕社交的互联网经济超越了很多人的想象，发挥了巨大的影响力。因为信息的相对透明、及时，可以说，社交媒体在过去 10 年推动了人类信任从强关系走向了弱关系，使得信任模式有了很大的进步。但是，当要推动整个人类的强信任朝着数字化发展，人们却发现，依靠传统的社会体系是无法做到的，即便是依靠互联网和社交媒体也做不到。

在过去和现在社会的信任体系中，信任都依托于第三方，国家、法律、见证人，有了这些第三方，信任就逃脱不出不确定性之“熵”。人们发现，历史就是一个被胜利者打扮过的小姑娘，很多时候并不能绝对地反映其真实性和可信性。见证人的存在，有时候是一种对于信任的无奈，但又常常产生见证人的不可信，或者见证人内心与行为不一致的现象。就是到互联网和社交媒体阶段，在中心化的服务器间，信息依然存在诸多不对称的情况。

当人们还在传统的信任机制中努力建立秩序的时候，我们发现，围绕着科技的发展，似乎机器互联和人工智能也快速地出现在人们身边，如何去解决人、机器与社会的信任关系，又成为一个新的问题。

区块链在技术上完全的公开透明、安全加密、不可篡改、去中心和代码保证，从机制上去实现数字货币和集体的共识，无形中完美地解决了这一问题。

在历史上关于信任问题的经典案例中，“拜占庭将军问题”是困扰学界几百年的难题。罗马国王被敌军困于城中，自己的10 支军队分别驻扎在不同的城堡，而围困国王的敌军有 9 支军队。为拯救国王，从城中发出指令，军队必须在同一时间一起来营救；否则任何一点闪失都会使全军覆没从而导致营救无法成功。但古代的信息不发达且无法同步、自己的军队中可能有叛徒、某些将军可能被收买等问题就成为巨大的不确定之熵。如何保证实现共识和信任一直是个问题。

直到区块链的出现，这一历史信任问题才得到有效解决，所有的信息发送由代码加密，彼此之间相互不知道，收到信息后还将同步对外公告，在密码的区块链的机制中不可篡改，在知道共同目标任务和指令后需共同协作才能完成任务，如果有哪一方出现问题，那么整个任务就无法进行下去。

区块链以技术的手段建立了行为和信息的存储有效性，并且实现交易的货币和资产的唯一性，在一个完全自动化的公正的机制中实现了最广泛和规范的共识，不依托于任何第三方。由此，全新的基于代码之上的机器信任格局便展现在了人们的面前。

区块链将改变社会的协作关系

区块链实现了货币数字化，解决了基础的机器信任问题，这为数字世界奠定了一个价值体系和信任基础。从价值角度，区块链实现了人们点对点的交易，去掉中间环节，这在很大程度上降低了交换成本，也大大地提高了交易的效率。在交易的效率提升、成本降低的推动下，必然带来更频繁的交易，在交易和利益的推动下，又将推动社会协作关系的变化。原来只能在现实世界进行的交易和协作，现在可以转换到完全的数字环境中，原来依托于某个中心机构或第三方信任的模式，变为完全点对点的直接协作，这将带来生产力的大变革。

为了便于推动生产力的数字化和智能化转型，区块链智能合约的模式可以使协作的各方通过数字协议的方式建立彼此的关联，从金融开始，将资产和权益确权并打通，围绕这些价值体系进行重新分配，交易的产品和方式将快速切换频道。紧接着以价值的路径推动社会自发建立信息和数据的联通，将会为未来数据算法技术和人工智能奠定重要的根基。

在过去，国际间的贸易受制于距离和交通的制约，开展起来比较困难，但人类通过船运、空运等方式打破了物理距离的限制；同时，为这个远距离的协作发明了复式记账的会计方法，解决基于金钱和利益上的基础信任问题。为了更加紧密地配合，又有了公司制和股份制的协作模式，保证了协作过程中的目标一致和共同努力。再后来，互联网和信息互联的实现加速了信息的即时互通，也在很大程度上推动了即时协同的需求。但协同和交易合作需要建立在价值体系上，当价值无法即时联通，即时的协同也就难以实现。区块链及其数字货币价值体系的建立，第一次从技术和信任上实现了这一可能。由此，远程的协作将更加紧密，未来的社会协作将跳脱出空间和距离的局限，一个需求，只需发出指令，全球各地的人将可以参与协作。比如针对中国的市场有人提出一个理念，接下去的市场调研、产品设计、产品研发、产品 3D 打样、产品测试、产品生产、产品的营销设计、内容制作、国际贸易等各个环节都有可能分散到全球各地进行，朝着降低成本和实现更好的质量的方向发展。而所有参与方都可以通过劳动付出得到相应的回报和未来市场的增值，这将大大调动远程协作的积极性和主人翁精神。

随着这种协作打通，一个项目、产品和品牌将会从原本的单一中心化的模式变成一种生态的协作模式，所有参与方在机制和共识的基础上，彼此无间配合，上下游间、横向间成为一个有机体。很多行业、领域将逐渐生态化，也将在生态的协作模式下，创造出更大的超过传统中心化的公司制模式十倍甚至百倍的社会价值。

区块链、数据、算法和人工智能的有机结合，在未来的社会协作中，早期是以人为主，努力建立机器的数据互联；中期是人与机器有机合作，机器为人服务；从远期来看，将会以机器为主，除了在生产力上替代人力之外，还将延伸至生活服务，促使人类朝着新的生活方式转移。

区块链将重新建构社会秩序

区块链结构从数据底层开始，通过把核心数据上链，并且以同态加密和边缘计算等方式实现数据的安全。在安全的基础上形成社群共识，相关各方可在共识基础上根据劳动付出和权益权重获得相应的激励；并且，为了更广泛地达成多方协作，通过智能合约，让数据多维度自由打通和自由交易，以方便更多的应用通过不同的协作服务于人们的生产和生活。

从技术基础、货币、金融和社会协作关系的改变趋势形成，必然在社会的秩序上也会发生巨大的改变。

从个体的角度出发，区块链的技术特点使得我们的一生将建立起一个唯一的身份数据库，这个数据库由个人和国家共同管理。我们每个人的基本身份信息、学习信息、健康信息、职业信息、生活轨迹信息等都实时添加进自我的区块链数据库中，并且受区块链的保护。个人将有权掌控自我的信息，所有的信息和数据可以在各个生态中自由地授权使用，并获得相应的回报。

从社会的角度出发，由于所有个体的信息自动上链，市民生活的自动化将多方位落实。围绕着生产和生活的区块链记账、存证、审计溯源、真伪辨识、实物资产数字化、数据资产化、支付和流通等多层次将产生新的规则和秩序。食品可以轻松溯源，无论是产地还是种植养殖、流通、生产和销售等过程都清晰可见、无法作假，任何一次违规都会导致无法进行下一个步骤，以此来保证产品的品质。人们的住所全方位地通过人工智能摄像头进行监控，保证住所的绝对安全；智能系统负责管理每个人的饮食起居、健康作息等，系统实时提醒和提供服务。人们的出行、交通的支付、工作的行为甚至是消费的支付等，均与每个人的生物密码重合绑定，秩序的守约者会畅行无阻，会获得资产和权益上的累积与激励，秩序的破坏者逐渐地被规避于文明秩序之外而寸步难行。

人、事和物，是一个社会秩序中的基本单元，围绕其产生的便是社会关系。当人以及由人组成的社会的基础转向新的秩序，满足人和社会需求的事与物所构成的资产、商品和服务首先需要被革新，只有其掌握的秩序以及生产的、流通的和消费的秩序发生了变化，才能推动人的秩序改变。区块链俨然已经将它们紧紧地黏合在了一起，一个从物（机器）开始的新秩序社会渐渐开启了智能的盒子。

第十一章 当下品牌营销和商业市场面临的问题及行业访谈

当我们去思考一种新技术或一个新方向是否正确时，不论未来的发展如何，很重要一点是需要回归到现实，一方面看是否真能解决当下的问题，另一方面要看是否具有未来的可持续性和发展空间。既然区块链作为一项技术、价值体系和信任机制，在其技术和理念上如此被看好，是未来科技发展的基础，那么从现实的角度出发，它是否真的能解决当下社会的问题？对于商业市场和品牌营销来说，区块链是否真的具有解决问题的能力？

当我们去思考一种新技术或一个新方向是否正确时，不论未来的发展如何，很重要一点是需要回归到现实，一方面看是否真能解决当下的问题，另一方面要看是否具有未来的可持续性和发展空间。既然区块链作为一项技术、价值体系和信任机制，在其技术和理念上如此被看好，是未来科技发展的基础，那么从现实的角度出发，它是否真的能解决当下社会的问题？对于商业市场和品牌营销来说，区块链是否真的具有解决问题的能力？

带着这些问题，笔者寻访了各行各业的人，希望可以听到和看到当下中国的商业市场与品牌营销领域都存在哪些问题，现有的手段是否只要稍加优化就可以解决，还是说需要有新的模式、技术和机制才能够从根本上解决？

品牌迷途

1. 品牌是什么

陈刚①："品牌，它的功能最浅层次的是一个辨识，就跟名字一样。大自然的东西都需要有名字，别人叫到你的名字，你才能相应做出回应。这个名字对消费者也是一样，同样是车，却有着不同的品牌名字，例如'宝马''奔驰'，这也是一种辨识。"

① 陈刚，中国植物油行业协会副会长，中粮"福临门"营销总经理。

“更重要的，我觉得品牌它是一个无形资产。我们讲，产品有生命周期，企业也有所谓的存续时间，但是品牌会超越这两个局限。就同人一样，它是有生命周期的，‘人生不满百，常怀千岁忧’；但是你会发现，人虽有生命周期，可是他的文字、他的学说、他的思想，甚至他的精神，都是可以传承的。所以，今天我们一样去谈苏格拉底、谈柏拉图、谈亚里士多德，然后谈 2 000 多年前的哲学，今天我们一样会去膜拜意大利的艺术，也一样会去看世界的人文奇迹，这类东西是可以穿越时空的。这个就跟品牌价值和作用一样，所以它最后能够超越产品的生命周期和企业的生命周期。”

2. 很多人做着品牌的工作却不懂品牌

徐颖[①]：“品牌是什么？这个话题对于中国的很多品牌营销从业者来说，至今仍没有搞清楚。2002 年我加入耐克商业（中国）有限公司，让我很震撼的是，那时候我的老板是公认的整个市场最牛的营销专家。他跟所有的同事说，一件全棉的白色 T 恤，如果有‘耐克’的标志，可以卖 125 元；如果拿掉那个标志，给它标价 25 元都卖不出去。所以品牌就是溢价，有了品牌，商品才可以有足够的溢价。”

“那么支撑这个品牌溢价的是什么？构成品牌的两个重要维度是功能性作用和情感性作用，决定品牌溢价的往往是情感性作用的因素。从市场营销转向投资职业后，给我最深刻的体会是，站在一个真正的商业市场去看品牌，其实所有的品牌都

① 徐颖，乾明天使投资基金管理合伙人，耐克商业（中国）有限公司原品牌总监，“帝亚吉欧”原亚太区品牌总监，“相宜本草”原副总裁。

需要回答几个问题。”

“第一，你和世界的关系是什么？这个世界有了你，或者有了你这个品牌，或者有了固定的商业模式，它会有什么变化？也就是说你真正创造的是什么价值？”

“第二，为什么是你？也就是为什么是你来做这件事，你拥有哪些和别人不一样的能力与优势？”

“第三，你是谁？即这个人或品牌与自己的关系。这是大部分品牌回答不好的问题。举‘耐克’为例，该公司于1972年正式成立。其创立者菲尔·奈特在其自传《鞋狗》一书中这样讲道：‘我没有终点线，如果你是一个人，你有身体，你就是运动员，而耐克就是来帮助世界上所有的运动员提高他们的表现的，只要每个人与耐克同在，就可以学习运动员的精神往前走。’这就很好地回答了‘我是谁’的问题。所以‘耐克’的品牌力量很强，甚至给人错觉以为是个百年品牌，但其实不是。”

“这也就是品牌的定位和品牌精神的体现。”

3. 品牌创始人不理解何为定位

徐颖：“在市场有红利的时候，很多品牌靠着创意人员的灵光一现想到了一句话，并靠这句话撑起了整个公司10年的繁华。之后却发现自己根本没有想清楚自己的定位和商业模型的关系，也没有去关注消费者所起的变化，最终很容易走向没落。”

4. 品牌的创始人缺少初心，很难可持续发展

徐颖：“在中国，品牌普遍存在英雄主义的问题。往往品牌在创始老板那里发展得特别好，但老板老了，就很难有第二梯队可以接上，很少看到一个品牌在第二梯队接上的时候继续发扬光大的。在一代向二代发展的时候，要么因为没有初心和体系的延续逐渐没落，要么因为内部的纷争被内耗掉了；相反从国外的品牌来看，很多都是在老板还健在的时候安全地过渡到下一代的。”

“在某种程度上说，这也是一种价值观和文化的社会性问题。与我们过去的教育一样，很多父母一开始强力灌输给他的孩子怎样一种思想，努力想控制孩子，形成了一个不好的循环；但国外的教育则是大部分家庭在孩子 18 岁时就学会了放手，试着让他们的孩子学会按照自己的方式独立成长。企业、品牌和孩子的教育一样，中国的企业家还没有很好地学会放手。”

5. 品牌形象的定位和管理是一个完整的体系

刘寅斌[①]：“品牌主要有两个形象，第一个形象是你把品牌定义为什么；第二个形象则是消费者把品牌定义为什么。这两者常常很难得到统一。”

“我做春秋航空股份有限公司品牌管理顾问这些年给我一

① 刘寅斌，上海大学副教授，春秋航空股份有限公司营销顾问，新浪微博传播顾问。

个很深刻的体会是，很多时候，不是说企业想通过公共媒体塑造给消费者什么形象，更重要的是我们要建立品牌在消费者心中怎样的形象，这是企业需要关注的一件事。春秋航空股份有限公司给自己定义为低成本航空，其概念就是在运营的过程中，把非安全类的环节和非消费者体验的环节尽可能以降低成本的方式去实现安全、简单的飞行，以及可靠的监控和运营维护。但消费者的理解却是，‘春秋航空’是廉价航空。‘廉价航空’的概念使得很多人会觉得不舒适，甚至有可能映射为‘不安全’和‘服务不好’的代名词。所以‘春秋航空’很难打动那些飞行频次较高的企业高管、互联网大公司的商旅人士，甚至在国企的采购中都没什么优势。但实际上‘春秋航空’在安全方面在全国航空公司的排名中一直是最靠前的。”

“所以说，品牌的塑造，其实是从定位开始，再到产品策略、市场策略，再到消费者心中的形象塑造以及品牌宣传和 PR 的整体结合，它是一个完整的体系。”

“可惜的是，真正能够非常好地去践行、坚持和聪明地随时适应市场变化的品牌少之又少。”

6. 品牌塑造各有困局

陈少辉[①]：“当下的品牌塑造，中国还处于建立的阶段，还是一个努力摸索和学习的过程。这个过程存在着很多的问题和缺少秩序的情况。”

① 陈少辉，加州大学河滨分校商学院（安德森管理学院）副院长。

“中国的品牌总是寻求业务的独揽，没有做到合理的细分和体系化的运作，最后常常导致品牌发展的无序。企业品牌塑造没有长远的坚持和章法，消费者对品牌的认同和信任比较短效，消费市场的消费依然以产品的消费为驱动而不是品牌，尤其在互联网的冲击下，原本没有品牌积淀的市场更加快速被淘汰，使得很多品牌在被动中容易束手无策。”

“相反，美国社会的发展先于中国很多，其社会文化对于品牌的理解更加完善和理性，建立了非常好的市场体系以及企业和品牌的分工、分厂明细。你跟一个美国人说，如果 10 年后可口可乐和迪士尼这两个品牌没了，他们会是什么状态？他们会流泪，因为在他们的心中对于这些品牌的信任是根深蒂固的，在全世界的任何一个地方品尝可口可乐，他都会觉得这是最安全的；而迪士尼是他们娱乐最重要的部分，如果消失了，他们会很难过”。

“不过，中国这样的新兴市场有新兴市场的困局，美国这种相对成熟的市场也有它另外的困局。”

“一方面，美国人觉得自己建立了一整套非常完整的品牌和市场体系，很自信，自信到最后太过于依赖这个体系而不变通，不能与时俱进。”

“‘柯达’创造和发明了一个时代，最后却在自己的那个时代停住了脚步，没有继续走下去，就是一个很鲜明的例子。”

“另一方面，与中国一样，在体系中，品牌的传承也是一个困局。不同的是，中国品牌是因为没有体系，最后二代传承很难，美国则是因为有了体系，但二代和职业经理人的状态很难带领一个品牌在新的尤其是社交化的无序环境中去发展并创新。”

“人们都希望努力去建立秩序，但秩序井然了，常常就变成死板和不创新，无序的蓬勃发展的新环境反而变成了自己的短板。互联网、社交的环境变化太快了，很多人都没能跟上节奏。”

7. 市场发展和变化太快了

刘寅斌：“很现实的一个问题，就是社会发展和市场变化太快了。导致现在的很多品牌还没怎么发展好，在还不成熟的情况下又碰到一堆新的问题。传统品牌和企业喜欢流程化的东西，是一个过程导向，而现在的市场环境要求结果导向，但过分的结果导向肯定是有问题的，因为品牌还是要看长期的终极结果而不是短期结果。

第一，环境变化太快，经营压力太大，导致很多品牌越来越不敢在品牌塑造上花力气，不敢投入。

第二，竞争的残酷导致很多曾经的品牌概念和品牌理论已经无法适应今天的竞争过程，就连品牌拥有者都开始怀疑自己。”

杨坤田[①]："经济的发展、科技的进步、消费的需求要不断地迭代变化，一代人要求有一代人的品牌、商品和服务的不同。那么，一个品牌就需要保持鲜活的竞争力，要保持其商品的保鲜性，其服务要有不断创新性。"

"现在已是各种新科技、新技术的应用，比如现在的移动互联网时代、全价值链数字化、新零售。现在很多的东西都跟过去不太一样。我认为这个企业领航人，包括他的团队和他组织的主要力量，都要不断使用自我更新能力以及自我学习能力，只有这样才能保持其对市场需求变化的感知，才能不断地在产品、品牌和全价值链之间的各个地方持续地创新，跟上时代的步伐。"

"比如，消费者群体现在大多集中在'90 后'，那我们就需要深度地理解'90 后'的需求。消费者都在使用移动互联网，现在除了微信还是一个大的流量入口，很多都转向抖音等短视频了，那么我们就必须快速地在这方面跟上节奏，要及时地触动消费者。这个触动不是单纯广告的触动，而是一个从产品设计、生产、服务和营销甚至内容的全方位实时触动。"

刘寅斌："这个变化，使得品牌的塑造和企业的经营变得毫无经验可循，似乎都在'摸着石头过河'。"

蜻蜓 FM 的首席运营官肖轶有一个很形象的比喻。他说："传统企业是干什么的？传统企业就像铺路，这个路要铺多少

---

① 杨坤田，"马克华菲"创始人兼 CEO，稻盛和夫经营学会"盛和熟"上海理事长。

水泥，要花多少钱，要修多远，要请几个工人，要花多长时间，测算一下就能知道。那剩下的一件事就是要培养更多的人知道这件事情，把路从一千米修到两千米，就是通过培养更多的人，把规模做大，把成本降低，把效率提高。”

但今天的环境不是这样。今天的互联网公司或者今天的新行业是什么？是在两个摩天大楼之间走钢丝。一个大师拿个平衡杆走过去之后，你问大师：你怎么走过来的？大师说：左边歪了就向右边倒，右边歪了就向左边倒，没有那么多原理，只需要记住一件事，那就是随时随地适应变化。

8. 赛道发生了变化，很多人还没反应过来

社会发展的过程是基于人发展的过程，当所有以人为中心的变量都在变化的时候，就会留下商业的空白，而这些空白常常会被一些新兴的品牌给抓住，然后把本不是竞争对手的对手赶下去，或者颠覆一个行业。所以我们看到了大量的现象：“苹果”颠覆了手机行业、“淘宝”颠覆了传统商超、数字技术颠覆了“柯达”、微信颠覆了通信等现象。对于闯入者来说是一种颠覆，对于原有的品牌来说则是一种赛道的变迁。其实在很多时候，因为消费者习惯、市场规则和技术等原因使得品牌和商业的赛道快速转变，而在这个过程中很多人并没有及时做出反应，于是导致了部分品牌方走向一个不太好的结局。

因此，在商业市场中我们应该做的是“做着眼前的事，看着将来的路”，更多的是要知道还有没有新的赛道会出现，在那个赛道里面，有没有储备好的核心价值。我们可以不是第一个踏上那条赛道的人，但一旦开赛，还是得有万全的准备。

遗憾的是，大部分品牌还停留在原来的赛道上原地踏步、拼命厮杀，同时也在不断受到来自各个维度的变化影响。

丨 社交媒体之丧

1. 社交媒体的流量垄断使得营销成本升高、效率降低

徐颖："对于消费者来说，社交媒体带来了很好的利益和价值，实现了信息的轻松获取，实现了更方便的沟通，确实推动了社会的发展。"

"可对于品牌来说，事实并没有那么美好。尤其是在品牌营销上，我发现社交的出现反倒让营销的效率降低了，而成本却有所升高。1995 年，我在'宝洁'工作的时候，那时大部分的品牌营销使用的都是差不多的方式：第一就是做广告，把品牌定位用合适的广告方式呈现出来，然后就是上电视，基本上只要你有足够的预算，就能覆盖 75% 以上的目标消费者；第二就是铺渠道，铺到正确的渠道里去，基本上这个营销工作就结束了。品牌剩下该做的就是休验营销的一些工作。"

"这种老式的营销方式放在今天已经不起作用了，社交媒体让所有的人圈层化，是特别厉害的圈层化。这就好比你看这个人的朋友圈或那个人的朋友圈，因为你的圈层的不同和阶层的不同，你就像是穿梭在不同的世界一样。而且圈层之间互相很难对话，今天这个人正在关注某某明星的相关新闻，另外一个圈子可能连这个明星是谁都不知道，所以我们再也不可能用同一个广告去说什么总收视率（或总收听率）是多少了。而且

圈层相对封闭化，除了一个微信朋友圈广告，也不能呈现太多的东西。”

“该去哪里找属于自己的受众群体呢？这显然不是一件容易的事。地铁那么挤，楼宇有分众媒体，现在所有的人都在低头看手机，所以效率变低，我之所以觉得成本变高，是因为我们想让这些人完整地收到我们想要传递的信息。所以我觉得在社交媒体时代最早出来的时候，社交媒体因为有微博、有大V号，看上去成本变低了、效率变高了，但到今天我却觉得是成本变高、效率变低。”

赵广丰①：“我觉得（成本）是更高了。如果有人告诉我说，不要再花钱去买什么户外广告，那个太贵了，应该多用社交媒体这种口碑式传播跟营销，很便宜。我个人觉得是他不懂，其实我觉得那部分的投资会更大。”

“那种用一两个视频或用一个事件就能使自己成名的事情，放在品牌中去会很难。我们很少会看到有哪个品牌，通过一个小视频或一种方式就能打响知名度的，更别提想要通过这种形式去实现长远发展。这意味着什么？该有的投资一个不少，然后还得再加大投资力度，在社群媒体搞这种叫作‘锦上添花’的东西，在整个过程中的营销成本是增加的。”

杨坤田：“原本传统媒体投放广告有集中和高空优势，但存在着不精准的问题。现在品牌方都将广告转移到了移动端，媒体呈分散和圈层化，微博、微信、抖音等短视频平台多种多

① 赵广丰，王品集团市场中心总经理。

样，如果有积累的、走在前面的品牌方就具有优势，走在后面的品牌方就会越做越难。”

“很多品牌借用社交媒体营销，最后走向了两级发展：一方面需要有大流量和大成本的比拼；另一方面则需要时时刻刻依托于能够调动起消费者的内容。如果有相应的基因当然很好，但如果没有这个基因，便是活生生地把一个没有内容创造基因的品牌逼着患上了内容综合征。为了避免这种情况出现，就需要一些好的供应商来配合，但在社交媒体中，其实很多供应商都没有转型过来，很多传统的广告公司也大量地被淘汰了。所以，这个淘汰也是全方位的，考验品牌的全要素的能力。”

2. 内容难度越来越大，效率越来越低

何兴华①：“营销内容现在也不是那么容易创作的了。在传统媒体时代早期，花心思在内容上，一个 TVC、一张平面图都能够在集中的投放中起到理想的效果，到了后期，消费者看腻了，难度变高，效率就下降，但由于媒体的集中和强势，传播效果还是有的。同样，在社交媒体时代的早期，互联网中的一些故事型的视频或一个有创意的互动都能够带来快速的指数级的传播，不过到了后期，消费者看的东西越来越多，眼光也越来越高，社交媒体主动接收的可选择特性使得如果我们的品牌呈现出的还只是平庸的内容就很难被外界关注。所以，此时就要求品牌挖空心思不断在内容上创新和投入，难度还是很大的。甚至还不能是单一的内容，常常是多维度、多渠道的内容。”

---

① 何兴华，红星美凯龙家居集团股份有限公司副总裁。

“基于此，我们过去也与各种供应商努力地去创造内容，后来我们发现需要转变思路，最近刚刚启动了IMP计划，就是为了解决这一问题。这是因为：第一，家装的目标群只占总体人群的5%，消费群体不大；第二，每一个家居品牌商与用户形成一次购买之后，到第二次购买的周期非常长，所以品牌商寻找用户以及发挥用户的消费价值，这个成本非常高，效率很低；第三，如果说品牌方找到用户，想快速地形成品牌认知以及行为转化，对营销内容的依赖很大，但众多的品牌商没有能力去制造这种内容，尤其没有大量的创意型的内容去帮助它们进行高效转化。”

“所以核心来讲，第一，它找用户很难；第二，它在一个很短的家装周期内与用户持续的、精准的多场景的接触从而建立品牌认知很难；第三，接触它以后发现没有好的内容去沟通，内容创造又是一个难点；第四，接触上了也转化了，转化完了以后没用了。所以它前面整个过程即使都做得很好，它总的获客转化的成本还是非常高的。”

“另外，由于目前整个家居行业的企业都偏中小，所以它没有能力去投入技术进行全面的数字化工具的开发，它也没有能力去掌握所有的数据。所以它本身很难建立所谓的数据营销、数据挖掘这些能力。因此，你就会发现前面所有问题的解决得有一个人、有一方角色来帮助企业建立这种基础。”

“那么我们的IMP计划就是做的这件事情。平台商有能力投入所有的技术，有所有的数据和用户。那么我们搭建一种生态，让所有制作内容方进来，将所有的内容放进来。这样可以帮助品牌商解决以下问题：第一，它可以找到人。第二，找到这个人之后，它可以连续性且全场景地精准触达消费者。比如说找到这个人，我们会帮他识别，或者它借助我们的能力识别这个人是不是我们的目标人群。第三，它需要内容，要搭建平台以便我们去做这个内容。这样，我们原来只需要 5~10 个内容的供应商，这个平台起来之后，我们发现，能够调动更多的供应商参与进来。”

“当然，内容是为了更好地去营销，也为了更好的获客。一个好的计划和创想，在互联网的今天，要衡量其结果，都离不开最终的深度关联销售、数据分析和数据挖掘，需要有全套的数字工具；否则也不能称其为好的营销。”

3. 品牌传播与销售获客的矛盾

吴超①：“电商和社交兴起之后，在品牌传播到销售转化上确定是更直接了。因为消费者都在网络中，消费者从传播的广告和内容的关注到购买过程通过电商变得更短了。不过我认为，这个转化和销售也不完全是由一次传播就实现的，否则还要品牌做什么。就算是今天的电商，你也会发现，经过一轮盲目的消费之后，最后消费者通过电商买的还是那些有品牌的商品。电商只是一种营销的渠道，并不能代表所有。快消类的产品，其转化通过电商的概率就会低一些。而品牌和产品所涵盖的要广泛很多，尽管电商很便利，但生活还是在现实世界中，还是需要有多维度的场景。传播也好，促销也罢，我都希望它可以立马有销售的转变，但是一个品牌在消费者的心目中是一个长期的东西，我做这个品牌的活动，除了我在这些直接销售转化

① 吴超，从业快消品 15 年，某食品公司事业部总经理。

的电商或者是新零售的渠道以外，我更多地会在其他的媒体里边去和它沟通，所以那部分沟通对销量的转换，我觉得不会立马见效，它是一个长期的过程。”

陈刚：“这是个老话题了。做销售的人觉得品牌老打不到点儿上，没用；做品牌的人觉得销售就知道搞这些简单又‘短、平、快’的事情，没意思。但实际上如果你真的站到整个业务高度去看的话，只要你是一个最终需要销售出去的业务，品牌传播和销售就是你的手心手背，不可或缺。”

“如果你要让我一定做个选择的话，品牌排在前头。为什么？因为你做好产品，品质就是品牌。你去铺更多的销售点，你也一样是品牌建设。你给你的消费者创造价值，你甚至要给你的渠道、经销商留好利润，这也是品牌建设。你要去做电商也是为了顺从你的消费者的消费习惯，让他更便利，这也是品牌建设。所以如果我们一定要有一个大的和一个小的概念，我们把外延打开的话，品牌包含销售。如果我们做个狭义定义，我觉得它们是手心手背，正如一块硬币的两面，是分不开的。”

杨坤田：“传统的品牌传播环境确实在销售和传播上很难区分，一直是一个对立又统一的矛盾。不过，随着新的技术、社交化和新渠道等的出现，数据越来越清晰，我们看到还是有一些可能性去实现传播与销售之间的矛盾得到统一。比如，我们从电商出现开始就着手实验电商，社交媒体出现以来，我们在品牌传播上及时地利用社交的方法，最后努力做到了消费者的实时触达，并且每一次触达和消费都建立完整的流量池与粉丝库，渐渐地你会发现两者的关系越来越清晰。随着未来数据越来越多，这一问题应该还是有好的衡量模式的。反过来比较重要的却是考验品牌和其代理商在一些技术与方法上的快速投入敏锐度、坚持的累积和数据的应用能力，除了外部的流量，还要长期地去创造自我的流量。这对大家是一个新时代的考验。”

4. 数据是真是假？

陈刚：“为了流量，很多品牌的从业者、代理商或者媒体，常常会想方设法、急功近利地‘想办法’。他们发现，有时候正向的方法达不到短期内的流量目的，为了引起注意，便开始以一些比较粗糙的、粗暴的口号式的甚至恶俗的行为进行投机取巧，还将其称为网络创意。比如某互联网聊天工具所用的广告词是‘想我就戳我’，一个专做鸭产品的品牌用到了‘叫个鸭子’之类的广告语，这些都是为了流量抛弃品牌价值观的行为。我认为这些商业模式、这些品牌、这些组织都会接受价值观的拷问，都是长久不了的。”

“我觉得人类的社会是有价值观的。不论是对少年儿童也好，对青年也好，对社会的顶梁柱也好，还是对老年人也好，我们都应该从正义的方向去引导，而不应该是用那些所谓的隐喻、所谓‘犹抱琵琶半遮面’的方式去发掘、放大甚至偷窥这些人性之中的那些不是真善美的东西，用擦边球以及搞点媚俗来博取眼球，我觉得这本身是一个水平不高的事。发自内心地讲，是一件不道德的事。”

“因此，流量是必须要有的，但真正有流量的产品和品牌是弘扬正道，去发掘人的本性中的真善美的部分，而不是其他。”

班丽婵[①]：“靠正向的方式实现不了流量，那么很多人就会开始铤而走‘假’了。以前传统媒体时代没数据，说多少就是多少，但那时候注意力集中，商品稀缺，市场需求旺盛，竞争也较少，营销要求简单，效果在繁荣的需求中很容易展现出来。那么现在竞争大了、商品的选择太多，而媒体和信息变得无比的分散化与碎片化，流量的效果反倒更加艰难了。这也是社交媒体的难处：给你可能，又给你更高的难度。”

“流量有时做到了，甚至我们还会发现，流量数据与转化形成巨大的反差。现在的问题是甲方的压力来自他们老板的压力、来自商业变现的压力。‘携程’的公关总监跟我们抱怨说，如果他花了几万块钱投放一个旅游行业的最大的媒体，它的转化率才两单。像这种东西，他要如何向老板汇报？他肯定会缩减这方面的预算，没有效果呀。所以这个东西就是被倒逼的。”

“大家没有一个说我一定要做成一个特别专业的、特别对得起自己的创意，其实就是说老板要什么，CMO 就去做什么；CMO 要什么，乙方就去做什么。虽然大家都知道品牌的营销是一个长期的过程，但被市场倒逼了，现在经营那么困难，老板肯定是要销量、要市场部的价值的，那市场部的价值你不能光有一大堆虚的数字，你得给我转化率。那转化率在哪里？你不能说我一个活动来了上百万人、有几亿次的播放量，那怎么可能呢？这给营销带来了压力。逼急了，一些不规范的方法和行为就会冒出来扰乱市场。”

---

① 班丽婵，CMO 训练营创始人兼 CEO，《广告主》杂志原主编。

5. 你要的，我们都能给

张鑫[①]："市场有需求，自然有我们这块生意。早期我们都是帮一些媒体公司或广告公司去做一些流量，从中赚取一点小钱，不过现在流量部分都不做了，那个利润不高。现在我们主要做的都是转化和电商直接补量。不瞒你说，现在电商竞争这么激烈，很多平台和商家都需要大量效果，我们的技术比较纯熟，又有大量流量资源，所以很多企业都会找我们。一些区域的平台为了向总部汇报业绩，这块也有很多需求。某跨国电商平台，每年基本给我们几千万的生意，这个挺可观的。"

"我们还只是行业内比较小的流量和效果公司，大的比我们的体量大很多。"

"现在各平台抓得也比较厉害。所以在技术和资源上还是要过硬才行。我们能做到的是全球的机房和 IP 共享与快速跳转切换，这是我们的优势。"

"我们也知道这个工作游离于道德的边缘，但有时候反过来想，一方面别人有需求，你去解决问题，也是一种工作职责；另一方面市场虚虚实实，股市很多都靠消息面来影响市场，那么流量、转化和销量也一样，市场都有从众心理，你这个量不行，大家就不来，你量上去了，自然的流量也就来了，这也是一种人性背后技巧性的东西。"

① 张鑫（化名），某效果作弊公司创始人，IT 男，头发有些谢顶，因此喜欢戴鸭舌帽。

陈刚："逻辑上来说，大数据、数字技术的一些东西是给我们提供了一个能够与消费者更直接、更精准连接的可能性。它可以设计更精准的打击，就跟导弹一样，能够更精准地打击目标。但技术也有好和坏的两面，在利益驱使下，很多人会借用技术去做些虚假的事情。但我觉得，假的真不了，早晚肥皂泡会破灭，破灭的时候那些品牌从高处跌下来的速度会更快、更惨。"

代理商被革命

1. 传统代理商江河日下

从社交媒体出现开始，基本上意味着品牌营销从传统电视时代步入了社交新媒体时代。信息的多元化、透明化、碎片化和社群化几乎在10年间无情地肢解着过去人们的习惯。作为以品牌营销和广告为主的代理商来说，自然在新的时代里首当其冲受到了冲击。一时间，"公关第一，广告第二"的逻辑也在一段时间内成为一种热潮。当各代理商（广告公司）还在担忧会被公关取代的时候，他们发现社会的商业模式其实已经发生了很大的转变，很多人感受到了变化，但没想到变化来得如此之快。

无奈之下，2018年WPP集团在经历了长时间的股市下滑之后，决定于3月将旗下老牌4A（扬罗必凯）广告公司北京和广州办公室关闭，业内惋惜声一片。同年11月，旗下知名品牌智威汤逊（JWT）宣布与伟门合并，一个经营了154年的全球首家广告公司黯然闭幕。12月宣布截至2021年，WPP全球将裁员3 500人，关闭超过80个办公室，合并100家运营不善的办公室。

当人们还在哀婉中没回过神来的时候，全球的咨询巨头埃森哲已经把另一只手伸向了广告业，成立了埃森哲互动，5 年内悄悄地收购了 20 家广告创意、内容制作和数字营销公司，当传统广告公司江河日下的时候，它们借用自己在品牌关系和数据分析等方面的优势，摇身一变成为全球营收最高的数字营销机构。

代理商的竞争格局，在时代的摧使下硝烟弥漫，成为一个不变的主题。

2. 不变的结局

何兴华："这些现象，我觉得本质上还是市场的整体营销模式和运营模式在变，但代理商没能跟上这些变化。他们原来的方法、模式和经验，现在已经不能匹配品牌方的需求了。"

"一方面，原来的品牌营销服务工作在一个比较慢的市场节奏中，一个案子可以花很长时间去做调研、分析、论证，反复打磨，这与现在快节奏的市场变化、营销形态变化和消费者习惯的变化等各方面都不能对等。也就是说，原来在信息不对等的情况下，代理商只要比品牌方多出一点经验就可以慢慢提供服务和学习，现在这个缓冲的机会没有了。"

"另一方面，随着市场越来越成熟，竞争越来越激烈，营销传播的渠道和方式越来越多样，对于营销能力的要求也越来越高。一个创意总监，原来只要会设计美的视觉，或者会写个电视脚本就很受欢迎了。现在却发现，你需要时刻洞察消费者的喜好，懂得平面、文字、视频、音乐甚至技术等各方面的应用来实现跟消费者的链接。难度增加太多。”

“同时，因为社交媒体的发展，资讯越来越透明，信息的壁垒越来越少，品牌方学习的机会也越来越多，眼界也快速提升，自身的能力快速提高，这倒逼着代理商也必须快速变强，如果不行，那自然就会被淘汰。”

“很多传统的代理商很难跟上这一节奏。”

王彦[①]：“跟上节奏是一方面，其实很多代理商并不是说没生意，而是在一开始的时候，由于在传统那块是一个舒适区，一些比较新的、甚至比较累的活，他们都不愿意接，最后发现这些业态随着行业成长起来，埋头去研究的小团队就变成了核心的团队。”

“比如以前很多4A公司的创意总监说，他只做TVC，因为这事既有成就感，又能赚钱，其他的都太小了或太烦琐了，看不上；突然业态变了，他说自己开始转型做Digital了，却发现自己并没有那方面的经验和能力，但这些是当初他看不上的。我就一直在想，这个时代需要你，你为什么还有不做或看不上的理由呢?”

3. 路径依赖的悲哀

班丽婵：“这就是典型的路径依赖问题。”

---

① 王彦，“一罐读书”创始人，Verawom广告公司原联合创始人。

“原来他们（WPP）是 Leading Agency，现在为什么变成别人了？因为社交媒体为广告带来了多种形式的变化，原来他们是以‘大投入、大产出’的方式在运营，但是现在已经是社群化了，已经不能说你投个广告就能让‘80 后’‘90 后’观看了，这些‘80 后’‘90 后’根本不会看这些主流的东西。所以可能是因为几十年前他们赚钱太容易了，然后现在让他们转型也挺难的。像我原来的老东家‘联想’一样，它的 PC 做得这么好，它要转做手机却变成了很困难的事。它要组织变革，还要去做产品的调整，谈何容易。”

“另外，他们是过去那个时代的既得利益者，为什么要改变节奏呢？社会和时代都在改变，但他们不变，就好像蓝标服务百度、服务联想，他们就觉得原来的就挺好。”

“在占有优势和稳坐舒适区的时候，他们为什么要再建立一个部门叫什么社交媒体部，然后去跟自己原来的部门竞争呢？有几个公司能像 GE、IBM 那样实时改变，自己革自己的命？太少了。这就是典型的路径依赖问题。”

4. 代理商在时代面前无人可用

吴超:“以前我们都是将内容全部打包给代理商，从包装设计、TVC 到传播方案，他们都能一条龙全帮我们做好。现在是数字媒体、社交媒体时代，一下子让很多东西越来越细分了，各个方面都要求越来越高，但他们还停留在原来的状态，突然就不适应了。”

“这一变化，使得代理商的各个方面工作压力都很大，所以人员的流动性也越来越强，一个东西还没做好，团队就变了。过去一个团队可以花很多心思好好研究我们的品牌，一起合作很多年，现在基本没有那个能力和心思花三五年去做这件事，那怎么能做好？这一下子搞得我们品牌方很被动，负责的人压力比较大，要全面统筹和把控，最后再一点点细分给各个代理商来做。我们也很希望有全面的代理商，但你现在还找得出这样很强的公司吗？”

“广告公司也好，品牌方也罢，都取决于‘那个人’，你有没有找到那个合适的人，这是很重要的。所以，今天代理商的问题，也是很重要的人才缺失的问题。”

丨 人才都去哪里了

1. 好的人才难找

何兴华：“人才缺失已经是这个行业存在时间较长的问题。尤其是好的人才比较难找。第一，世界变化太快，要求大家有足够好的学习能力、组织能力和创新能力，品牌都需要人才去打仗，这对人才的要求变得很高了；第二，知识在变革，在品牌或企业原有的知识格局没有资深突破的情况下，就需要引进新的人才，需求量增加了，重要性也在不断增加；第三，还需要人才对待一项工作以及对待一个品牌的营销能够保持持续的热情，才能在时刻变化的市场中占有优势。”

“这些因素的叠加，都使得品牌营销领域的人才很难找。”

2. 人才与社会都很浮躁

吴超："我的体会是，看你要找什么样的人。找一些基础的做事的人还是容易找的，难找的是那些真正既有专业能力，又有市场洞察能力的人。这个人才的难找与我们现在学校里的培养体系也有一定的关系，现在很多大学的课程都还停留在过去的老旧课程上，使得很多学生毕业后与社会的整体环境没有很好的衔接，最后只能从头来过。专业过时，知识结构不成体系，缺少实践，工作后就很难发挥出不一样的创造力。还有一个现象，就是很多人还缺少对工作的热情和不能坚持的态度，不好管理。很多人说年轻人不能批评，很容易就辞职，这就映射了一个人才难找的问题，社会也浮躁，人才也浮躁。"

3. 不是没人才，是不懂用人才、留人才

刘寅斌："就如同你看到的好厨师与差厨师的区别。厨艺好的厨师，你让他炒白菜蛋炒饭，他都能做得很好吃；厨艺差的厨师就算你给他再多的材料，他也做不出好吃的。从教授的角度来讲，这叫有教无类，是个孩子都能把他教好的。所以说，很多时候人才难找和自身能力有关系，即便身边有了很多人才，不会利用也是不行的。学会用人是一件很重要的事情。"

"人才太难找的时候，就得思考另一件事，我们是否可以把一个能力较弱的人培养成能力强的人。学校是基础教育，它不可能培养出一个适合我们且为我们所用的人。那现在的问题就是给了我们这么一个人，我们不懂得如何培养他，更不知道该如何利用他，那么，我们也就没什么可以抱怨的。与其抱怨，为什么不尝试提升一下自己的管理能力和人才培养能力呢？"

陈刚："原来说伯乐与千里马，世上千里马很多，而伯乐不常有。你如果把千里马比作人才，那其实还是发现人才的眼光和机制问题。所以我觉得，我们需要先有人才培养、人才使用、人才发展以及留人的机制、氛围和文化，人才才会辈出。"

4. 行业的吸引力低，有没落风险

刘寅斌："说实在的，核心的关键还是在于品牌营销和广告公司的吸引力问题。广告行业已经不像以前那么吸引人了，这也为这个行业带来了很大的危机。一个行业若不能从基本面去吸引最优秀、最有想法的人才，那么这个行业必存在很多问题。"

"我反倒比较担心的是，这个行业未来会出现一些没落或不好的迹象。比方说，首先，有能力的业务员进了广告主或头部的科技公司，次一点的业务员进了广告公司，以后让次一点的业务员去服务能力强的业务员。其次，有能力者进了一家公司，他的老板和同事也都很有能力，相当于一群有能力的人集中在一块儿工作，而一群能力较弱的人集中在一块儿工作，他们的成长速度明显不一样，肯定是能力越强的这一群人成长速度越快。因此，如果能力较弱的那群人，其服务水平始终跟不上节奏，没办法被能力强的那部分人所认可，那么他们就会面临直接被淘汰的可能。"

5. 关键在于有颗拥抱未来的心

徐颖："我挺不喜欢一种说法的。国内总是要把学生和人才分为所谓的一流、二流、三流。我觉得不管是一流、二流还是三流，他到了社会上，在一个行业中，他就站在了一个新的起点，没有一流、二流、三流之分。就像'宝洁'公司一样，需要从600~700个人当中选出一个总经理，这就意味着他们会被不断地淘汰。因为在社会上的这种领导能力、协同能力，它的要求跟学校里面读书的能力是不一样的。"

"所以，我反倒是对这个行业的未来充满信心，尤其是对年轻人，你去看那些正在读高中的"95后""00后"，他们内心里的那种坦诚和自信，那种对自我喜欢的东西的热爱和坚持，都在他们小小的年龄中体现出来，真的很不一样，比我们这一代好多了。"

"世界变化这么快，核心的不是谁学了什么，更重要的是你做了什么。不管技能高低，只要有信心、有热情，有较强的学习能力，能够接地气，能够沉下心来做事，能够不断拥抱科技、拥抱未来。他，就是好的人才。"

相信科技 相信未来

1. 科技让营销更科学

陈刚："在今天这个科技作为第一生产力的时代，定性的一个说法是未来社会的发展和科技的进步会给商业市场带来一场革命，或者说为品牌的建立、品牌的传播、品牌的影响力整个过程带来一个全新的机会。因为科技让我们的生活更便利，比如说它可以使我们在更短时间内到达更远的地方；它可以使我们发现更多新的材料；它可以让我们整个社会的运行成本更低、效率更高；它可以让我们在更短的时间内以及在更少的资源投入下，获得比以前更大的收获。比如说有电视之后，它肯定比报纸的覆盖率更广，又比如今天有了网络，电视又相形见绌。这些都是技术与社会的发展带给我们从方式、方法到结果上的升级、换代甚至革命。”

“人类社会的发展也好，AI 也好，或者说一些生物的技术也好，它可以让我们的购买更便利、产品之间的连接更好、产品的创新及迭代得更快，它也可以让我们对产品的生产过程更加了解，能够去更好地记录以及更好地被存储、被大量地去运算。”

“所以它给我们的商业市场的进步提供了源源不断的动力，永远有更新的东西，你不能说今天已经触碰天花板，你永远不知道明天会有什么新的营销事件。或者是一种新的技术，或者是新的产品，或者是新的体验，又或者是新整合的传播出现。”

“我觉得这种不确定性对品牌的塑造来讲，会变成源源不断的生机和动力，也会不断地带来惊喜。我认为基于技术的发展应用、商业社会不断进步，也会对品牌的打造提供更多的技术手段、应用更多的场景、创造更多的方式。”

杨坤田：“所谓的那些新能源、新材料、大数据、云计算、区块链、人工智能，我觉得都有非常大的价值和机会。时代在发展，不一定说要你是第一个吃螃蟹的人，但当一个新的时代到来的时候，关键你要能跟得上步伐，不落伍。若能做到这一点，对于品牌来说，就容易形成新的竞争力；否则就会被淘汰。”

“比如服装业，我们以前配货的方式、终端的分发方式、调配方式都是靠人力来做的。我们现在开始投入，搞一个人工智能‘调配销’系统，不要人去调配产品，也不要人去发货，全部依赖于机器，可能这又是一个新的竞争力。”

“2015 年我们做阿尔法 ID，每一件衣服都有一个芯片，这是基础工程。如果你不做这个东西，你没办法做新零售。每件衣服都有芯片提高了你的物流效率和终端的运营效率。你的衣服在店铺里面被消费者穿在试衣镜面前，搭配方案就会出来，这样就促进了销售。我们叫这个为智慧门店，我们是中国服装品牌里面第一个使用这种技术的人，这在营销上形成了一种实效竞争力。”

何兴华：“无疑，科技的未来影响不可估量。如果拿家居行业来讲，影响就会更大。”

“家居行业的属性是什么？”

“第一，高离散。高离散的一个行业，品牌也很分散，产品也很分散，品类也很分散，然后角色也很分散，各种各样的角色，从设计师、监理加上公司导购、用户，然后渠道也很分散，媒体接触都很分散。”

“第二，所有的要素之间又高关联。设计、工厂、商品、商品与商品之间、商品与设计之间等都是高关联。然后这会超级复杂，越复杂的东西，这对于大数据、AI 就越有发挥的空间，因为人脑已经解决不了这个问题，人都找不到这个规律。”

“其一，痛点就是你想识别这个人是不是一个家居品牌的用户，你需要一种强大的数据连接能力把这个用户各种方面的碎片化信息全部连接起来，最后你能识别出来的，不只是这个人的社会属性、媒体习惯属性等，你还能知道这个人对价格、风格、功能、设计以及对品牌品类、产品活动的属性，才会帮助品牌商进行一次营销的转化，这个都是需要数据的。其二，当这个人离开门店后，你能不能将他找出来？几天以后他又回到门店，你能不能知道他回来了？然后他在线上互动，已经在查看你的商品，你知不知道他已经产生了明确的意向，等等，这些需要你有一个连续性地对一个用户全场景的连接能力，它背后的支撑数据依然是数字。”

“然后，像我们说的内容一样，不同的内容要和用户在不同阶段对不同商品的需求进行匹配，然后这个品牌商、内容制作方、用户及内容的不同发布渠道，这些都需要连接，全是数据。对于平台来讲，一个用户全部的加工周期内，所有环节我们都得进行连接，他买地板到底跟下一个品类里面什么样的品牌、什么样的产品最有可能关联，他最有可能买哪个产品，全部要靠数据推导。所以这个是有巨大的用处的。因此跟数据相关的这些技术，我觉得在营销的领域里发挥的空间非常大。”

“家居的另一个痛点是，消费者买了很多东西，组合在一起到底是什么效果，人类历史上其实没有解决这个问题，但是即将会解决。他想要买什么东西，他提前可以在虚拟的显示里看到这些东西组合在一起，从视觉上是不是搭配，这个问题会被解决。3D 技术结合 AI 技术，再结合 VR 技术、结合全息技术，这是确定可以实现的，而且确定就是可以解决消费者的刚性需求的。”

“那么另外一个大的变化就是，营销从很粗犷的一个状态会进化到真正地只针对一个用户到一个不同维度的全周期的影响。”

2. 一半是科学，一半是艺术

赵广丰：“我认同科技会对营销产生影响，但我不能完全认同相关的观点。最近看到 AI 人工智能，我们其实一直在探讨一个问题，如果机器人都能通过大数据快速学习跟判读的话，什么工作会消失，什么工作不会消失？很自然会发现，医生居然会消失，为什么？我们去看病就会发现，医生基本上可以不看我的脸，然后从头到尾就是问制式化的问题，然后从他制式化的经验跟资料库中找出对应的病症然后给药，如果这样的话基本上谁都能当医生，尤其是 AI。但是做营销的人呢？如果他们的人也是通过大数据分析我们的客群，喜欢什么样的广告内容，然后投放在哪里，那他们就跟医生一模一样。”

“但其实我们做营销的都知道，你以前的成功经验是不能复制在下一次的案例里面，因为每次都不一样。所以我觉得做营销的人越来越有趣。他搞不好跟以后的画家一样，反而是不会被 AI 给取代的，原因是什么？如果通过大数据就能做行销决策跟竞争战略的话，所有公司的 CEO 都应该聘市调公司的总监，因为他们比任何人都懂得数据跟做数据的分析。但试问哪一次的行销决策可以这么用数据来判断？最后会是什么？来自他对市场的洞察跟他个人的敏感度，而且有时候正是因为他的直觉式的这种判断跟坚持才造就了某个成功的案例。”

“那就意味着什么？‘市场营销’就是我们讲的，它有一半是科学，有一半是艺术，甚至有很多是人性的洞察。那这种东西很可能就不是 AI 能做的。所以我觉得如果从这个角度来看，未来谁能够在数据判读跟结合消费者洞察的尝试判断下做出决策，那谁的价值就会更高。所以我倒觉得真正好的市场营销者本来就应该是这样；而这样的市场营销者，我觉得未来是稀缺的。”

“如果是我儿子，我会让他去学市场营销。因为你学 IT 有可能被 AI 取代，你学医学也有可能被 AI 取代。但是你要学一个能懂得洞察消费者跟市场趋势的这个东西，这种人才是稀缺的。现在不被重视，等到未来被重视的那一天，你就出头了。”

“今天所说的科技的发展，我觉得它并不能真正地解决人性的洞察问题，不能解决人性化的沟通问题，也不能解决营销中有温度的服务问题。科学只是辅助，但艺术才具有价值。”

3. 需要解决的问题

第一，缺格局和不接地气的问题。

徐颖：“固然，科技解决不了营销中的所有问题，但科技和技术的发展，也带来了很多可能性，只是在这个过程中还有很多问题需要解决。我认为需要去顺应这个趋势，才能有未来。要说当下社交媒体时代的营销需要解决的问题，我觉得有两点：一是不接地气，不落地。很多公司把自己的风格定义为很文艺的，跟一般人不一样的，洋气、小众。但事实上，消费者已经非常的圈层化了，今日头条、拼多多等 App 的盛行就说明了这点，你光靠自己的文艺，是触达不了有很大一层面你看不到的人群的，他们也不关心你。二是没有大格局思维。很多品牌安于自己的一亩三分地，比如数字领域流行起来，大家关注大数据，很多业内人士还停留在数字广告的思维，没能跳脱出事物的本质去看发展和看趋势。”

第二，数据垄断的问题。

白硕[①]：“我之前撰文预测过，社交媒体时代通过网络实现了数据和信息的平民化，尽管在信息上自由了、效率高了、思想更开阔了，但会带来平台的流量和数据的快速过度集中，这必然会产生垄断，而垄断和资源的挤占自然会带来一系列其他问题。比如成本高企、效率倾斜、难度增加等。”

第三，成本高的问题。

杨坤田：“社交化使得成本反倒越来越高了。你需要做的事情一样都没少，还需要再增加社交化带来的成本。基本上头部的品牌优势越来越明显，而尾部的品牌越做越艰难。这似乎与社交的精髓没有完全形成统一。值得思考。”

第四，数据真实性和安全性的问题。

杨坤田：“成本大幅提高了，其中制作费、创意费，甚至数据采买、大数据分析等方面价格都不菲。更关键的是，我们

① 白硕，上海证券交易所原总工程师，中科院博士生导师，区块链研究专家。

看到一些行业的现象，很多人投入了不少成本，仍有可能受到来自一些虚假广告的侵害。甚至，我们现在的很多关注、互动、消费都有可能是虚拟的机器人在做，并不是真实的。再者就是对于消费者来说数据的安全性问题，我有前同事转行去做数据创业，他说你需要的数据都能够扒，‘扒数据’这样的词在某种程度上也说明了消费者和品牌都暴露在没有隐私的数据环境中。”

第五，营销精准的问题。

陈刚：“我还是很看好社交媒体所带来的价值，也确实带来了很多的改变。数字技术的发展，逻辑上是能带来更大的数据应用空间和更精准的营销方式，但可惜的是，到目前为止，因为数字技术带来的利益问题，数据的精准度还没能达到更理想化的状态。”

第六，工作机制的问题。

王彦：“品牌营销和代理商的工作都还一直是靠人在进行，他们的工作强度非常大，社交的碎片化和信息瀑布又使得市场对于内容的消耗量超常规的大，消耗速度太快了，这就使得广告人疲于奔命，有时候真觉得很心疼这个圈内的团队和广告公司的人，他们的精力和体力几乎是一直在透支，很不容易。”

第七，内容快速消费的问题。

何兴华：“内容的消费速度太快了。原来可以花大量时间和精力只做一件事，现在你必须快速且同时产出多维度的内容，显然单独依靠自己或一两个供应商是解决不了问题的，而如果用大量供应商又管理和沟通不过来。未来有什么方式才能满足这样的需求？”

第八，人才激励的问题。

班丽婵：“总体来说，这个行业还是需要人才的。一方面是需要人们有更好的方法；另一方面，也是很重要的一点，那就是能够长久地激发起从业者的热情。目前来看，这个行业还在按照原来老的激励机制去做最前瞻和有挑战的事情，这种不配称的方式问题比较大。工作难度和体量大、工作细分致使工作的成就感在降低，有 KPI（关键绩效指标）考核，却没有很好的营销效果激励。热情当然很重要，这个行业的好处是能够让一批人开阔眼界、挑战自我，甚至通过一种潜移默化的方式改变世界，靠着热情不断往前走，但热情还是需要有可持续的激励机制来让它持久下去的。”

第九，资源共享的问题。

陈刚：“营销的技术发展固然是好事，能够更好地提升效率，但终究还是要回归到通过数据去挖掘消费者的需求，更人性化的去创造更好的产品、可持续化的发展、更高的社会责任。不过我们发现，社交化形成的利益格局，如品牌的上下游、广告公司和媒体等各方，最后并没有很好地去实现这些共享，反倒是在有的时候更加割裂了。”

第十，创新的问题。

陈刚："我并不认为渠道和媒介这些资源能成为核心的竞争力，你说原来的某些电视台很强势，随着社会的发展和互联网的发展，电视台的渠道就显得不是那么的核心了。核心还是在于创造力和创新力，那些靠着一时的优势掌控渠道并拒绝共享和创新的都应该被改变。资源利用的创新、规则的创新、制度的创新，甚至是人才的激励创新，都是需要去改变的。"

王彦："创新是一种精神和本能的反应，更重要的还是要带着一种开放式的心态去拥抱和尝试任何新的可能，不断去寻找那个核心的竞争力。回想起来，早期 Verawom 广告公司在创业初期时就不断跟着各种社交媒体的出现和发展快速地去了解、研究和应用，最后迅速成为这个领域的先行者，自然就有了独特的竞争力。比如，区块链刚刚热起来的时候，我们就第一时间在思考，是否可以尝试一下？我们总是希望在一个对的时间去快速拥抱一个新的东西，当这个新东西能够实现提高效率和颠覆我们场景的时候，这个营销就会很有价值。这种精神非常的重要。"

第十一，权力、权利和权益的问题。

白硕："社交媒体带来的是信息化和数字化全面应用的过程，之所以还存在一系列的问题，其核心主要在于，因为信息的快速集中形成了平台的资源倾斜，就容易出现权力真空，平台变成了权力机构，而本应该属于消费者的信息所有权、数据所有权的一系列权利就变得逐渐弱势。你的这些信息和数据变成别人的，那大家的权益自然得不到保障，这三者的关系若是朝着一个理想化方向发展就会很美好，若朝着一个不良方向发展就会有诸多问题，困难重重。”

这些问题的出现，在某种程度上体现的是数字虚拟世界和现实物理世界互相不协同的表现。

因此，在人类和社会向着未来的更合理的趋势迈进的时候，我们会发现，也许，区块链在解决这一系列的问题上有着美好的想象空间。尤其是，如果大数据、云计算、物联网、区块链和人工智能可以实现一体化，那对于未来的商业市场、品牌营销、社会和世界整体都会有巨大的意义。

第十二章 区块链对于品牌及商业市场的未来意义

品牌营销的新老问题用过去的方法无法解决，区块链却让人们看到了一个新的方向和一些新的可能。对于品牌和商业市场来说，区块链具有什么样的意义呢？

品牌及商业市场存在的大量问题，在过去的传统媒体时代很难通过精确的数据进行判断，大量的品牌营销行为和效果都建立在零星的经验与模糊的判断中。进入互联网及新媒体时代，营销的行为和效果开始有了新的转机，我们通过代码和平台第一次清楚地掌握营销推广的内容所获得的如消费者浏览量、点击量以及分享和评论等数据，实现了一次品牌营销的大升级。以互联网为载体的信息渠道的改变，商业市场的规则也同样随着信息流的变化，催动着人流向互联网聚集，改变了消费者的注意力流向，使得大量资金流随着人流而动，这进一步推动了电子商务的出现和蓬勃发展，也使得商流在市场经济发展以来进一步加快了速度、拓展了空间，也节省了大量的时间，商流的发展又直接地带动物流前所未有的迭代更新，真正地让贸易走向完全的国际化。

在信息流上，很直接的感受是，在过去信息相对不发达的状态下，社会信息量与社会的阶层成倒三角形的模式传播，社会阶层从精英、中产到大众的正三角形划分，信息的获取量则呈倒三角形分布，精英阶层获得社会最大的信息量，逐级过滤，到大众阶层只能接受相对少量的信息。在信息互联网时代，今天的信息量已经超过 10 年前的 200 倍，原本自上而下的单向信息传播，如今已经变为网状结构的传播方式。尤其是移动互联网的发展，使得民众信息的获取越来越趋向平等，一个在农村生活的人，其通过互联网或移动互联网了解到的信息并不会比身处一线城市的人少。于是我们发现一个有意思的现象，当原本资源有限的时候，区分阶层的好坏往往比的是谁能获得更多的信息，获得更多信息的人就意味着可以获得更多的资源；而后来，当信息趋于平等的时候，信息流汇聚成人流，区分阶层的手段逐渐又转变为占据人流的多寡，而占有人流越多，意味着阶层的更优。信息流的改变，直接带来的是市场注意力的迁移，引导着人流朝着市场的利益高地走动。当人流汇集，产生了各式各样的商业机会，便会有资金流大量涌入，在资金的推动下，商流开始快速发展，从原本的品牌商品通过传统的渠道进行相对缓慢地逐级流通，分为代理商、分级经销商、销售终端等不同层级，最后到达消费者手中这样的模式，一下转变为通过电商的平台，消费者就可以直接从品牌方获得所需商品。品牌方借用发达的物流系统将商品以快速的方式交付给消费者，消费者获得商品的同时又迅速地转向信息流的再次流通和传播。

这个新的品牌商品流通模式，改变了原有的体系，让全球的共享和分工协作进入一个新的时代。

不过，在这样的时代，效率是提升了，却产生了新的问题。新的垄断随之产生，很多资源开始向几大巨头集中，垄断之后，品牌的营销及运营的成本也开始升高，并没有比原本传统的模式有多大的成本节省。另外，在这样高度依赖互联网、依赖数据的时代，我们发现，并没有从本质上解决原本传统商业模式碰到的一系列问题。资源垄断、数据不可追溯、数据作假、商务信任缺失和价值不被体现等现象并没有因为信息技术的发展而改变。

其核心的问题在于，各个品牌、平台和体系间利益的互相争夺，导致了彼此之间的数据和系统互相隔绝，因而无法实现真正意义上的共享。所以我们经常能看到，政府拥有最大的数据库，却不能随意使用；银行有大量数据却不敢用；“阿里巴巴”有大量数据只能在体系内使用；“腾讯”说它的数据是最好、最全的，却不愿随意共享。有时候，我们只要产生购买商品或房产等行为，很快就会接到来自各类别的电话骚扰，于是近些年国家颁布法律规定个人信息属于个人隐私，不能够随意买卖和泄漏。

我们可以看到，在当今信息如此发达的互联网社会，或多或少会存在这样的遗憾：数据要么是因为利益无法实现共享，要么是因为不当共享而产生一系列隐私问题和安全问题。

品牌的营销因为这些问题常常无法继续推进，基本停留在传统的模式，只是比传统多了可以统计营销传播本身的数据，仅仅是前进了一小步，但营销的整体性问题并没有得到有效改变。品牌旗下的产品在生产前依然通过自我的臆断，或者顶多通过一个非常小的样本数据去进行数据分析判断，以此实现消费者市场的洞察，进而生产对应的产品，而后开始铺渠道，从线上到线下进行品牌和产品的营销推广，最后以销售为目的作为品牌的积淀终点。在互联网信息时代和电子商务时代，尽管品牌的塑造和营销模式没有什么变化，但商业模式上却因为信息渠道和零售方式的变化而有较大的改变。物质供不应求的年代，品牌观念淡薄，基本停留在产品的生产和实现供应上，后来随着供过于求，竞争带来了品牌的需求和发展。而在电商时代，由于信息渠道改变，信息流通速度的改变和电子商务的产品流通渠道的发展加快了商品的流通，使得品牌被速度和时间抽离，各种商业模式的优势逐渐盖过了品牌的优势。以“亚马逊”和“阿里巴巴”为代表的电子商务模式，带动了大量品牌成为其商业模式中的一部分，模式成功则品牌成功，模式失败则品牌只能另谋出路。在一种商业模式的带动下，也推动着更多其他模式的兴起，包括“聚美优品”“网易严选”“大众点评”“滴滴出行”等的不断迭代更新，似乎品牌成为模式下的品牌。此时，品牌在能够实现快速销售的利益驱动下，消费者在能够快速消费商品的诱惑下，品牌的核心目标大部分朝着快速销售的大方向前进，品牌本身成为商业模式下的附庸和锦上添花。在这样的情况下，品牌营销要得到更高的升级就变得更加困难，原本存在的那一系列问题要想解决也就显得更加困难。

另一种品牌的发展路线，就是以“苹果”“谷歌”和“小米”为代表的致力于构建生态的发展方式。“苹果”的手机设计精湛，并拥有非常稳定的“苹果”iOS 操作系统，所以才能够在不到 10 年的时间里从一个中等品牌一跃成为全球第一品牌，成为智能手机的代表，市值超过万亿美元，用户遍布全球，稳稳占据中高端市场，成为全球新时代智能生活和极简审美的推动者，也是移动互联网的重要推动力量之一。事实上，“苹果”的成功除了硬件本身的过硬实力外，更重要的是在于其软件方面的成功。当所有品牌都在纯粹拼硬件的时候，“苹果”选择做 App Store（iTunes Store① 的一部分）开放式应用生态，激发全球的开发者参与其中去贡献力量，并从中获得相应的报酬。正是这一生态的建立，才使得“苹果”能够源源不断地为用户提供多样的服务，深度地黏着用户。就算到了今天全球硬件本身水准越来越接近同质化，“华为”“小米”“三星”“OPPO”等一系列品牌迅速崛起，而“苹果”自己在硬件端的突破越来越吃力的阶段，“苹果”依然坐拥全球第一的宝座，这就是生态应用带来的力量和馈赠。

---

① iTunes Store 是一个由苹果公司营运的音乐、电视、电影商店平台，需要使用 iTunes 软件连接。

“苹果”的生态，让人们看到了生态的好处和力量，既可以稳固地产生销量，同时也是围绕自己的品牌进行运转和累积的一种最佳的品牌塑造方式，成为一种可以自我掌控，但又能带来源源不断价值的一种生产方式。于是驱使着大量的品牌跃跃欲试，都希望建立自己的独特的生态圈，去实现未来持久的品牌积淀和业绩增长。但这并不容易，“苹果”和“谷歌”只是建立了产品内生态，更多品牌并不具备“苹果”的产品特点和内生性，要做生态只能选择做行业生态，但是行业生态的难度相比“苹果”的产品内生态高很多，短期内几乎不太可能实现，彼此的品牌不同、利益诉求不同、产品不同，只是有着相同的消费者和相对较大的行业范围，要去实现全面的认同是一件很难的事情。尽管有一些品牌愿意去尝试，依然没有看到成功的范例，也许“小米”是众多摸索者中比较接近成功的品牌之一。

于是，数据的共享、品牌的共识、利益的分配和生态的激励机制等就成为最大的问题点。在现行的互联网和移动互联网的信息体制内，因为利益、技术和安全等问题，参与者在竞争中很难达成共识。

我们都知道，顺着科技的发展，未来的社会将是一个以 AI（人工智能）为导向的社会，在目前互联网信息技术基础上已经看到了 AI 发展的雏形，但是在过去的体系里，AI 的真正实现和广泛应用还存在着大量的基础难点，核心是数据的共享。区块链安全、共享的特性，刚好贴合了 AI 的技术需要。因此，在很多科学家和 AI 专家的研究里形成了一个认知，只有区块链才能实现全球大数据的安全共享、只有大数据共享才能真正地实现全球的物联网，而只有万物互联才能让 AI 彼此联通和学习，这样区块链就构成了未来社会的基石。

区块链的分布式、安全性技术特点，以及由其建构的通证激励机制，在一个公开透明、集体共识的体制内，实现了机器的信任。在这样一个技术特点和信任的基础上，未来的品牌和商业市场将会发生巨大的变革。

| 技术革新及数据共享

区块链这种建立在密码学和代码基础上的分布式技术，实现了公开透明和可追溯的场景，也以不可逆的规则实现了不可篡改的特性。基于这项技术，现行的信息互联体系和很多商业模式将可以解决过去无法解决的问题，将会不需要中心化的服务器以及为服务器所付出的大量重复成本，也可以实现平台和平台间的彼此开放。在加密技术的保护下，安全而有效地开放成为可能，在开放的基础上便可以实现数据的共享。基于共享的基础，数据将可以被追溯。

这一技术的改变，某种程度上带来的是技术和商业逻辑的更新与迭代。信息互联技术发展多年，在中心化的服务器基础上，不断演变走过网页、邮件、搜索引擎、社交媒体、电商等进程都没能解决完全开放共享的问题，区块链技术将会在这方面重新改造，让信息本身点对点传输，加快流通和安全，产生的行为又开放可追溯。这个开放的基础，即建立在安全上，更重要的是建立在数据权利的确认上。区块链技术将让数据的权利归属由原本的模糊不清（或者归属权力机构，或者归属平台方），一下子回归到用户本身。因为数据的确权、信息的流通行为、个人的基础信息以及个人的喜好和消费行为信息，都将被很好地保护和充分地使用。

由此带来的品牌和商业市场的逻辑，将从原本的只能面向社会大众群体的行为转向相关行业和领域的中型群体行为，再走向兴趣爱好导向的圈层文化群体，一跃回归到消费者个人，更凸显每个人的价值和利益。这也将是对中国品牌、机构和政府的更大考验，当每个人的权利得以彰显，作为中心化的机构和组织还无法控制的时候，就必须最大限度地去顺应来自每一个个体的需求，并为之改变。

在区块链技术的基础上，未来社会将会是一个庞大的、有序的数据网络。从个人出发，每一个人都是一个数据库，从基本信息开始，到求学、到职业、到健康，再到资产和社交，将会被区块链保护，由自己掌控，并在自我掌控下，实现全球的自由联通。

在这个基础上，中心化的品牌和政府的权力将逐步下降，最后走向一个更偏向服务的载体。品牌的营销也将从商业模式转向真正的生态建设和发展上来，整个国家和人类社会在某种程度上也会是一个庞大的全域生态。

此时，品牌的产品生产、供应、流通、传播和消费都会建立一条完整的链条，环环相扣，彼此关联，数据互通。

当下以“优步”和“滴滴”为代表的共享经济模式，是信息互联网发展到一定高峰的产物，一定程度上实现了社会资源的共享，但依然是一个中心化的聚合共享，并不是真正意义上的共享经济。未来，当区块链得以应用，真正的出行共享应该是：在一个公开共有的出行区块链生态上，车辆方发出共享的指令，而消费者发出出行的需求，系统根据最优的方案匹配，消费者根据满意程度自由选择，双方直接对接。这样既完整地共享了资源、降低了成本，又保证了效率。

丨 品牌通证

除了技术本身的魅力，区块链很重要的不同之处在于架构于技术逻辑之上，又被设计了一套基于加密技术和代码组合的数字货币体系。在比特币的体系中，比特币是作为对记账和维护社区稳定的矿工们的一种奖励机制，社区赋予这些奖励的数字货币自由流通的功能，通过钱包可以存储相应的奖励及交易所得。这个具有存证、权益和流通功能的加密数字凭证，就是当下市场上非常火热的Token①。

Token原意为令牌或信令，在区块链出现之前，历史上对于中国人来说最早可以追溯到古代的帝王命令将军行军的虎符，即将一个完整的物件随机地分成两半，接到帝王命令时信使需拿出其中一半与将军“合符”，才能执行命令。

在互联网中，以太网成为局域网的普遍协议之前，IBM曾经推过一个局域网协议，叫作Token Ring Network，翻译为令牌环网。因为网络联通的效率和资源有限，因此网络中的每一个节点轮流传递一个令牌，只有拿到令牌的节点才能通信。这个令牌，其实就是一种权利，或者说权益证明。彼时的令牌更多

① Token是一种计算机术语，它在计算机身份认证中是令牌（临时）的意思，在词法分析中是标记的意思。一般作为邀请、登录系统使用。

的只是一种行为体系中的证明，还没有价值的属性。

比特币搭载区块链出现之后，比特币本身作为一种加密的货币或者数字黄金，使得这个 Token 第一次实现了价值的属性。

后来，以太坊及智能合约的出现，赋予了 Token 更广泛的含义。现在我们所提到的 Token，其实大多是基于以太坊 ERC-20 标准的一种智能合约产物。基于以太坊 ERC-20 这个标准，任何人都可以在以太坊上发行自定义的Token，这个 Token 可以代表任何权益和价值。尤其是以太坊发起了各个项目可以进行以太币（ETH）的融资，包含对公众募资，以此进行项目的首次币发行。这一下就开启了一个区块链项目创业的热潮，也打破了原有企业和品牌只能通过传统风投进行募资的固有格局。尽管随之而来的是一大批投机和非法募资的乱象，不过其意义还是相当大的。

这种全民发通证和持有通证的模式，使得品牌第一次有机会可以去把消费市场的各个环节打通，从品牌、产品、渠道、供应商、媒体和消费者之间，由原来中心化的阶梯管理模式转向了价值共生模式。由于品牌通证具有消费凭证、流通货币甚至证券属性，让品牌自建生态的力量第一次如此强大，可以轻松地激发消费者和各个参与方广泛地参与其中，形成利益共同体。

严格意义上说，众多品牌当下使用的优惠券、消费凭证、奖券等都是消费权益凭证，但品牌通证的出现和发展伴随区块链技术越来越成熟，品牌的各类凭证和权益被插上了价值流通的翅膀，这将极大地促进商品的流通，也将促使商品之外的品牌价值得以衡量和流通。例如，“可口可乐”的品牌价值达到800亿美元，在过去这个品牌价值更多的只是一个虚拟的估值，只有企业倒闭后或者将要被收购，才会模糊地采取一个品牌价值估算的模式。但是在品牌通证应用之后，股民可以通过品牌的收益来购买品牌股票获得收益，同时也可以进行品牌价值的投资，这个收益更像是基金或保险，购买的是对于这个品牌的信任，让信任转换成长期稳定的价值。这便有了双重的投资价值。

价值互联

通证的产生在加密技术的保护下，从一定程度上说实现了价值的可数据传输，这改变了过去很多年来信息的数据传输格局，也是新的一轮价值获取方式和流通方式的改变。

历史上，每一次价值获取和流通方式的改变，都曾引起过社会的巨大变革和生产力的变化，彼此互相推动。

拨开历史的迷雾，我们可以看到，人类历史的发展就是一部不断因为利益而冲突、征伐、扩张、发展、迷失和前进的过程，不断地推演和重复着，只是时间在推移。而这个推移的过程，总是伴随价值获取和流通方式的改变以及生产力的变革。

原始社会末期向奴隶制的转变，源于人类对私有财产的认知。部落首领一方面慢慢地将部落的财产和猎物部分私有化，实现了等级的分配机制；另一方面，随着农耕的发展，他们发现使用农耕的劳作方式可以将被打败的其他部落的人圈在一个地方进行农耕，以获得更高的生产产出。这在过去纯狩猎的劳作方式下是不可想象的。设想一下，抓来的其他部落的成员，逼着他们拿着刀、叉到树林里狩猎，一不小心就会让其逃走或者反过来被其杀害。所以，早期的部落之间抢夺地盘或资源，战败方基本都会被砍下头颅杀死。而到了农耕出现后，部落首领就可以有更多的价值创造方式，慢慢地财产越来越多，各种原因沦为其奴隶的也越来越多。社会便从原始部落制转向了奴隶主支配社会的奴隶制。进入奴隶制社会后，随着农耕越加发达，奴隶主发现，以武力或命令逼迫奴隶劳动的生产方式效率始终比较低，而那些分化出去的奴隶主贵族，逐渐地变为平民，他们没有人逼迫，生产的效率却非常高。于是新的一轮制度就此兴起，经过斗争，也经过思考，人们发现自主的农耕能够让奴隶主和百姓都获得更多的食物，于是奴隶主摇身一变成为封建领主。在漫长的封建社会里，人们开始发现，通过社会分工可以更轻松地得到自己的生活物资，只要自己生产好自己的优势物资就可以。为了获得所需的生活物资，他们只需要拿着自己的物资去与他人交换，物物交换的时代就此开启。为了方便，甚至会约定以某一个地方作为交换的主要场所，市场也随之诞生。随着交易的需求增加、交易的频率增强，为了便利性，后来便衍生出了贝壳、石头、金子、银、铜等一系列的货币形式，也推动了封建社会不断地更迭和发展。

在各种价值体系的更替中，产生了早期的合同、协议和合约等契约形式，这进一步规范了市场贸易的规则。中世纪时，随着贸易的进一步加速，在原有罗马兴起的商业行会基础上，又在欧洲兴起了意大利的商人企业和北欧政府特许的法人组织与行会，奠定了公司制的基础。在航运贸易中，一部分人有钱，但出于安全、身份等考虑不愿意出海；另一部分人则很希望出海去探索新世界，很想去赚钱，却总是没有钱，缺少出行和生活的经济基础。于是，有人设计出一种合作模式，让这两种人匹配起来，有钱的提供资金，分取收益，没钱的出海航行，用自己的身家性命去拼搏，最后利益共享。由于出海航程长、时间久，为了方便，他们还设置了不少海外办事处，管理起来自然就比较麻烦。出于公平，也出于监控和对账的需要，便发展出复式记账法，成为现代公司会计记账、会计报表的起源，银行也在这个时期得到快速的发展。这些价值的流转方式，为后来的大航海时代的开启奠定了坚实的资金基础、人力基础和制度基础。

大航海时代开始后，很多公司准备组建一支船队向东印度群岛和印度尼西亚出发，但难度非常高，不亚于今天私人准备去火星或月球航行，所需时间漫长，重要的是所需耗费的资金不可想象，而且还有遭遇海上风暴及海盗的风险，可能还要随时准备与其他国家的商队作战。为了能够筹集更多的航海贸易和发现新大陆的资金，商人们发起了一种新型集资模式，即大家有钱的出钱，有力的出力，共同持有这个公司的资产；同时他们争取了当时皇家的特许证，让国家为此做信用背书，并且为了保护投资者，规定所有投资者的责任根据自己出资的有限责仟担负，这便是现代的有限责任公司的起源。有限责任公司制的兴起，一时间使得英国的东印度公司的资金和人力资源丰富，出海贸易、开疆拓土，国民经济受益于此，蓬勃发展。

彼时，素有“海上马车夫”之称的荷兰，看到英国东印度公司的快速发展，深感压力，于是在研究了英国东印度公司的经营方式之后，荷兰人成立了荷兰东印度公司，并且在英国东印度公司以股权募集资金的方式的基础上，创造了向全民发行股票的方式来募集资金，使荷兰东印度公司成为第一家上市公司，募集资金的总额也瞬间超过英国东印度公司。股票的发行，一下就席卷了整个欧洲，继荷兰之后，英国、丹麦、法国、瑞典、俄罗斯等国纷纷加入股票发行金融募资的行列中，股票交易所和银行快速发展，资本的雪球越滚越大。此时的价值联通从原来的单纯靠物资交换的贸易转向了纯货币本身的金融交易的模式，得到了一大飞跃。

航海技术的提升、公司制的确定、复式记账法的发明和股票等金融手段的兴起，使得欧洲的经济在大航海时代蓬勃发展，瞬间横扫世界，成为世界经济的中心。

伴随着公司制下金融的蓬勃发展，投资逐渐超越了单纯的贸易，投机也一样如影随形。在投资和投机的双刃剑上发展出了一批投机公司，如曾经的密西西比公司，虽经营少量的业务，却因为股票的发行获得了大量的资金，最终在潮水退去时，人们才发现他在“裸泳”，泡沫破裂，许多人损失惨重。此类事件比比皆是，使得欧洲经济陷入了泡沫时代，大量的老百姓血本无归。

自此，1772 年英国国会特地颁布了《泡沫法案》，规定没有经过国会批准同意，不得擅自发行股票，甚至保守到在此后的 100 年里，英国政府只授权 2 家公司发行股票。整个欧洲对股票的金融手段都一直战战兢兢。

直到 1776 年瓦特改进了蒸汽机，让人类社会进入了蒸汽机动力时代，也由此开启了工业革命的进程，让人类第一次摆脱单纯依靠人力和自然力的时代，大大提高了生产力。也因为生产力的提升，人们发现，需要建工厂、修铁路、造蒸汽航船，市场对资金再一次有了大量的需求，人们才又一次想起曾经的公司制和股票等融资模式刚好可以派上用场。此时，一些小型的合伙制企业借助蒸汽机的力量开始活跃，激发了创造的激情，纷纷参与到各类企业的建设和财务的创造中，也实现了人类社会的解放，前所未用地释放了经济能量，逐渐地形成了市场经济的观念。因为生产力的大幅度提升，生产和制造的大量需要，金融的市场再一次被激发；同时，金融市场也因为这强大的实体经济基础而变得更加坚实。

此后的近 100 年，以蒸汽机为代表的第一次工业革命让欧洲经济遥遥领先。为了获得更多的生产资料，占有更多的资源，欧洲国家加快了全球的殖民步伐。从非洲到亚洲，再到拉美，被以英国为代表的西方殖民主义国家扩张了大片的殖民版图，深刻地影响了后来的世界。这个过程代表了封建阶级的逐渐没落，带来了资产阶级成型并占主导地位，随之自由经营、自由竞争和自由贸易的思想成为西方的诉求。这一诉求，最后转变为对亚非拉瓜分利益的分配不均，也导致了后来第一次世界大战的爆发。

1831 年法拉第发明了世界上第一台发电机，经过探索，德国人西门子于 1866 年生产了第一台工业商用发电机。工业革命由此实现了进一步的大飞跃，走向了电气工业时代，这也为后来的全球电力从工业向民用不断普及和推进奠定了强有力的基础。此后 100 年，以欧美为代表的企业诞生了一系列如西门子、洛克菲勒、卡内基、福特等公司。

不过，随着机械化的范围越来越广，同样伴随大量的矛盾产生，生产力的提升使得资本家与工人形成对立的阶层，不断有工人受伤、死亡，不断地被资本家压榨工作的时长、生存的空间。最后也就引起了一波波的游行、示威、罢工、暴动甚至战争等悲惨事件。

在资产阶级通过机械化大量地积累资本的同时，工人们的生活水平却没有上升，甚至处于下降趋势，贫富差距加大，消费能力降低。社会的上层及政府并没有看到或者选择漠视这一现象，而是将重点放在更大的生产或更高的利益粉饰与制造中，最终导致了 1929 年从美国华尔街出发的全世界经济大危机和大萧条。经济危机让日本和欧洲备受影响，经济受到重创，银行倒闭、生产下降、工厂破产、工人失业，社会矛盾急剧上升，各个资本主义国家都陷入了内部的困境，一系列原因，最终导致第二次世界大战爆发。

战争之后是人们的各种反思，也是对新社会格局的思考。既然在工业革命提高生产力、获得更高价值的条件下，世界依然会有如此多的矛盾，那么，是否有方式可以解决这些矛盾呢？

为了解决这些矛盾，提升生产力，进一步提高人类的价值获取水平，1946 年美国宾夕法尼亚大学实验室发明了世界上第一台计算机，之后的几十年里，大量的计算机制式被生产和更新，推动了人类进入计算机时代，也开启了办公自动化的进程。进入 20 世纪 70 年代，在计算机的大量应用下，全球市场彼此的联通成为一项重要的需求，因特网的诞生以及 TCP/IP 协议的应用，进一步使得全球进入信息互联的时代。在计算机、办公自动化和信息互联的技术叠加的基础上，全球又再一次发起了新一轮经济发展，带来的是信息共享、贸易全球化、市场全球化。但是，随着人才、技术和资金朝着互联网转移，全球都在朝着脱实向虚的方向发展，这为互联网带来了虚拟经济的繁荣，反过来也导致了实体经济的萎缩。同时，人类社会物质的发展已经达到一个高峰，未来的价值获取模式或者继续想办法在物质世界努力生产和突破、或者继续朝着虚拟经济深度发展，成为一种矛盾的抉择。随之而来的是，全球经济面临不断的动荡，泡沫破裂现象此起彼伏，给人类社会的未来蒙上了一层迷雾。历史总是在向前发展的进程中一轮轮地重新演绎，只是换了一些方式和人物，有时候却惊人的相似。

站在今天这个面临各种经济、利益和价值模式问题的时刻，世界究竟是应该制造新的一轮冲突用于转移矛盾的视线，还是呼吁新一轮的技术革命以推动更高的生产力和价值获取水平的提升，是一个值得深思的问题。

对于大部分老百姓来说，都希望是后者。时代需要有一种新的技术来改变这种格局，也许让实体经济有新一轮技术革命，或者让虚拟经济与现实生产力完美的结合，才能保证人类社会价值的获取模式可以被进一步提升和巩固。

区块链的出现，其技术逻辑虽然还未被大量验证，但已经显现出其独特的潜质。

安全、稳定和共享的区块链技术，结合股权、使用权和货币等多权合一的通证，商品市场的品牌、公司甚至个人将更快地提供流通效率，更好地实现品牌价值的互联，也有利于打破原本国家、公司和品牌单边获取价值的模式。

今天企业和品牌的生产方式，是建立在流通和信息不对称的基础上，产生的品牌方发起从原材料生产商到零部件生产商，再到产品加工商、到品牌，最后走向流通环节的一个生产过程，彼此通过一个成本叠加利润的价值纽带联系在一起，最终控制市场的一方，或者具有独特优势的一方，将获得最大的利润增值。不过，各方彼此之间处于比较割裂的状态，从前端原材料和零部件提供方开始，成本与利润一层层往后叠加，最后成本都指向销售终端的消费者，而品牌处于或者获得巨大利润空间的最大获利者，也有可能面临滞销导致的巨大亏损的两个极端。这种商业模式使得企业、品牌和社会的成本非常高，也是一种资源的巨大浪费。

区块链技术的应用，可以让整个品牌和商品市场的运转更好地建立在透明、公平的基础上去追溯各个环节的情况，能够更好地了解市场的需求和指导消费。加上通证经济的兴起，将有机会把一个品牌或商品的各参与方通过价值的共同体捆绑在一起，实现价值的互联。

今天的信息互联，在一定程度上实现了全面的信息共享，解决了社会存在的信息不对称问题，也解决了信息的获取不方便问题。信息传输和获取方式的改变，提升了沟通的效率，但却没能很好地完成沟通之后达成交易的交易效率的质的飞跃。区块链的价值体系通过通证的方式做到了这点，以数字货币的方式加快了流通速度，以权益的方式激励了消费者更深度和广度参与，以权证的模式提高了交易过程中更高级别的信任，即机器的信任。

机器信任

信任是人类社会一切协作和交易的基础，是在生存、价值和利益获取的过程中，围绕特定的群体、血缘、种族、地域和文化，形成一种相对稳定且安全的认同关系，并且这种关系随生产力的变化和生存条件的变化而变化。

在人类过去很长一段时间里，信任的建立由食物决定，谁能给予食物，谁就具有信任的基础。也因此，人类为了获取食物而形成了家庭，这是最基本的建立在血缘关系上的信任。随着家族成员的增加，向外扩展信任范围的时候形成了部落或家族，在族群内为了彼此的分工协作，通过长者去维护和协调本族群的信任关系。再往外延伸，为了实现食物和生产资料的交换，便需要往外拓展新的不同族群的信任关系。由于生产力依旧没有大幅提高，对于自然界的认知水平比较低，彼此的信任基础互不相同，族群与族群之间的协作逐渐地需要找到新的一种信任载体，此时的人不一样，群体也不一样，但他们在面对自然界时所产生的恐惧感和无助感却是一样的，于是便有了信仰的出现，成为人类社会跨血缘之外的第一种共有的认知信任模式。在不同的信仰下，人们继续拓展更广阔的信任关系，在拓展新的信任关系中，必然因为利益关系和信任关系而产生纠纷与冲突，在冲突的过程中促进了彼此的融合和新的信任关系的产生，这便形成了社会和国家。当人们被放大到更大的社会中，形成了新的文化关系，为了促成陌生的和更广范围的物质与利益的交换，便有了契约的信任。交易和协作的双方可以互不相识，但只要建立在对所需标的物的认同上，便可以在契约的基础上彼此信任，进行协作。为了维护契约的公平并确保它正常履行，需要由国家和法律作为这一信任关系的二重信任保证。这个由国家、法律保护的契约精神，从出现的开始便随着交易的频繁和范围的广阔而不断地进行修正与发展，很好地提高了本地市场和全球的交易与协作效率，直至今天，已经成为全球大市场的共同信任方式。不过，当全球成为一个市场的统一体，交易和协作通过物流、资金流与信息流等多方位全面地展开时，交易和协作的方式需求越来越快，这与现实的跨群体、跨品类、跨文化和跨国之间的交易与协作复杂度不断增加的特点形成了新的矛盾，反倒使效率进一步被拉低了。过去通用的契约和法律，以及由此形成的一系列标准和流程，在每一个个体都成为交易和协作的独立单位的深度上，在全球化交易和协作的广度上，开始变得不适应起来。在新的时代和环境中，面对更加复杂的交易和协作，在信息互联的推动下，时代需要有一种新的信任机制能够解决当下面临的问题，还能满足未来社会需求的新的信任模式。

全球的新的交易和协作的需求，以及由个体主导的这些交易和协作需求，在某种程度上讲是一种个体权利的回归。区块链的出现，以其分布式的存储和绝对安全的加密技术实现彼此的安全共享，并在公开透明的技术特性下，在所有人达成共识的价值体系中，由社区共同维护一个共有的生态，彼此形成一个利益共同体，所有人在代码的标准中自主贡献自己的力量，并与社区和生态获得共同的利益，无须信任其他不可信的第三方，这便形成了一个全新的信任体系。

这一信任体系，在各国社会逐渐地朝着人工智能的方向发展的时候，展现得越来越清晰。在不远的将来，以人工智能为主要生产力的社会里，大部分的主要交易和协作可以建立在对于代码与系统的标准信任上进行，才能真正地实现人工智能的发展。

在商业市场上，商品本身无法与消费者达成契约关系，而是一种使用和消费的关系，真假和质量优劣可以形成契约在法律的框架中实现认同，但商品的便捷、审美、体验、创新和文化情感等增值纬度却很难以契约的模式予以保证与信任。于是，在消费市场上便需要一种以品牌形象作为载体的信任机制，来推动商品在产品之外的增值价值的提升。多年来，品牌的价值积累成为各个企业追求的重要指标。有了更高的品牌价值，就代表着更高的质量、更好的服务、更好的体验和更优的创新能力，也是消费者对该企业和商品有更高信任的一种表现。

随着信息互联网的发展、信息的爆炸以及消费群体的变更，原本处于比较缓慢的生活节奏中的那部分人将慢慢老去，取而代之的是一群从小接受着互联网信息而成长起来的年轻人。他们与父辈不同，不相信权威，更相信自己的体验和可见的口碑，更喜欢尝试新鲜事物；他们的信息渠道宽广而透明，随时可以比较，随时可以通过电商来购买，也随时可以表达对品牌的喜好和厌恶，商品市场的流动速度被迅速加快。这些都致使了品牌市场逐渐从原来的耐用消费品品牌需求模式转向快速消费品的品牌需求模式。品牌的挑战不再单纯的只是通过时间的积淀来显示品牌的价值高低，而是转向创新、快速和体验，以此形成新的品牌信任。

新的品牌信任的产生，使得品牌朝着以人为本的方向快速跃升，在这样一种信任模式下，任由你技术再好、品牌再大，如果不能满足消费者人性化的需求，满足特定消费者的消费水平和体验，都不能获得他们的信任。

智能手机在“苹果”之前有大量的品牌在推行，不过都因为技术不成熟或太过复杂而被市场诟病，尽管人们知道那是好东西，但依然反应平平。“苹果”却在很短的时间内，通过智能娱乐终端的概念，建立起极简美学、人性化的体验，以及独特的应用生态，构建起了消费市场对智能手机的信任壁垒。“盒马鲜生”以其高品质、极致方便快捷的生鲜食品体验模式，在很短的时间里成为都市年轻消费者的信赖品牌，成为都市年轻人在饮食方面的一种生活方式。这些品牌的出现都是在新的品牌信任体系中的独特表现。

如果把比特币作为一种品牌现象，这个品牌的创造由中本聪提出相关理念，并规划好远大的使命，再由社区的志愿者网民共同打造而生，经过一段时间的完善，最终在市场上引来疯狂的追捧，成为全世界关注的技术品牌。同时，因为其强大的安全性和公开性，变成全世界广受关注的机器信任的发起品牌。

当未来人工智能社会在区块链技术广泛应用后，品牌的需求、生产、销售、物流和服务都建立在清晰的大数据的基础上时，品牌方通过机器可以轻松地了解市场的各种情况，例如从需求量多少到需求的群体状况，再到生产原料的寻找、下单到生产管理，最后是从销售提供的物流跟踪到售后服务以及产品的使用激励等。消费方可以提出需求，也可以根据市场的需求状态去判断是否值得购买，同时在参与品牌的关注、消费和推荐过程中，持续地成为品牌方的部分角色，获得持续的激励。这些都建立在一个完整的数据链上，实现完全不一样的品牌信任体系，这些将极大地改变价值的生产和获取方式。

历史上，价值和利益都是推动社会变革与前进的最根本力量。当老的价值体系和利益格局不能满足时代的需求时，必然会催生新的价值和利益获取模式。区块链的技术和价值体系将会以一种新的方式去推动社会的生产关系发展，即从过去以人为主导的生产方式转向以机器为主导的生产方式，并且让机器与机器之间成为一种雇用与被雇用的直接价值交换和生产关系。

| 生产关系

过去，在任何一个社会中，生产力和生产关系都是一个辩证的统一体。在一定程度上讲，生产力的改变必将促动生产关系的改变，这一改变包含了人类社会在生产、分配、交换和消费等各环节中所形成的相互关系。生产力经常决定生产关系的走向，就如同在农耕所用的金属生产工具的带动下的生产力提升改变了狩猎的生产方式，并促使原始社会向奴隶制和封建制转变；后来的蒸汽机带来了资本主义，产生了私有制，改变了封建制；电气化提升了生产力，让生产资料从工业转向生活，计算机和互联网的发展则进一步延伸了更广阔的生产关系；等等。人类在追逐美好物质生活的进程中，不断地通过各种生产工具去提升生产力，也由此不断地改变人类的生产关系，解决人与人之间的社会关系。

可以预见的是，在未来以人工智能为主要生产力的时候，社会的生产关系将会从人与人之间的关系转向人与人之间、人与机器之间甚至机器与机器之间的综合关系。围绕这些多维度的关系，生产资料会配合生产力的需求从原材料变为数据，数据的所有制则决定未来社会生产力的基础。随着社会对人工智能的生产力到来的呼吁越来越高，顺着发展的趋势越来越清晰，人们深切地感到今天传统的生产关系似乎已经不能满足未来的生产力发展要求。一方面，要去实现数据这一未来生产资料的权利归属；另一方面，要去推动人工智能利用数据的技术革新。这两个难题将成为时代的阻碍。

生产力在正常情况下会决定生产关系的走向和组成，不过在一个新的生产力还未形成的时候，我们发现生产关系虽先于生产力而诞生，却能够影响和推动生产力的发展。这正如商品世界中，需求影响供给，而供给能力和方式最后也会改变需求的格局一样。在人工智能成为核心生产力到来之前，社会的矛盾和需求已经开始指引人类社会朝人工智能的方向发展。似乎人们已经明白，为了未来数据这一生产资料的使用，需要尽快提升人工智能的生产力，以满足未来社会多元关系的需求。这让人们感受到在某种程度上，生产关系指引着生产力的变革。

区块链的出现，作为数据的一种存储模式，以其独特的去中心和加密的特点，无形中解决了数据的权利归属问题，让数据由集体所有走向个人私有化，并且在一个共有的安全、公平、公开的信任体系中实现了集体的共识。另外，先于生产力的诞生，区块链建立起一套以工作量证明的数字货币体系，将数据资产化，为人工智能社会架构了基于数据和数字的价值体系。由此构建起的社会生产关系将在未来以数据、价值和所属关系形成一个不一样的生产力生态。

在商业市场和品牌市场中，未来随着生产力的变革和提升，生活物资通过人工智能进行生产、分配、交换和消费，将会是一种新的格局。消费者通过人工智能构想自己的生活所需，并有针对性地公布给品牌区块链生态，品牌通过人工智能提前知道产品的需求状况，从中吸引更多消费者为某一项或某几项需求量身定制开发产品，再交由人工智能进行产品生产，产品生产之后被直接送达消费者手中，并且调动消费者成为品牌生态的利益共同体一起推进。这便形成了全新的社会生产关系。

在过去的每一个时代，代表利益驱动的价值体系起着引领社会发展的方向，而代表生产力技术的发展，都起着社会变革的核心力量。但是，从区块链所表现的技术和价值双重组合范式来看，它的历史使命已经超出技术本身，也作为一种技术基础上的社会行为和生产关系的标准，更将成为一种影响社会走向新台阶的深刻思想。

| 品牌市场生态

商业市场通过竞争不断地提升效率，包括生产的效率、流通的效率、服务的效率等极大地促进了社会的进步。中国作为一个典型的从计划经济向市场经济转型的市场，其发展路径很好地展现了商业市场的图景。在早期，生产力刚开始提升还未能满足社会大量需求的时候，竞争更多是集中在产品的竞争。在改革开放以前，在计划经济体制内，几乎很少有商业市场、市场经济的概念，一切均是根据国家计划来进行生产和分配。改革开放前期，当一些生活物资的产品可以对外发售时，由于大量的市场需求的存在，产生了供不应求的现象，此时是由产品的生产端国有企业或者集体企业在控制市场。随着开放的力度加大，不同生活物资的产品被投入市场，市场上开始形成早期的产品竞争，这一阶段中，那些下海经商和百货店的流通环节成为最容易赚钱的行业，整个过程围绕产品进行竞争。进入

20 世纪 90 年代，在民营企业大量参与产品生产和流通的各个环节后，市场的基本生活物资产品如雨后春笋般出现，很多生产商开始意识到，要想立于不败之地，必须走差异化经营之路，在产品没有绝对差异和创新的基础上，只有先建立品牌，形成市场壁垒。于是一些厂家一方面继续产品的升级，另一方面将很重要的力量花在品牌的打造上，这个过程一直延续至今。进入 21 世纪，在互联网的普及下，尤其是物流、电商、社交媒体的出现，推动商业市场朝着一个新的方向发展。这既将品牌的打造从线下驱赶至线上，又以更加高速的方式颠覆着传统的经营思路，兴起了一系列围绕互联网的商业模式。“阿里巴巴”开启了电商的先河、“网易”和“腾讯”在游戏上异军突起、“京东”让物流与商品更加紧密地结合、“百度”把信息搜索延伸至每个人的生活习惯中、“支付宝”和“微信支付”让支付方式更加快捷、“滴滴”实现了汽车使用的共享等，这一系列的商业模式成就了中国近 10 年的经济大飞跃。在这一阶段中，全国上下的企业和投资人都在努力寻找商业模式，寻找那些顺应趋势、符合市场需求、能够快速发展的商业模式，只要能快速盈利并抢占市场份额的，就是最大的商业模式。不过，任何一种模式都有被玩透和玩腻的时候，当因为相应的模式竞争加剧，而市场相对固定时，市场的增长就会逐渐回归理性和正常状态。当人们在各种商业模式中激烈竞争的时候，“苹果”却以 App Store 这样一个应用的生态实现了用户和市值的持续丰收。一个体系内生态，便能把“苹果”送上市值万亿美元的巅峰宝座，这着实展现出了商业生态的巨大潜力。“小米”和“亚马逊”等企业紧随其后，期待能够建立起自己的商业生态帝国，各种大企业、小企业都努力在布局，想要快速地建立起属于自己的生态。

我们发现，越来越多的企业希望通过布局建立起属于自己企业的生态，能够为企业的发展注入源源不断的动力。很多企业都在不断地做着各种努力，最后却发现，事与愿违。“苹果”的应用生态之所以能成功，关键在于借用其硬件及用户的基础，吸引了大量的开发者进行应用的开发，而且真正地在体系内实现了与开发者共同分成、共享利益的结算体系。如果这个生态的规则拓展到更广阔的商业市场，便会面临更加复杂的情况和更大的挑战。

当下，对商业市场生态建设的最大挑战在于：

1. 数据的跨界共享

在商业市场中，在未来的很长一段时间里，企业都会将建立生态作为一个重要的目标和方向。所谓的生态，就是一个各方共同参与、各自付出、各取所需的商业运转生态圈，这个生态圈本着共赢的原则来行事。但生态要完整地建立离不开技术的跨平台兼容和数据的跨平台共享。现行的商业市场包含原材料、品牌、产品组装、渠道、经销、中间服务商、媒体和终端等各个环节，大部分品牌可以通过内部系统建立系统内的数据联通，实现经营管理。但数据的录入需要通过人为的既定时间进行盘点，最后才能成为系统统一且有价值的数据。一方面在时间上，数据的使用效率较低；另一方面涉及跨平台时，数据常常会陷入断层的局面。品牌在生产产品时，不知道该品类产品在市面上的整体反应，于是生产了产品并将其推出去，它们期待能有更多用户或中间商参与其中借用各自的资源配合推进，但却无法分享实时营收数据给参与方。最后，一个产品在商店中售卖或者在网络中售卖，无法第一时间得知各个渠道营收的情况，也不知道消费者购买后对于新的用户产生的影响。企业无法得知自己的定价是否合理，需要最终从销售的总量来测算产品的利润情况，这样便导致了生态的建设从数据开始得不到直接的落实和贯彻。

2. 价值的跨平台无缝兑现

品牌的商业生态在信息互联的时代，在互联网技术的加持下，就算能够使所有的品牌方、平台、渠道和消费者实现数据的自动收集和自动共享，也会面临另一个重要的困扰，那就是当生态实现体系的自发运转时，所有的行为没有能够第一时间结算各自的劳动所得，最后还要通过品牌或中心化的机构进行确认和分发。在目前以纸币为主流的价值流转体系中，依然需要进行银行的中心结算才能够进行支付，效率非常低，可信度也比较低。现行的体系中，所有的价值流转和支付兑现依然还是一种封闭式的系统内兑付，依然跳脱不出效率低下的旧价值体系。理想的生态是能够有一种不受平台和渠道、不受货币种类及结算机构限制的跨平台无缝有效流转的价值生态。因此，在原有的现金价值体系中，依靠国家背书、银行存储、品牌确认和消费者单独买单的机制，无法构成真正的生态建设。

3. 生态所有权的归属

品牌的生态从字面上来看就像“苹果”品牌一样，即建立一个属于自己的生态。但当把“苹果”的那一套开发者的生态逻辑照搬至品牌商业市场上运行时，发现并不能成功。原因在于，“苹果”的生态建立在其强大的硬件优势和用户量的基础上，只要开发者在生态内开发出用户喜欢、能调动用户活跃度、黏着更多用户的应用，便能获得直接的收益，也能很好地促进

“苹果”本身的硬件营收。这种模式，在一个应用开发的单点实现了封闭式体系内的小生态的运转。尽管这样，因为利益的驱动，依然为“苹果”创造了源源不断地创新及发展的动力。

换掉“苹果”，当很多其他实体的品牌想要构建自己的生态的时候，尤其是涉及具体的产品，而且运用传统线下营销模式的品牌，在产品端无法实现颠覆式创新来形成绝对优势和市场壁垒的时候，由于向心力不足，形成生态的可能性就极低。也就是说，要么品牌自己强大到别人都主动来配合你玩，要么最好主动邀请和激励别人来一起玩。从品牌自身出发去建立生态，往往会面临生态的权利归属问题，如果是品牌自己的生态，那么大多将是一个封闭式的管理生态和一套内部激励的机制，很难有几何级的市场价值；如果是一个开放式的真正的生态，那么这个生态将是所有参与者共有的一个资产，在生态的机制中都是主人翁，是属于各司其职、各享权益的一个真正的自然生态，这就不会是只属于品牌的生态。因此，未来的生态，应该是架设在以用户为核心的协作生态上，各个品牌成为生态中的一个环节，彼此成为一个利益共同体，才能称为一个真正的品牌生态。

区块链的出现，几乎是完美解决了品牌生态建设的各种难题，从数据的分布式存储和进行加密实现了共享，到构建起的数字货币的可数据传输的价值体系让价值流通跨平台无缝兼容，再到整个生态自愿参与、按劳分配，公开、公正、透明地形成了集体共识和信任机制，使得每一个人都成为生态的主人，让人们看到了构建未来真正的品牌市场生态的契机，引来了很多人的遐想。

未来的品牌生态将会开放支撑品牌营销生态的以品牌为中

心、建立消费者连接的应用软件，部署在区块链网络中。品牌运营的参与方和消费者可以通过创作、提供算力与数据、传播或消费等方式来获取报酬，相应行为将获得直接的劳动价值报酬。

由品牌生态实现的大量有价值数据，将为品牌的前期决策、定位、生产、策划和创意提供巨大的价值。这些真实、可信、及时的共享数据将可以有偿地提供给品牌使用，而那些贡献数据的机构和消费者将获得相应的报酬。

有了品牌生态、有了生态内的价值体系、实现了数据共享和利用、建立了虚拟形象的互动和社交等这些因素的叠加，将会把品牌的发展趋势指引向区块链虚拟电商。所有的广告内容将可直接下单采购品牌商品，相应的数据也会知道消费者对于品牌产品的需求并及时地在授权的情况下进行推送，而开放品牌虚拟形象和消费者个人虚拟形象的双方，虚拟形象将会成为品牌和产品的网络端销售员，向有需求的人推荐、讲解和提供后续咨询服务等工作。

一旦品牌生态的价值体系被构建起来，其盈利的模式将不会只局限于一种或几种，随着更多参与方和用户加入生态，将形成一个空前繁荣的以品牌营销和品牌广告为切入点、为各个商业品牌和消费者服务、各参与方和整个生态百花齐放的完整的虚拟商业世界，也将形成前所未有的商业生态帝国。所有的参与方除了可以参与其中并从中获取服务与报酬外，还将被最大限度地鼓励去创新和创造。更关键的是品牌生态构建起了一个商业世界的运营生态和价值体系，能很好地服务未来社会、推动商业社会拥有全新的发展模式、产生无可估量的价值效力。

第十三章 区块链将革新原有的品牌营销逻辑

如果区块链如愿地介入品牌营销中，实现了营销上的广泛应用，这个行业会发生什么改变？

在商业市场中，品牌和广告的发展贯穿过去的每一个经济周期，也因为不同周期的市场需求而有不同的地位和方法论。围绕产品需求的产品经济，以集中生产、规模营销为特点，品牌被赋予更高时间性的纵向累积效应；而围绕互联网为载体的流量经济，以多元生产、碎片营销为特点，品牌则转向空间感的横向增值效应；到了区块链的生态经济时代，将以精确生产、共生营销为特点，品牌开始走向群体共创的质量守恒的黑洞效应。因此，区块链的到来，将会极大地改变原有的品牌营销逻辑。

区块链带来的品牌营销的转变，将会从品牌的营销传播开始，以品牌及消费市场为中心，构建起一个全新的生态，让品牌、供应商、媒体和消费者能够在授权与信任的基础上，实现大量的创作、传播、展示、表达、体验和互动等多维度应用。

| 品牌传播

品牌传播的核心目标是建立品牌与消费者之间的沟通和联系，区块链技术解决了过去品牌与消费者之间因为供应商、媒体等中间环节的割裂，使得品牌可以直接面向消费者，也可以通过供应商和媒体到达消费者，最后轻松追溯消费者的信息接收和具体的反应情况。除了追溯之外，区块链的生态机制还将为单纯参与传播或看好此次传播项目的人予以实际的价值激励，以建立循环的生态价值链。

示例一：

iPhone12 上市的时候，需要向消费者传递新品的信息，于是将广告加密接入某个区块链网络，并为该广告申请独立身份，一方面让该新品广告上线至区块链平台，于是在平台中的或加入协议的消费者将会第一时间看到广告；另一方面将广告与其他许可和接受区块链协议的媒体平台进行对接与上线，该广告将会出现在不同媒体平台的指定位置上。消费者不管在什么平台上接收到广告信息，一方面，获取广告的内容信息可以追溯到广告的来源地；另一方面，也可以通过广告的公钥获得品牌的产品手册及优惠代码等，凭着自我感兴趣的内容，消费者产生消费的同时，可以将自我购买产品的行为通过广告的私钥进行工作量证明。这样，消费者就实现了信息的接收、品牌的互动、消费的行为以及区块链网络中积分的获得工作。

示例二：

张某是一个喜欢“苹果”品牌的人，由于近期他没有计划买入新产品，但通过广告，他非常看好该营销项目，也愿意向身边的朋友进行推荐。此时，他购买了专属于“苹果”的 Token，等待随着传播的效果攀升，自己的投资升值，同时把 Token 所属的追溯代码发给自己那些有兴趣购买产品的朋友，当朋友购买后，他也将获得更多数量的 Token。

营销金融

资金和资源的集中与垄断使得全球各大品牌占据了超过营销市场 80%的份额，依然面临效率低下和成本浪费的问题。很多以内容创作为主的供应商，受制于品牌方成本的因素，也很难将一个好的创意付诸实施。这些难题，随着区块链的到来将被迎刃而解。所有资金有困难的品牌或企业，只要认同品牌的建设过程是能带来更好的市场反响，并有信心去达成这一目标，区块链生态构建的金融体系将会为其提供相应的资金支持，各方根据最终的成果获得相应的回报。

示例：

A 品牌的产品经过小范围测试，非常受消费者喜欢，也通过众筹获得了第一笔研发资金。产品研发出来量产后，却发现没有资金进行推广了，于是创始人开始动摇，准备放弃这个项目，可又有一些不舍。他们通过朋友介绍，发现某个区块链的金融体系能够帮他们渡过资金困难阶段，于是在该区块链平台建立接口，通过该生态获得了 Token 支持，一举把广告推出去，获得了市场的广泛认知，销售红红火火。获得回报后，偿还了生态的 Token 预支，也建立了在该生态上的品牌形象和资讯中心。因为市场的良好反应，更多的消费者愿意购买其产品以及其建立于该生态的 Token，形成了资金流向资产的循环。

内容共创

不管在什么时代，品牌营销的广告内容的产生都是非常重要的一环，而这个内容的产生也是市场的需求判断，如消费者心理，目标消费者审美情趣，文字、图片、声音、影像和数字技术等艺术手段表达，不同地域文化等多样学科和门类的综合应用。因为其有一定的门槛和要求，就促进了工作向那些有这方面能力的供应商集中，但长期以来，集中某种程度也意味着效率的低下和成本的上升。区块链生态为这一现象带来一个去中心化的可能，将使得内容共创成为具有可行性和多元性的现实。在未来很长一段时间，信息的传递将更加迅速也更加多元，技术的进步使得传播本身更加简单。因为简单，则会出现规则上的巨大转变，越来越以消费者的感性认知为营销的主动力，而只有内容能够成为跨越时间和空间直抵消费者内心的元素。

示例一：

"可口可乐"将在中国进行一次针对圣诞节的品牌传播，希望以一系列平面广告进行传播及投放。因此，该品牌通过区块链网络发起了相应的加密任务，全球所有被认证的供应商和独立设计师通过公钥接到任务需求，并根据自我时间状况发起接受需求的确认，在指定时间内进行创作并提交作品。每个参与者将获得相应 Token 进行回报，同时"可口可乐"品牌可选择一个或几个作品作为最终入选作品，而参与者越多，最终入选者将根据数学模型获得更多的 Token。最终入选的作品，其创作者将在广告投放出去以后，从传播效果、销售业绩中获得一定比例的分红激励，双方便成为利益共同体。

示例二：

"腾讯"计划于 2021 年春节向全国受众进行品牌传播，以此提升消费者的美誉度，并借由春节的时点希望以温情视频的方式与消费者进行情感沟通。"腾讯"通过区块链网络生态发布了加密需求，由于视频内容的制作属于较复杂的劳动，因此需求发起后，将会对各工种进行分类，可以是其中一位认证用户接下需求并寻找各环节工作人员一起配合创作，也可以是不同工种的人分别接受各块工作，并组成临时项目团队进行内容创作。所有参与方将以劳动付出的方式获得相应的报酬，同时报酬跟甲方最终传播的效果挂钩，参与方均可获得 Token 的额外累积回报。

| 数据共享

在互联网时代，大数据方兴未艾，但又因各自的利益使数据之间无法共享，因此，传播产生了大量的重复和割裂，造成了大量的浪费，市场上却没有一个能够真正共享数据又保护数据安全的好措施。区块链技术的安全性，确保了各平台之间数据共享的可行性。只要加入区块链协议的媒体平台及相关机构，均可在互相授权和许可的基础上共享相关底层数据。当跨平台间的数据实现了共享，品牌营销所推广的广告也将在品牌认证身份的基础上实现广告效果数据跨平台可追溯，涉及广告的浏览、互动、评价、推荐和因此而产生的消费数据等将清晰且一目了然地呈现在品牌方的眼前。数据共享后，将会为区块链平台各方提供多种可能性，创造源源不断的价值。

示例：

“宝马”汽车希望在 2022 年春季上市一款智能电动车，拟在上市期间进行一波大规模推广。在对市场经过一番了解后，“宝马”启用了区块链品牌营销生态对此次活动进行了推动。于是，在上市前，该品牌先利用区块链的共享大数据对消费者市场做了一轮研究，发现消费者对于智能电动车的关注主要集中在对安全的不确定性上，因此，经过多方面考量，“宝马”决定将传播的沟通点放在安全上。针对安全的沟通点，“宝马”

通过区块链生态发起了广告策略及创意的需求，区块链平台根据需求，在背后的数据库中推荐了部分符合要求的供应商或临时项目团队进行创意执行。当内容确定后，“宝马”再借用区块链生态的大数据进行了部分消费者的采样调研，发现大家对创意非常满意。而在传播中通过区块链协议，大量的个人消费者主动关注其内容，同时大量加入协议的媒体也主动参与其中，将广告上线至自己的平台。对于“宝马”来说，通过区块链网络则清楚地看到所有平台的传播数据情况，完成了一次尽在掌握的、成功的营销。

虚拟娱乐

随着品牌营销生态的授权和许可，用户越来越多地参与了互动、贡献了价值，越来越多的媒体加入到区块链智能协议中，大量的矿工参与并贡献了算力，使得数据的积累呈几何级增长，也不断在增加其安全性。此时品牌就可以开始将自己累积的各种虚拟身份识别启动起来，通过与自我的定位、社交网络平台等对接，进行人工智能的学习，形成品牌独有的形象，可以是虚拟的品牌形象，也可以是品牌既有代言人的虚拟形象。该形象可以代表品牌的身份，具有品牌的性格，会唱歌、会跳舞、会讲故事等，能与消费者进行各类互动。

示例：

“欧莱雅”新一年度的代言决定起用中国知名影星舒淇，于是通过区块链平台为舒淇建立了具有品牌性格的虚拟形象，并让该虚拟形象拥有和舒淇一样的声音，通过区块链的建构和人工智能的学习，该形象将会在品牌授权下与消费者进行互动。

随着新商品的上市，作为发布会的发言人，也作为产品讲解员，舒淇的虚拟形象首先在网络中为消费者举行了一场虚拟发布会。该虚拟形象还可以在每天早上为消费者介绍如何化妆，以及如何用新产品化出更多不同的妆容。当大量消费者被这个虚拟形象调动起消费热情后，很多人还是觉得不过瘾，希望有更多深入的互动。于是经过品牌的授权和许可，消费者可以在区块链平台中支付相关的 Token，获得进一步与该虚拟形象互动的权限，可以点歌，可以要求该形象跳一段特定舞蹈，也可以在临睡前由虚拟形象为消费者讲个睡前故事或读本书。

社交网络

在自媒体时代很长一段时间里，很多人都在提倡品牌社交，但最后却发现这是一个伪命题。由于品牌没有很好的形象和性格，没有强有力的大数据基础，而消费者从现实的角度考虑，他们需要的是品牌的产品和服务，并无所谓与品牌进行社交活动。自从有了智能区块链虚拟形象，才真正地建立起品牌社交的基础。

品牌与消费者之间的社交。建立在虚拟形象或代言人虚拟化的基础上，品牌第一次实现了一方面让代言人为消费者传递品牌信息和提供相应服务的任务，另一方面也可以让消费者与虚拟形象或虚拟代言人进行日常沟通，包括客服、娱乐互动、交朋友等功能，真正地让品牌在虚拟空间鲜活起来，而消费者真正地可以成为品牌的朋友，品牌也是消费者生活中的一个好伙伴。

品牌与品牌之间的社交。往常的品牌和品牌之间更多的是竞争关系或者无相干的关系，建立在品牌营销生态上的各个品牌在拥有自我的虚拟形象后，真正地可以建立起彼此的联系，虚拟形象之间甚至可以相互交流彼此的品牌推广效果及心得，也可以探讨相关的合作。其中一个品牌如果开产品发布会，虚拟形象可以邀请彼此比较贴合、目标消费者比较相近的品牌的虚拟形象一起出席相应的发布会，互相站台。有时，线下的品牌之间的跨界合作受制于成本、不便利等因素比较难操作，但在虚拟环境中就很容易实现。

消费者与消费者之间的社交。当大数据和跨平台数据共享已经比较完善，消费者自己也可以建立自己的虚拟形象，拥有自己的性格和声音，在自己授权的基础上，就可以在区块链网络中与品牌或者其他消费者进行交流或沟通，真正地为个人建立起智能虚拟人物，使自己可以多点协作、分身交流、分担压力等。如此，便可以真正构筑起庞大的虚拟世界，我们的吃喝玩乐、喜怒哀乐等将在虚拟的空间中真切地体验和活动。

虚拟电商

随着虚拟的品牌形象和虚拟的消费者形象的建立，在安全而又开放的虚拟世界里，似乎做到了让真人走进虚拟世界的感觉。当交流沟通、信息传递甚至感官被虚拟现实表达，虚拟购物也就成为其重要的一环。当前的平台式电子商务将会逐渐被取代，取而代之的是构建在虚拟环境中的立体的虚拟电商。这个虚拟电商的实现是建立在去中心化的生态内实现的去中心化电商，品牌和商家通过区块链网络向整个生态的各个节点广播自己的商品情况，生态中的各方会清楚地知道商品的信息，有兴趣的人便会下单购买，购买过程是以虚拟 ID 进行，没有人知道是谁进行了购买，虚拟 ID 背后会指向真实消费者的收货地址，并由物流商家根据虚拟 ID 提供的定位送货上门。整个购物过程在虚拟网络中进行，实现去中心、点对点、安全的购物模式。

示例：

“小米”的品牌虚拟形象在向消费者传播品牌信息的同时，也可以根据过往与众多品牌拥趸建立的关系以及所了解到的消费者喜好，为每个人推荐合适的产品。“小米”的虚拟形象与消费者的虚拟形象在进行沟通后，根据消费者的需求和痛点推荐相应的产品，消费者的虚拟形象将会告知消费者所推荐的是怎样一个产品，并展示所推荐产品的相关好处。在消费者确定购买后，品牌方会将产品迅速地送到消费者指定的地方。

这一系列由区块链带来的品牌营销逻辑转变的设想，一直以来是商业市场中各方的痛点和需求，只是在过去，相关问题一直没有得到解决。今天的品牌营销领域，就像飞机被制造出来的前夜，当我们已经研究清楚了空气动力学，当我们已经制造出了发动机，那么离飞机起飞就只剩下最后的一步，便是需要智者和勇士勇敢地去践行。一个全新的营销时代即将到来，一幅全新的品牌营销图景也终将会展现在人们面前。

第十四章　全球在市场营销领域的区块链探索

区块链与品牌营销的结合只是一种设想，还是具有落地的可能性？既然备受关注，有人真正付诸实践了吗？结果又会是怎样？

区块链在一个美好图景的吸引下，在未来名义的感召下，从2008年中本聪发布白皮书开始，已经从一个人参与的事业，在几乎没有花一分钱的情况下发展为千百万人参与的一个大领域。很多人都知道，布局区块链就是在布局未来。在很多理想者的眼中，区块链的世界就是一个心中理想国的原点，具有美妙而远大的意义。尽管现在的区块链还处于早期阶段，但这块石头落在水面的时候，它的涟漪已经不自主地荡漾开来，以技术的吸引力和完美的激励机制吸引了一批又一批各界人士前仆后继地参与，都努力地从各个维度去自发自主地开始全方位的实践，可以预见，这个涟漪将会荡向大海，最后在一个广阔的市场需求的海洋中掀起不可估量的惊涛骇浪。

区块链技术研发及其实践

区块链自从比特币的诞生开始发展，因其独特的技术范式被技术专家青睐，被不断地迭代研发和实践。

比特币作为第一个成功的应用，技术上将密码学和点对点分布式存储进行结合，以解决电子记账的问题，并以激励的机制实现电子现金系统。这个技术逻辑在经历了无数次的安全考验后，被越来越多的人所认知和认同，也成为全球很多人接受的支付工具。可惜的是，在支付方面，比特币的挖矿和交易确认机制在短时间内还没能超过中心化的银行体系的支付效率，基本上最快只实现了每秒1 000笔交易，与银行和支付宝等中心化的支付方式每秒超过10万笔交易的速度远远不能比拟。为了保证绝对的公平，比特币短时间内无法实现真正现金的作用，这使得中本聪的比特币成为电子现金的设想转而朝着数字黄金的方向发展。不过，人类社会除了信息沟通和交易支付等方面需要解决高频效率的问题，在更多其他方面并不需要有即时的高效要求；而区块链的特性，却能在很多方面提高人类生产和生活的效率。如在跨境支付中，目前的资金结算和流通都以美元进行核定，那么一笔国际交易产生的跨境支付从交易发生到支付相应货币，再到通过美联储结算和兑付给卖方的过程，其完成的时间从 7 天至 15 天不等，有了比特币或者其他数字货币后，这个支付、结算和兑付的时间将缩短为 1 小时以内，效率被大大地提高。

为了进一步提高支付效率，大批区块链的项目和极客开始从多个角度不断去尝试。典型的如 Rippler 瑞波币，创始之初，看到了全球在国际贸易、跨境支付、跨境汇款等方面的巨大需求和巨大市场，但同时，目前的体系中跨境的这些资金往来受制于结算体系和流程复杂的影响，成本都极其高昂，这便有了一个很大的机会去解决问题而占用市场。Ripple（瑞波）因此而诞生，建立在区块链技术上，是世界上第一个开放的支付网络，致力于最终使世界可以如交换信息一般交换价值——实现价值网络（Internet of Value，IoV）。Ripple 解决方案使得银行之间无须通过代理行，而是可以直接转账，且及时、准确地结算，以此降低结算总成本。全球各地的银行通过与 Ripple 合作来提供更好的跨境支付服务，并加入在价值网络基础上建立起来的、不断壮大的全球金融机构及服务商网络。人们通过这个支付网络可以转账任意一种货币，包括美元、欧元、人民币、日元或比特币等大部分现行法定货币和数字货币，目前已经实现与 60 多个国家的法定货币的捆绑。从 2013 年开始至今，Ripple 已经经过技术的不断更新迭代，实现越来越稳定的状态，无须挖矿，独特的点对点支付，做到了3秒完成跨境支付的几乎瞬时支付及结算能力。Ripple的技术创新除了受消费者的喜欢以外，也同样受到全球各国的银行欢迎。过去，Ripple先后与全球各大银行共同设立了全球支付管理系统（Global Payments Steering Group，GPSG），与美国运通（American Express）及英国银行Santander合作，协助双方的跨国交易，日本三大信用卡发卡公司JCB、三井住友与Credit Saison将借由SBI Ripple Asia所提供的Ripple技术与韩国银行进行跨国支付。通过Ripple的探索和实践，在全球的支付领域打开了一个不一样的新模式和新机会：首先，方便了全球支付服务，又节省了支付的成本；其次，提高了商业市场的效率，也提高了市场机会；最后，既增加了交易数量，又提高了支付收入。这算是一个相对成功的区块链探索。

2018年8月10日，由中国国家税务总局授权、深圳税务部门落实、腾讯进行技术实施的中国首张区块链电子发票在深圳实现落地。通过区块链电子发票，企业可以在区块链上实现发票申领和报税；用户可以实现链上报销和收款；而对于税务监管方、管理方的税局而言，则可以达到全流程监管的科技创新，实现无纸化智能税务管理，流程更为可控。

消费者只要在消费付款之后，打开微信中的支付凭证入口点击进入申请发票，开票后，可以在卡包中立马完成报销，报销金额进入消费者钱包。

区块链发票与传统发票不同，当用线上支付的方式完成一笔交易后，这笔交易的数据便可视为一张“发票”。而它会通过区块链分布式存储技术连接消费者、商户、公司、税务局等每一个发票关联方。在这个过程中，每个环节都可追溯，信息不可篡改，数据不会丢失。有了它，你结账后就能通过微信自助申请开票并一键报销，发票信息将实时同步至企业和税务局，并在线上拿到报销款，报销状态实时可查。有了区块链发票，不用排队开票，不用手写抬头，不用担心发票遗失，不用贴发票，不用线下交单，一步到位就能实现全过程。

区块链发票的落地，将很好地做到提高消费、结算、纳税和审计的效率，有利于节省各方的成本，包含发票成本、硬件成本、时间成本和人员成本等，更能够在杜绝虚假、加强监管、增强信息安全上形成完整的技术链条。区块链发票成为中国社会治理方向上一次很有意义的探索。

贵州省贵阳市较早就将区块链作为该市重要战略，2016 年 12 月 31 日贵阳市政府便发布了《贵阳区块链发展和应用》白皮书，旨在为贵阳的未来发展定基调和提前布局。白皮书受到社会各界的广泛关注和认同，都惊讶于贵阳市政府对未来的前瞻思维和勇于探索的魄力。2018 年 6 月 3 日，中国中央电视台“对话”栏目，第一次以正面和开放的心态去探讨区块链对于未来的意义。席间，贵阳市常务副市长展示了贵阳市政府正在探索的房产证区块链化的案例。民众在正常情况下都是通过国家背书的房产证来获得产权，但房产证也带来了一系列的麻烦，如浪费成本、容易作假、容易遗失、交易不便、产权保护还没有上升到数字化等，因此市政府推出了区块链房产证。在未来贵阳市的房产证中，只要消费者购买了相关的房子，房产证中将会被副上哈希加密代码，这串代码便是链接国家产权数据库的最重要背书通道。未来，就算房产证不慎遗失，只要拥有这段代码，就能够识别产权的所属方。哈希加密过后的房产证，将为未来提供更多元的价值。一方面，在未来，房产证可以被赋予更多的功能，可以实现所有权和使用权分离，只要掌握所有权哈希，就有绝对的所有权，而租住的人只要通过向所有者的钱包持续支付使用租金便可以入住；另一方面，围绕房产的各种资产管理将会更加方便，办理银行贷款的抵押以及办理相关资产证明的凭证出示，只需要通过区块链查询和使用便可以直接使用。甚至在未来区块链下的房产金融中，一个高房价的房产所有权可以通过数字经济被切割共同持有，将会成为新的房产投资的格局。

2017 年 4 月 1 日，中国政府决定在河北省境内设立雄安新区，旨在疏解北京非首都功能，探索人口经济密集地区优化开发新模式，调整优化京津冀城市布局和空间结构，培育创新驱动发展新引擎，将建成一个全新的二类大城市。同时，将雄安新区上升为国家战略，是继深圳经济特区和上海浦东新区后的又一个全国意义的新区，被定义为“国家大事”“千年大计”。既然如此重要，雄安新区从设立之初便开始构思，以最先进的理念和国际一流的水准进行城市设计，建设标杆工程，打造城市建设的典范。2017 年 5 月 31 日，原贵阳市委书记陈刚被公布担任雄安新区的管委会主任，在其到任后不久，雄安新区便开始着手规划雄安新区这个未来之城，他们希望从规划入手打造数字雄安。区块链作为陈刚在贵阳市实践过的、非常熟悉的技术，自然成为雄安新区在城市建设方面非常重要的方向。雄安新区管委会呼吁，要建设一座数字智能城市，第一步就是从自我做起，从行政管理方面入手，建立一个廉洁、透明、高效的政府，通过创新体制机制去实现对政府行为的全方位监管。在政府管理中引入大数据高科技，对工程建设招标、投标等每一项决策进行全过程信息留档，作为证据随时可以调取查看，出现问题依法问责；而且，这些信息不是建个数据库放在里面，而是通过区块链技术存储，可以实现永久保存。

同时，雄安新区与“阿里巴巴”和“腾讯”等科技公司进行战略合作，将区块链技术广泛应用在城市建设上，建立雄安公民个人数据账户系统、雄安房屋租赁大数据管理系统，搭建雄安新区区块链及数字诚信应用平台，把雄安打造成一座信任之城，让整个城市的运转公正、真实、可信。

2018 年 1 月，一个区块链租赁平台在雄安新区上线，这也是国内首个将区块链技术落地在租房领域的案例。在政府主导的区块链统一平台上，挂牌房源、房东房客身份、房屋租赁合同等信息将得到多方验证，不得篡改。未来的新移民在雄安租房时，不会再担心遇到假房东、租到假房子。雄安新区积极探索建立住房租赁积分制度，运用区块链、大数据等前沿技术，建立科学、有效的住房租赁积分全生命周期管理机制，营造活力、健康、有序、可持续的住房租赁生态。

雄安新区的整个城市规划和建设还远远不止这些，未来在区块链基础上将数据和数字经济多维度应用以后，物联网和人工智能将会成为城市的标配。随着技术的探索和实践，一个开放、透明、高效、诚信、智能的新型城市的图景开始慢慢展开，具有巨大的想象空间。

通证经济的实践

自比特币兴起，带动全世界对于其底层技术——区块链技术有更广泛的认知，也因为其价值的激励机制和可流通的数字权益证明，引发了全球范围内对 Token 的趋之若鹜，由此形成了通证经济的观念。按照中本聪的想法，以比特币为代表的数字货币能够成为法币之外的可自由交易和兑付的电子现金。尤其是自 ETH（以太坊）区块链的诞生，把智能合约的模式带入区块链领域，通过区块链技术，可以实现交易支付、融资、储值，甚至包括股权、股份、证券等的多权合一功能。在短时间内，让全球的个人和机构都可以运用以太坊进行智能合约的开发，可借用以太坊区块链进行融资、发行代币，也就是 ICO。ICO 的利益魔法盒一旦被开启，便使得全球区块链的项目剧增，从几十个增加至几千个，数字货币的大盘从十几亿美元增加到峰值的几千亿美元。不过，随之也带来了一系列的问题：首先，数字货币的快速发展，大批年轻人趋利投身其中，各个国家政府开始担忧，数字货币的技术特性及发展势头可能会挑战国家对于货币的控制权；其次，大量不规范的数字货币项目喷涌而出，由于市场不成熟以及没有市场的稳定机制，导致数字货币的价格涨跌幅度过大，陷入非理性的市场环境中；最后，大量的非法诈骗和传销力量借用这个快速增长的市场模式进行欺骗行动，这会影响社会的治理和稳定。因此，各个国家分别出台了不同的政策，试图制约或规范这个市场，也不断地激发各国对通证经济的反思。

如何才能实现数字货币与法定货币一样处于长期相对稳定的状态？如何能够实现既鼓励技术发展，激励市场的创新，又有利于实体经济的发展？如何做到满足国家主权管控？

这几个问题一直是区块链出现以来被广泛关注和思考的问题之一。2014 年一个叫泰达币（USDT）的币种应运而生，这是由注册在马恩岛和中国香港地区的一家叫 Tether 的公司以比特币区块网络为基础，在这之上构建了名为 Omni Layer 的通信协议（或共识网络）发起的币种。泰达币根据市场的需求量发币，并以 1∶1 锚定美元为机制，消费者购买它，把美元给 Tether 公司，该公司将美元存入银行，用户退币时只收取 5%手续费和银行的存款利息。泰达币的发行和发展，受到在香港注册的交易所 Bitfenix 的大力支持，并逐步被各大交易所认可和应用，用户买到泰达币后可以在各平台兑换其他币种，泰达币从零开始，只用了几年时间就发行了超过 30 亿美元价值的数字货币，也因为其特点和应用的广泛，在市场上被看作是一个比较可信的稳定币。

尽管泰达币应用广泛，由于其资产为一个公司发行和拥有，也因此带来了一系列市场的怀疑。究竟泰达币是否有足够的资金去锚定美元？泰达币是否也和其他币种一样属于空气币？一个掌握在私人手里的稳定币，从人性角度来说肯定是不靠谱的，究竟能稳定到什么时候？各种问题奔袭而来，很多人在使用泰达币的同时也在思考区块链通证经济的问题。

对市场来说，在通证的范畴中，一方面，是要找到一个或几个真正的稳定币，可以让流通的价值不至于受太多不确定因素影响；另一方面，最期待的是整个币市能够从剧烈波动中走出来，整体实现稳定和增长的态势，而这就需要真正拥有区块链技术且通证经济在实体经济的落地应用，只有这样币市才能有实际的价值映射和体现。

于是，在中国中关村世界区块链协会理事长、通证派区块链协会发起人元道的支持下，原火币网 CTO（首席技术官）张健成立了博晨科技，并邀请了维京资本、丹华资本等一系列投资机构参与投资，共同发起了一个通证经济的交易所模式实验，即 FCoin 交易所。FCoin 于 2018 年 5 月 31 日正式上线，6 月 6 日开始实行其有别于其他交易所的交易机制，首先，在 FCoin 上币不需要高额的上币费；其次，交易即挖矿，只要来该交易所进行任何一种币种的交易，就可以获得 FCoin 交易所币 FT 的挖矿机会；最后，FCoin 还拿出交易费收入的 80%~100%进行返还。这一机制的实施，在短短的两周内，FCoin 从籍籍无名到实现日交易量 300 亿，成为全球交易量第一交易所，是第二至第四交易所交易量的总和。一时间激起了市场对这种模式的趋之若鹜，很多交易所都试图启用这一模式来获得大量市场的回报。可惜好景不长，一个月后，FCoin 由于耗尽了市场的红利而不断下跌，交易量急剧下降，被很多人认为是变相的 ICO，也是无良的“割韭菜”手段，丧失了应有的信任。

为了继续维持 FCoin 的影响力和市场流量，FCoin 后期又联合各大机构提出币改措施，认为当下通证经济不稳定的核心因素在于大量的项目没有实际的应用场景，从而导致空气币频现。因此，为了发展区块链和通证经济，最好的方式还是努力推进“币改”，鼓励传统实体经济参与进来。

在此构思基础上，FCoin 推出“币改”试验区（主板 C）面向三类项目，即大型互联网平台通证化转型项目、大型实体产业通证化转型项目和全球范围内的通证经济创新项目。特别是在全球范围内的通证经济创新项目中，“‘一带一路’全球数字经济+通证”项目和通证经济全球基础设施的重大创新项目备受瞩目。FCoin 寄希望于通过“区块链+实体企业”的模式，让实体经济走向通证经济道路。

第一个参与“币改”倡议的项目在高呼声中浮出水面：一个叫QOS的项目第一个申请FCoin的主板C，成为第一个“币改”的实验性项目。QOS是由中国境内一家叫奥马电器的上市公司高级经理人发起的项目，是一家基于公链与联盟链混合的底层操作系统、统一身份认证体系、自激励的双层代币协议、超级节点+交易挖矿的双层挖矿机制、分布式文件系统、联通开发者和用户的互动社区。借助奥马电器的影响力及资源，这些高管为项目准备了很多资源，包括支付公司、商业银行、互联网金融、新媒体公司作为合作场景服务商加入。据项目方介绍，300个城市超过40万本地商户、1 000多个停车场的交易场景将建立在QOS平台之上，合计月交易流水超过60亿元，交易笔数超过3 000万笔，平台将触达5 000万以上的交易用户，每月将产生超过20亿元的借贷需求。未来会不断孵化、接纳如出行、外卖、快递、社交等服务商。

为了这个项目，FCoin和QOS甚至奥马电器都曾高调喊话和站台，为其宣传，进行融资，试图让“币改”项目一炮而红。没想到的是，QOS在FCoin上线以后便引来了破发的浪潮。随之而来的是一系列的负面消息，暗箱操作、割韭菜、上市公司发币等四面楚歌。因为没有实际的应用而先行融资，最后落入反面的旋涡。与此同时，在中国现行法规下，奥马电器也陷入了被证券交易所问询和涉及非法融资等负面舆论中，一时间非常的被动。

这一次“币改”的失败，让很多人再次反思。究竟区块链的发展前景在哪里？到底是技术重要，还是通证经济重要？区块链结合实体经济，该如何结合？是否真能结合？市场针对这一系列问题引发了大量的争论。

区块链服务实体经济论辩

我们都知道，在互联网发展，尤其是以马云为代表的电商领域发展的过程中，领导人经常呼吁电商的发展和虚拟经济的发展一定要服务于实体经济、创造实体的价值，只有这样才是符合国家需求的发展模式。可现实情况却是，看到电商的兴起，老百姓特别开心，得到了很好的服务，实现了“在家购全球”的理想；同时，我们也看到一批批实体企业经济萎靡，随着经济的整体下滑，很多实体企业走向了生意大量下滑和倒闭的境地。

在过去的几年里，电商的虚拟经济如火如荼，而实体经济走向低迷，国家经济整体下行已成为事实。电商的发展，改变的是市场消费的模式，也在一定程度上促使了市场的生产模式要顺应市场消费模式的改变而改变，但并没有从根本上改变市场的生产方式。原来工厂或企业研究市场需求，从进行研发到生产、渠道铺货、宣传推广、消费者去终端购买再到售后服务等一系列过程，完成的是传统生产和消费模式，在电商时代，企业直接看到消费者需求，生产前已经开始消费，拿到订单后进行生产，去掉了渠道的铺货直接平台销售，直接把传统的流程和逻辑进行了改变。很多经营于渠道和生产线的企业，由于不适应改变，不能快速地转变经营思路和模式，便会面临生意的下滑甚至失败。而一些小品牌和与时俱进的大品牌，由于它们及时改变了生产模式，开拓了一片新的天地，减轻了负担、也更快速地获得了虚拟经济的红利。这形成了一个品牌发展重新洗牌的过程。深究其原因，事实上虚拟经济对实体经济的冲击更重要的在于，一方面，企业的生产和发展没有满足市场和社会的发展需求，被逐步淘汰；另一方面，我国的经济结构长期处于失衡的状态，在一些低端的、低品质的领域，产品大量投入与长期发展，而在一些高精尖的、高品质的领域，却始终没能发展起来，这一问题与老百姓因为信息互联和走出国门看世界，提高了眼界和要求，形成鲜明的对比，于是在电商提供的便利面前，他们必然从底层开始降维打击，纷纷抛弃了传统的落后实体，转向拥抱虚拟经济。虚拟经济的发展，事实上是一种对实体经济的更新迭代，把全球消费渠道打通，催使实体经济改革。我们看到，国家在近几年努力地推进经济的供给侧结构性改革，配合更大范围的改革开放，磨炼自己，迎接挑战，已经使我国的实体经济逐步开启了一个全新的格局。

在区块链到来的今天，我们看到这个技术以虚拟的代码兴起，因为独特的创新技术和由技术带来的理念革新，必将在未来改变世界。只是在发展过程中，因为其强大的价值体系，促使全世界为之疯狂和摇旗呐喊，年轻人都希望世界经济和财富来一次重新洗牌。而代表物质时代的传统实体经济和代表信息互联网时代的电商经济在区块链的面前都带着几分恐慌，很担心被夺去既得的利益和权力。于是很多人开始呼吁要遏制区块链的发展，要求区块链必须服务于实体经济，才是符合社会要求的经济模式。

当我们冷静思考便会发现，其实区块链的出现和存在，与当年的电商为代表的虚拟经济一样，说明其发展满足了社会的某种需求，有其存在的合理性。区块链的出现，在其解决现行世界无法解决的问题上，让人们看到了更多可能。社会朝着未来发展，我们知道即将到来的是人工智能的社会，是万物互联的社会，但在通往未来社会的时候，很多人无法共享以及安全系数问题总是无法解决，于是区块链诞生了。我们发现，只有很好地实现区块链，才能实现全球的大数据安全共享，只有实现大数据的全球共享，才能实现全球的万物互联，而只有实现物联网，才能实现真正的人工智能。未来人工智能是社会的主要生产力，而在通往这个强大的生产力的路上，区块链是根基，也是最重要的生产关系。在这样的基础上，我们去探讨区块链带来的新一轮虚拟经济的发展，某种程度上并不是对实体经济的破坏，而是在创造可能，为了实现未来的实体经济而构筑坚实的根基。但，在社会发展的过程中，传统实体经济如果不能符合未来和市场发展的趋势，必然会因为新经济模式的发展浪潮而衰弱或被拍死在沙滩上。

因此，区块链服务的实体经济实际上不是传统的、落后的、不符合市场需求的实体经济，而将是颠覆过去的不合时宜的实体经济，取而代之的是新兴的、未来的、与时俱进的、满足广大群众的实体经济。如果我们抱着对过去的留恋和一小部分不合时宜的落后实体经济而排斥新兴技术与经济的发展，那么等于是故步自封、不思进取，也等于是为了一棵陈年老树，而放弃了更广阔的未来整片欣欣向荣的森林。如果我们主动地让新经济淘汰旧经济，实现合理的、开放的竞争，将会很好地奠定未来经济的价值基础。

今天的经济社会建立在物质的基础之上，却不断地通向精神世界。经济基础决定上层建筑，我们要非常重视经济基础的发展固然没错，但这句话的终点却是为了精神世界的上层建筑。人类社会的发展建立在物质的基础上，从原始到封建再到资本主义，我们付出的努力都是为了维护生存权利、提升生活品质、实现自我的价值。我们物质发展的今天已经有了翻天覆地的发展，从欧洲发展到美洲，再由美洲发展到亚洲，最后可能由亚洲延伸到非洲。人类的财富和经济，总是朝着一个趋势去平衡。尽管我们知道依然还有很多人温饱没有解决，世界经济的发展依然还很不均衡，但整体的提升已是趋势，历史上的每次变革并不是在完全均等的时候才会发生，恰恰相反是因为不均衡才产生了变革。

未来精神世界将会是人类物质世界的重要延伸，也是最大归宿。相对于物质世界，精神世界充满了无限空间。今天的互联网虚拟经济能够受人们欢迎，为人们带来便利，是精神世界的初始状态，让精神世界的信息获取更为自由，具有很大的经济价值；今天的虚拟游戏带来了空前的经济利益，如腾讯公司，其最赚钱的是游戏领域，说明人们对于精神的享受愿意付出比物质更高的代价。当我们打开精神世界的经济体系，那么未来的实体经济将会显得相对次要，以物质世界为基础，开拓更广阔的精神世界的经济模式，两者交相辉映，将是我们更美好的未来。

所以在短期内，我们努力支持实体经济，努力满足物质的需求，这无可非议；但从长远看，建立在实体经济基础上的虚拟经济将会是更重要的人类未来。

| 对话与思考

郑联达：“您是在什么样的机缘下介入区块链这个领域的？”

白硕：“是因为工作。上交所 2012 年对外界所谓互联网金融进行预研评估。当时就有区块链，那时候叫比特币。区块链、比特币到底对传统金融有什么影响？有没有威胁？当时在传统金融机构工作，需要先回答这个问题。我们就安排做这种前瞻性的研究，所以就这样接触到了。”

“你总得有些准备，要不然将区块链摆在你面前，你可能不一定认识它。我在安全部门工作过，后来做学者的时候做过这种安全协议、逻辑分析，先后接触了我们国内最好的、顶级的安全专家、技术专家。然后进入上交所这个金融机构，主要接触的是金融，但是金融 IT 也比较综合。你接触了金融之后再去理解这些东西，就和纯做安全的理解又不一样了。所以还是各方面的机缘吧。”

郑联达：“区块链作为一项新的技术，您觉得它是一个突然的创造还是它本身是社会思想和技术发展到一定阶段的一个自然产物？”

白硕：“先说区块链到底有多大的创新。它的每一个组成部分都没有创新，无论是密码学、分布式系统还是 P2P 网络，甚至包括博弈的部分、货币的部分，无论是技术源头还是思想源头，你都可以找到有关它的一些原材料，我们需要做的就是把它们组装到一个场景里来。所以我们说它是一个协议创新、组合创新和场景的创新。这样去评价它可能就比较恰如其分了。”

“然后我们再说它到底是一种灵感的产物，还是社会发展的一种趋势。我觉得从比特币之前的那些先驱的、努力的方向看，价值传输这件事情本身是学术界想做的一件事。都知道信息不守恒，信息可以被复制无数份，而价值恰好是要通过在这个网上运作才能被体现出来，又不能被随便复制。这本身就是一个技术挑战。你回应这个技术挑战，它本身就是技术发展内在逻辑里面的应有之意。所以从这点来看，它有它的历史逻辑。”

“现在说外部的压力，我们可以看到，金融危机是一个比较大的压力。这些极客会想着在金融危机的背景下，为什么不能自救？我们为什么一定要面对这样一种宽松政策，我们真的就无能为力了？如果说我们能够做出一种黄金或者具有黄金属性的东西，那么大家去把它做储备。”

“你可以传信息，信息是可以复制的，那我就传一个不可复制的东西。信任是不可改变的，价值是不可复制的，这两个东西能不能传？这两个能传。（因为）一个是技术上它有内在的逻辑；另一个是在社会网络化时代，它有一个客观的需求在那。所以不管是谁以一种什么方式实现，不管是在谁的手里实现，那是早晚的事。它毕竟是一个方向。”

郑联达：“您觉得区块链最大的障碍在哪？”

白硕：“在区块链这里它讲的是信任，讲信任就离不开开源，因为你不开源可能也很难取得信任；但是一旦开源就避免不了被山寨。所以从比特币诞生起，它就面临被山寨所包围的问题。所以一个网络也好，一个店也好，一个什么也好，它怎么样能够从山寨的干扰当中脱颖而出、鹤立鸡群，就是说它能表明自己的品质是不一样的，是经得起考验的。这件事情它需要一个过程。”

“那么这个过程也是对算力的一种争夺。因为你要想山寨，你都要去分散一定的算力。全社会算力的分布集中在哪？这个事情其实就是一个慢慢形成品牌的过程。”

“大家的算力到底选择谁是完全民主化的。选择了你就证明你的品牌具有独特性。比如说像EOS这种情况，它决策谁是超级节点，超级节点本身是以资金作为筹码的，那就看能够被吸过来的资金是多少。所以你看这个资金就知道它的品牌怎么样，POW（工作量证明）那肯定是看算力了，算力投向谁，谁就是品牌。在这里，我们说的主要是公链。”

“从联盟链这一边，它的成长非常的漫长也非常的艰辛。因为没有围墙，最后全都是开源的，只有开源的能够站得住，不开源的连起码的信任的建立可能都很费劲。那你一旦开源的话，跟一些传统的企业比，因为它没有围墙，确保自己生存都很困难，它还从何去谈建立品牌？所以大家都活得很辛苦，只能在活得辛苦的里边找几个表现还不错的。所以你在这里面去找一个品牌，我觉得还差得太远。我这里是说在链圈差得太远，但从币圈来看，品牌已经有了。”

郑联达：“所以就是说不要倒逼很多品牌、社区去创新，如果在创新上能有突破、有够吸引人的地方就会使其发展得更好。”

白硕：“对。但是这不能是短期行为。我们也注意到有的交易所爱搞短期行为，也许会一时觉得热闹，可热门过后呢？这并不是长久之计。所以一定得是技术上独到的，或者说商业模式上独到的企业才能生存得更好。”

郑联达：“从目前来看，很多人都停留在炒币上。那么从技术角度来说，现在全球的企业或者品牌已经把区块链用得比较能够产生社会效益的，您有什么可以和我们分享的吗?”

白硕：“目前来看，区块链的一些项目都普遍做得比较小，所以要我马上举出一个社会效益非常明显的确实是没有。”

“区块链被驾驭在一个可以被随便复制、随便改动的网络环境中，可以说，这就是一个挑战。”

“所有企业的数字化过程都在加速，而它们的加速却有着不好的弊端：平台型的公司走太快了，带来一个什么样的问题？它何德何能？只不过它有资金，它用一种比较粗暴、比较原始的方式积累了别人的大量数据。因为有别人的数据，它就有一个资金且数据循环，它就发展起来了。但是这并不是长久之计。”

“那我们其他的平台型公司会好点吗？我觉得也都是躺在别人的数据上面。但躺在别人的数据上这件事情能有多长？随着人们对数据权益的重视，很多在中国用别人的数据挣钱的方式，放到像欧盟这样的地方已经不可用了。在数字化的过程中，数据集中得太快了，而这种私有的，包括个人、企业在这方面力量又太弱了。所以，我们要回过头来想一想。”

“个人、企业的数据权益该如何体现？在企业内部，过去它没有全面进入数字化时代。那么当它全面进入数字化时代以后，企业内部的治理以及内部的奖惩，甚至包括企业和企业之间的利益关系、企业和自己的外包资源之间的利益关系，除了可以用法律来调节之外，也可以用资源奖惩这样的方式去进行调解。那么这个调解，在充分数字化之后，像区块链这样的手段是不可阻挡的。”

“所以我感觉，第一个就是数字化本身这个潮流不可阻挡。既然在数字化时代我们要被数字化的东西除了传统的信息之外，实际上还有很多有强烈的价值和信任属性的一些东西，包括各种各样的代表权益和权利的一些手段都可以通过区块链来体现。这个一旦做到了，我觉得会出现一种回头。什么意思？就是这个平台型的公司不要发展太快，而且有很多东西不应该是个人的。或者说从全社会角度来讲还有更合理的一种组织形态，而不是把所有的数据都集中在一个地方。”

“我曾经写文章说过这个事情，会出现一种新的形态叫作‘平台留下，数据回去，公司解散’。意思是说平台型公司是没有必要的，数据从哪来回到哪去，然后平台本身有它的价值，但是要改造，不要把它变成一个数据集中的平台，而是要把它变成一个数据协同的平台。我觉得这个事情区块链是可为的，因为它是代表未来的。我们主张这种数据权益的话，就需要将数字化的生产运营环境贯彻到底，这些需求在区块链中是可以实现的。”

郑联达：“另一个角度是说一种技术或者它的一个产品，它要具有经济价值往往需要具备几个条件：第一是提高效率；第二是降低成本；第三是增强用户的体验。区块链的技术包括它的通证具有这样的优势吗？”

白硕：“这个可能是像比特币，它太典型了。它的一些特性可能就被误导为是整个区块链的特性。”

“是不是区块链一定就得这么慢？是不是一定就得这么笨重？所有存储的数据都要带着跑？那么这些其实就是说，如果多了解一下各种各样不同的区块链的实现方式的话，我们可以发现那不是唯一的。我们可以做出快的区块链，我们可以做到：第一，存储轻便；第二，用社会化的服务来做这种公共存储或者久远历史的存储。”

“还有一个就是说我们可以把存储分层。我需要寻求某种证明，我给它上链，只要上链很小一点那更多的私有数据就都上链了，如果把这些都安排妥当以后，首先我们就可以澄清一下，并不是所有的区块链都是那么低效率和笨重的，我们可以有更好的实现手段。这是第一个问题。”

“第二个问题，成本降低。如果将区块链用于成本降低的这件事情，它不是从一个系统就能看出来的。如果单从一个系统来看，它带来了更多的冗余，为了寻求安全和不可篡改，因为有那些东西，它这个系统做得一定要比别人冗余。所以这个成本不能从一个位或者一个什么价去算，而是要看它是取代了一个什么样的路径，我们得从路径上看。它最大的作用是路径的替代和路径的重新定义。如果它不能做到重新定义路径，不能做到路径方面的优化。而这个路径的优化本身是从社会的角度考虑，是为了节约社会总成本的。所以在不同性质上它的影响不同，可能单个企业采用区块链的决策会对这个企业造成成本升高困扰，但是区域链放在全社会中却能发挥更好的作用。”

“这样来看，我们就可能遇到一种有意思的现象。处于守势的这种大的企业，它们可能在整个潮流面前是一个既得利益者，它可能不愿意去采用区块链，因为它又费成本，又废掉了它占优势的传统路径。但是另外一些轻装的（企业），它没有历史包袱，它不必担心被去掉什么，但是它已经赢得一些从社会总成本上看合算的东西，它在这里面抓住这个机会。所以，可能作为一个传统公司它的技术很强，里边懂商业模式的人也很多，它们看到了这条路，但是由于它们自己的立场和历史包袱所决定，它们不会去拥抱这个东西。”

“我们再回过头来说，从历史上看，品牌本身也是在降低社会总成本的过程当中起了作用。为什么？你的任何一个产品，它都会有它的原材料、零部件以及各种加工环节、各种设计环节。你把所有环节里边的质量品控，还要用终端客户一家一家地去做，这件事情的成本会高得惊人。所以品牌就是很好地利用了这点，品牌通过它的这种集成，把所有之前的这些环节的品控全都消化在它的品牌里面。所以大家面对的就是一个品牌，这个认知就是这个品牌。”

“因此，我们就可以认为品牌本身的确立就是这个过程。这还没有说到区块链。但是我们回过头来说，以这种集约化的品控为生的品牌，将来会受到区块链的调整。因为之前那些环节的品控，如果有了区块链，它可以点对点去做。”

郑联达：“就是等于大家一起去做，这样的话也是降低成本。”

白硕：“对，也可以降低成本。它是跟你不同的一个路线去降低。如果说在这个地方出现一些局部的提升和异军突起，我觉得是完全有可能的。”

郑联达：“那在整个的用户体验部分呢？”

白硕："用户体验方面我觉得这是一个完全不同的问题。所谓完全不同的问题可以从很多方面说起，例如我完全无感，我要的就是一个"爽"字，你背后是区块链也好不是区块链也罢，我才不管。比如说中本聪当年写的白皮书叫《比特币：一个点对点的电子现金系统》。但是点对点在哪儿最先实现？在我们的移动支付最先实现。移动支付这种点对点的体验，使大家完全不关心你后边是不是区块链，因为已经有这个体验了。"

"央行要搞数字现金、电子签名，就是法定数字货币。当时我就写文章讲这个事情。我说法定数字货币千万不要把点对点支付的用户体验作为一个卖点，这已经是不可能的了，再怎么着也没法超越移动支付。当时还没有移动支付，所以中本聪他可以这么写。如果他看见移动支付之后，他一定不会再把这个当作一个卖点。"

"所以第一个，如果说纯粹、笼统地讲用户体验，其实有没有区块链是用户根本不在乎的一件事情。这个是从它的效率、它的友好程度等这些方面来看的。"

"甚至我们再进一步说，现在有很多这种证明是不对的。比如说你质押一幅画，你要贷款。这个也经过鉴定了，确实是值这么多钱，有估值。你把它质押进了银行，然后你去贷款。之后等你还贷款的时候，有没有人要求银行来证明这个东西还是不是我原来放的？没有吧？为什么？好像是理所当然的我有义务向中介证明，中介没有义务向我证明。其实这个路径是错的。"

"如果说这个事情不是垄断的，任何人都可以开中介。而我基于技术另外新设立一家中介，我自证清白，我可以向用户证明我没有动你的东西，这还是你的东西。如果说这个东西可以成为一个点，就是中介自身的一个合适程度的自证，不侵犯别人利益的同时又降低了自己的身段，使自己跟客户的关系更加融洽，使客户感到他真的是这个资产的主人，他有权利要求你做事情，而且你得答应他的要求。我觉得中介可以做类似这样的事情。”

“所以我感觉从用户体验方面，那种快和友好不是问题。但是在‘我的资产我做主’这方面，中介的那一方能够放下身段、能够自证清白，其实有很多可为的地方，而这些可为的地方区块链都可以派上用场。”

郑联达：“我们一谈到人工智能就要谈到区块链和大数据。有两个问题需要思考。第一个是这是一种什么样的辩证关系？第二个是人工智能难道真的一定需要区块链吗？像谷歌的Alpha GO（阿尔法围棋）已经很厉害了，这是不是意味着它可以完全独立？它不需要区块链？”

白硕：“这里边其实包含了两个方面问题，一个是现实的问题，另一个是理想的问题。”

“现实是数据和用户集中得非常快。没多少年，互联网巨头已经把用户和数据集中起来了，而且用户和数据之间已经形成闭环，就是说我的数据你来用，你用了之后，你又将数据沉淀下来，这些数据又可以指导我进一步更好地为你服务，这个是有这么一个内在的循环。往好了说，这个循环使数据能够快速地像滚雪球一样把流量做大，所谓‘赢家通吃’就是这个道理，所有基于流量的都是这个道理。”

“但是反过来说，所有的基于流量的商业模式都有一个致命性问题：这个模式或多或少都是拿着本属于用户自身的权益在借力打力，一旦用户意识到这是他自己的权益，用户不想这么做的话，这个模式便别无选择，只得另寻他路。”

“但是现在区块链是不是已经给这个模式提出了别的选择？你优化的搜索引擎，我能不能做一个联盟化搜索引擎？大家都有数据，大家也都在爬数据。甚至说爬数据的东西是大家共有的，你爬多少我爬多少，互相做贡献。我们当初在学术界就做过这个事情，我们把这个叫做爬盟。就等于说数据下载的一个联盟，爬新浪微博也好，爬什么也好，那些媒体会做各种限制不让你爬，但是架不住人多，每一个人又都是合法的。人一旦多起来，那么累积下来的东西就是全量。”

“任何一个小人物都可以加入这个联盟，虽然你自己做些微薄的贡献，但是仍然可以做这个事情，你也可以拿到相应的回报。如果联盟化的搜索引擎、电商和社交都成立的话，那社交、电商和搜索引擎都不需要一个集约化平台，到那个时候这个集约化平台就是多余的。我觉得这种联盟化如果能够做到对你的贡献进行公允地计量，然后对你的数据权益能够彻头彻尾地保护。如果这件事情成立，那些巨头是不是就没有存在的必要了？”

“这个的实现就需要一种分布式的去中心的人工智能。不是说现在没有人在研究这个东西，我了解的一些非常不错的团队就在做这种分布式去中心化的、协同化的人工智能。数据虽说是无边的，可是大数据不是给你了它就是大数据，而是要通过大家的拼图凑起来的。而这个拼图在凑的过程中不是简单的量的叠加。这里头要一边叠加一边实现商业模式，实现利益的交换、积分的交换，对于贡献的打赏，一连串的东西都要一起来实现。”

郑联达：“如果这样一起实现，是能够提升人工智能本身的能力，还是说对应用会更好一点？”

白硕：“你说马上提升能力，就能够比‘谷歌’好或者比什么好，这是需要过程的，不是说马上就能给人工智能的能力提升得多好，也不是说马上就能使这些人工智能的体验效率高。但是一定能做到总体效果不比现在中心化数据下的人工智能差，相对有利的是你的权益会被保护得更好。然后没有一个集约化的公司在那儿，也就没有这样集约化的成本，所有的成本都是去中心化的。如果这样的话，这种分布式的去中心的数据使用和人工智能一定会有商业上的优势。”

郑联达：“您觉得这个行业的发展需要到一个什么样的临界点才可以实现爆发、广泛应用的可能呢？”

白硕：“这需要几个条件。”

“第一是跟区块链或者说区块链跟大数据、人工智能的结合，要有一个根本性的技术突破。目前区块链是区块链，那边（大数据和人工智能）是那边，虽然有一些技术的萌芽在做这个事，但这个没有根本性突破。若是有了根本性的突破，才能使这个联盟从头至尾是可以落地的。所以这个技术本身需要一些工作。”

“第二是整个社会的氛围。需要有一个隐私意识或者数据主权意识的兴起，这可能也需要时间。”

“即使这些都满足了，仍有一个长期的博弈过程。因为那些平台公司也不会自动退出历史舞台，它们肯定会从一开始的抵制转变为尊重这个对手，也会去研究这样一些技术，在这之后它们甚至会做出一些不得不做出的改变。”

“所以，我觉得会有些发展的步骤。”

郑联达：“这个行业我们感受到好像技术要求很高，同时好像门槛也很低。所以，这个行业究竟需要什么样的人才才能决定这个行业真正的发展呢？”

白硕：“我觉得门槛低是一件不对的事情。现在看起来有那么多条公链和那么多交易所，看来起好像人人都能参与去做这件事情一样，似乎门槛特别低，这个肯定是不需要的，我可以很确定地说不需要那么多（公链、交易所）。”

“但是没有一个特别好的筛选机制，很多人还是愣头愣脑地往里冲，或者说还有很多不明真相的资金使用在了一些错误的方向上。这个我觉得都是需要改变的；否则的话这个行业也很难长久发展下去。”

郑联达：“您觉得在这个行业中，有哪些是本来应该解决但是长期得不到解决的困局？”

白硕："我觉得首先是监管不能缺位。因为只有受到监管，大家才知道什么东西不能做，底线放在哪，然后才会把心思放在对的地方，才会把这些无底线的人赶出这个行业，这样它（行业）才能健康发展。"

"其次，哪怕行业自发的话或者什么也好，它应该有一些大家公认的评价标准，至少是一些通行的测试用例、测试标准和标准流程。你做出的这个东西是什么样子，这个是铁证如山的，那你就不能胡说。现在有一些胆子很大的人，他敢把区块链的性能忽悠得很大。我觉得如果还要容忍这些人在这儿的话，那这个行业就不好发展。"

郑联达："您是怎么理解在未来的社会发展中，大数据、云计算、人工智能、区块链的应用对社会的影响？它们是一个统一体吗？还是说它们彼此是互相割裂的？"

白硕："原来这个社会是一个实体的社会。当数字化的技术发展起来之后，它有了一个数字化的世界，但是这个数字化的世界跟实体的世界还没有完全协同起来，有割裂。我们看到的这个割裂，比如说你在数字化世界里边做了90%，但是就因为一个什么事情，你还要回到实体的世界里面继续做，而且那个地方可能会成为你的瓶颈，又慢，效率又低，你还做不好。"

"我觉得解决这最后的10%，让数字化世界跟真实世界协同起来，是最有意思的一件事，也是最有挑战性的一件事，还是目前最没做好的一件事。"

"我们不提自动化，就提数字化。数字化它的众多意味中最重要的意味之一就是涉及刚才说的内容，即它是一种权利（力）和权益。权利的体现，就是说我做了这个东西你是不能碰的，只有我能碰；权力是说，我这个就是算数的，是这样的你就得执行；权益就是说，到时候这个事结束以后或者什么条件满足以后，该分给我的还是要分给我的。所有这些都要去兑现。在数字化世界里，真正能达到兑现这件事情，目前我觉得缺得最大的就是这一块。”

“这一块如果不做的话，你便是空有大数据、空有智能。大数据是原材料，人工智能是加工原材料的各种各样的算法，只有把这些东西结合起来，数字化世界才是一个完整的、闭环的。现在没闭环。所以我觉得在数字化世界里边形成闭环是最大的挑战，就是人工智能、大数据、区块链必须一起发力，包括物联网。这是一个一体化的东西、一个最大的挑战。”

“如果这个东西能够完整地做出来的话，那这个世界就会很不一样。”

“因此，在人类和社会向着未来的更合理的趋势迈进的时候，你会发现，也许，区块链在解决这一系列的问题上，有着美好的想象空间。尤其是当大数据、云计算、物联网、区块链和人工智能可以被一体化实现时，那对于未来的商业市场、品牌营销、社会和世界整体都会有巨大的意义。”

郑联达：“在您的认知中，如果区块链真的能够像想象中那样理想化，未来的社会它应该是什么样的？”

白硕：“我觉得这种价值流动的服务、信任的服务，应该像自来水一样成为一个社会的公共基础设施，就是给你提供服务。因为它是信任基础设施，所以它跟别的不同，它不光给你提供服务，它还能自证，就是这点不同。”

“这个事情的矛盾就在这。我们总是希望它是一个无所不在的基础设施，但是这个基础设施不光能为我们提供服务，还能够证明它在给我们提供服务的过程当中没有做其他的事情。”

各品牌和项目的区块链探索

在区块链领域的飞速发展过程中，不论是技术的研究和应用，还是通证经济的探索和实验，抑或成为一种新的营销思路，都有其重要的意义。一路上，不断有各类品牌、产品和公司参与其中，有些甚至影响深远。

1. “迅雷”

“迅雷”是一家成立在深圳的网络技术公司，其在对外的展示中表明，“迅雷”长期致力于以领先的云加速技术和系列产品为用户提供基于大容量娱乐数据传输的云计算服务，帮助用户在多终端上快速获得数字内容，从而推进大互联网时代的数据传输加速。业务涵盖下载加速、视频加速、游戏加速、上网加速等领域的“迅雷”云加速产品和服务。从2003年开始至今，“迅雷”的总用户数超过4亿，活跃用户达到1.4亿，占有云加速产品和服务市场84.1%的市场占有率，并于2014年在美国纳斯达克上市，一路备受瞩目。

不过，更让“迅雷”受到世人关注的则是2017年“迅雷”结合区块链做的一系列动作，可谓让国内外的人们看到了“迅雷”在科技创新和潮流趋势上的行动力。

“迅雷”的核心业务是云加速，讲得清晰一点就是帮助用户将自己剩余的带宽流量贡献出来，共享给其他有需要的人或机构，帮他们去加速下载、加速上传，并为那些对游戏、视频等有高流量要求的人提供加速服务。这个业务形态由于其独特性，迅速赢得了大量的市场。为了拓展更大的市场，“迅雷”于2015年推出赚钱宝的硬件，只要消费者购买这个硬件并接入自己宽带的网关，便可以轻松出售自己的剩余带宽获取一定回报。该硬件一度受到很多用户的欢迎，但新鲜度和吸引力随着带宽越来越便宜、主网速度越来越快而有所降低。2017年“迅雷”看到区块链技术的价值，于是快速地将业务模式与区块链做了巧妙结合。将赚钱宝进行升级，命名为玩客云，消费者只要购买玩客云硬件，贡献出剩余的带宽和存储空间，便有机会根据相应的量获得“迅雷”区块链的数字资产链克通证。链克的产生机制基于区块链的规则和技术，与玩客云智能硬件和共享带宽、存储的经济有强相关。持有链克可以在“迅雷”的生态中实现各种产品和服务的兑换。同时，链克也可以在个人之间、数字资产交易平台之间进行交易。这个结合区块链技术的产品和规则一出，立马受到全社会对“迅雷”的关注、讨论和参与，玩客云被大量采购，原本赚钱宝的售价在299元左右，玩客云一出，迅速断货，在网络中被炒到3 999元，一机难求，用户量猛增。同样，受区块链效应的影响，“迅雷”在美国的股市短短一个月内其股价就翻了6倍，全市场为之疯狂。

虽然，“迅雷”的区块链实验受到大力的欢迎，也受到不少争议和质疑，但却成为一个知名的品牌在区块链方面敢于大胆践行的代表，也成为中国工信部称赞的区块链应用发展的良好方向之一。自此之后，“迅雷”将公司的很大力量放在了区块链事业上，未来或许会有更多惊艳的举动。

2. “支付宝”

2018 年蚂蚁金服推出了一款重疾保险产品，称作“相互保”，也就是通过网络的形式实现互相保险的意思。只要是“支付宝”用户，芝麻信用达到 650 分以上就能够参与其中，实现人人互保的一员，未来只要该参与者不幸得病，达到医院提供的重疾标准，就可以由参与者共同承担医疗费用，并且经过测算，费用低到 0.1 元人民币，甚至芝麻信用分值高的都可以免费获得医疗帮助。这消息一出，瞬间颠覆了很多人对保险的印象。

中国精算师协会的相关数据表明，惯常的保险消费基本上都是几百至几万元不等，而在重疾的发生率中，男性 20 岁的 25 项重疾发生率在 0.047 8%，40 岁的发病率在 0.28%，同年龄女性的发病率分别是在 0.5% 和 0.29%。相对于这个发病率，高昂的保险费最终为大量的保险公司赚下了巨额利润。通过股市财报统计，2017 年国内保险公司利润排行榜显示，位列前三甲的“平安人寿”“国寿股份”和“太保寿险”的净利润分别为 347.32 亿元、322.53 亿元和 103.46 亿元，而使“百度”这样的大互联网公司利润才 185 亿元。这种现象对于消费者来说是一种资金的巨大浪费，也是一件极度不公平的事。

基于此，“支付宝”推出全新的相互保产品，并提供技术以保证这项业务能安全且有效地运行。“支付宝”借用自己强大的品牌号召力和信用度，同时大胆而有效地运用了区块链的技术来保证整个保险过程的透明和不可篡改，完美地推动了这一计划的实施。在前期的预约加入阶段，吸引了超过 1 000 万用户的预约，在后期正式使用后的三个月内，超过了 1 800 万用户参与相互保。

区块链技术为这项产品提供了最基础的、透明且稳定的支撑，这一产品的推出，被很多人赞誉为还原了保险本来应该有的样子。

3. “沃尔玛”

“沃尔玛”是一家全球性的大型超市连锁巨头，在全球拥有超过 1.2 万家门店，作为一家曾经在线下超市连锁方面的集大成者，虽然未能在电子商务时代赶上亚马逊，但其在商品流通领域的进步和创新并没有结束。有感于食品的安全问题，美国每年因为食品安全引起的疾病诊疗损失高达 900 亿美元，而中国等发展中国家由于意识和规范还未完善，食品的安全问题更是时有发生。过去的很多食品安全事件依然历历在目。“沃尔玛”为了响应各国政府和社会的诉求，一直努力建立食品安全管控机制，并且一直是行业的表率。尽管其系统已经比较先进，但还是面临很多问题。比如很多供应链环节无法查询、查询的速度比较慢、就算查询了依然可以作假、作假的成本和惩罚代价较低等，都使得“沃尔玛”比较困惑。突然有一天，“沃尔玛”的高管希望去查询自己手上的芒果来自哪里，于是整个团队迅速行动，最后花了近 7 天的时间才查出结果，这个速度在行业内是最快的，但这对于水果生鲜等保质期比较短的产品来说时间却是无比的漫长。并且，经常是一个产品出了问题，为了安全起见所有同类产品都要下架，由此给商家造成了巨大的浪费和损失。直到区块链的出现，让“沃尔玛”喜出望外，它们发现区块链技术使得食品的溯源有了比较可靠的解决方案。于是从2015年开始，“沃尔玛”便携手IBM利用区块链技术进行食品安全方面的研究和试点。利用区块链追踪供应链每一个步骤，永久性记录每一个交易环节，其不能任意做修改的特点替代了传统纸质追踪和手动检查系统，可增强食品真伪判断方面的安全保障，以期实现食品安全的源头追踪与治理。

最后在针对芒果的溯源测试中，“沃尔玛”真切地做到了2.2秒一步到位的溯源工作，几乎是一瞬间就可以知道芒果来自哪里，是否被热水处理过？农场有没有经过检查？这个有机的产品是否真的有机？全程一步到位。

“沃尔玛”全球区块链计划的第二步始于保障中国市场的猪肉供应链安全。此项目利用IBM基于Linux基金会旗下开源软件Hyperledger建立的区块链技术，可及时将猪肉的农场来源细节、批号、工厂和加工数据、到期日、存储温度以及运输细节等产品信息，以及每一个流程的信息都记载在安全的区块链数据库中。通过对该项目的实施，“沃尔玛”可随时查看其经销的猪肉的原产地以及每一笔中间交易的过程，确保商品都是经过验证的。这个测试，获得了同样的成功。

全程追踪可保障食品变得更健康，为消费者带来实打实的好处，消费者的信任度也自然会上升。同时有效安全的数字化信息记录以及快速的供应链追根溯源也令“沃尔玛”的交易效率上升到新层次。

目前已经有包括“多尔”“雀巢”“泰森”“联合利华”等超过10家大品牌参与其中，可在“沃尔玛”区块链中追踪的商品包裹达上百万。“沃尔玛”在区块链溯源上快速地申请了多项专利，获得了市场的高度好评。

4. “麦当劳”

全球最大的跨国连锁餐厅“麦当劳”于2018年进行了一次独特的营销，让市场感受到了其魅力，也见证了区块链的吸引力。2018年是“麦当劳”成立50周年庆，作为一个影响力大、粉丝众多的大品牌，自然是希望借这个机会进行一次全球性的营销。经过一段时间的筹划，“麦当劳”发现区块链作为一个全球性热点，尤其是基于代币的部分，已成为各国趋之若鹜的事情。于是在6月，“麦当劳”向市场发放了一套50周年的纪念代币，五种独特的MacCoin（麦克币）实体代币，包括20世纪70年代的“花儿权力”设计、20世纪80年代的“流行艺术设计”、20世纪90年代的“抽象形状设计”、21世纪00年代的“前沿技术设计”以及21世纪10年代的“通信技术设计”；这套纪念代币被称为MacCoin，纪念币总量600万枚，并遵循区块链通证的规则，今后不会再发行，发完即止。消费者在周年庆这一天去“麦当劳”消费并为“麦当劳”唱生日歌就有机会获赠纪念币，人们把这称为挖矿，同时他们也可以拿着这个纪念币在今后去兑换一个巨无霸汉堡。就这么一个规则简单的线下营销活动，因为机制上迎合了区块链的热点，以及“麦当劳”虚虚实实的前期预热，活动还没上线就引发了全球各地热议。紧接着，在活动上线的前一天，大量消费者冲到“麦当劳”门店前连夜排队，就等着能有机会“挖到矿”，甚至还出现了个别消费者因体力不支而现场晕倒的现象，其火热程度可想而知。活动结束以后，还没等人们反应过来，纪念币便开始在网络中被频繁交易，一度高达一个币800元人民币。很多人都在猜测，实体币发完了，“麦当劳”是否会马上接着上线对应的虚拟货币以方便消费者自由交易和流通。没过几天，人们发现一个叫 MACC 的虚拟货币出现在眼前，很多消费者开始大量采购。正当人们为 MACC 疯狂的时候，“麦当劳”对外宣布，MACC 与“麦当劳”无关，是别有用心的人借用“麦当劳”的名字做的一个非法代币，“麦当劳”为 50 周年发行的实体纪念币与 MACC 无关，而且 MacCoin 实体纪念币从一开始就告知过消费者这只是纪念币，没有“货币属性”。尽管如此，MacCoin 依然还在被粉丝们频繁地交易，很多人还抱着一个美好的期望：没准哪天，当市场对于区块链通证接受度提高后，“麦当劳”会迅速地将手里的实体纪念币通证化，因此要好好收藏着。

无论如何，“麦当劳”结合区块链的这次品牌营销所起到的反响和效果超出了“麦当劳”自己与市场的预期。可以想象，在未来会有越来越多地结合区块链的品牌营销。随着区块链技术越来越成熟，很多品牌在营销上也将不再只是停留在名义上的借用区块链，还将从技术和应用上结合区块链来进行更有影响力的营销行为。

区块链的技术和理念在逐渐走向社会的道路中引起了全球各种角色的空前关注和争议，大量的人才和力量纷纷参与其中，有人带着改变世界的理想，有人带着技术的应用思维，有人带着投机取巧的心思，形形色色表现得非常精彩。无论是国家、政府还是企业和个人，都在努力寻找最好的方向和最快的速度抓住机会。随着大量品牌参与其中，可以预测的是，区块链影响人们生活的步伐将会被进一步加快，未来会发生怎样的改变我们还不得而知，但对于未来即将到来的变化，是值得我们肯定和期待的。

第十五章

『区块链+人工智能』时代的品牌营销将超出我们的习惯和认知

说到区块链，必然会让人们联想到人工智能。那么，如果未来区块链和人工智能实现了有机地融合，那个时候的品牌营销又会是一个什么样的图景呢？我们的生活和社会又有怎样的变化呢？

品牌营销经历了从无到有、从简单到复杂、从单一到多样化、从传统媒体的集中式营销到互联网媒体的碎片化营销的各个阶段，但始终处于飘在空中的相对无序状态。因为品牌营销针对的是人，是属于情感和心智的沟通，消费者各有喜好，沟通需要从感官入手，通过视觉和听觉去传达意图，使营销停留在图像和声音的演绎上。营销的介质无法精确针对消费者喜好，营销的过程无法建立完整的自动化，营销数据很难实现全方位预测和追溯，最后“飘”的状态自然无法避免。

我们都知道在营销的五感中，视觉和听觉接收的信息量最多，而触觉、嗅觉和味觉依次递减。但在消费者的感官记忆中的深刻度却往往呈相反的次序，味觉很多时候会占据重要的位置。“妈妈的味道”这种具有代表意义的味觉感官，很多人因为小时候吃过妈妈煮的饭菜而记忆一辈子；中国的美食根植于每个人的心底，很多人不管走到哪里都会因为没有吃到中餐而感到不自在；长辈或挚友的一句话，影响着一个人的人生行为。营销的感官手法，都在朝着精准方向或者更立体的体验发展。遗憾的是，在过去的很长一段时间里，营销依然处于判断和猜测的阶段，由感知能力较强的人去分析、策划和创意大致能够满足某一部分消费者喜好的营销内容与方式，进行传播之后便做结束，如此往复。

直到大数据出现，人们可以凭借一部分数据去统计、分析和判断数据背后消费者和市场的感知。但我们在互联网之前和互联网时代，仍然解决不了确切数据来源的问题，因为利益、基础设施不兼容、隐私保护等各方面问题都使大数据没能发挥其最大效力。

区块链带来了这一难题的解决方案。独特的技术特点、安全性和集体共识机制，实现了不一样的信任协议。在区块链技术的基础上，可以完好地解决隐私和安全的问题，让数据的共享在技术手段上得到实现；同时，其独特的价值体系又解决了长期以来形成的利益关系导致的人为数据不共享的意愿问题。在技术手段上，因为价值形成了生态，在生态内彼此成为利益共同体，那种因为利益而自私的行为将逐渐消失。区块链的出现让我们看到，人类第一次可以抛开种族、地域、语言和文化，脱离于道德和法律之外，找到新的一种信任的模式，这是一种建立在数学和代码基础上的信任。在短时间内引起了全世界各国对其全方位的关注、讨论和实践，都希望能先人一步建立新信任模式的先机。几乎大部分人都相信，只要夺得这个先机，便有引领全球未来的优势。

区块链以技术为基础，从解决货币数字化的目标出发，因为利益和价值的驱动，引起了一场从货币和金融开始的价值革新、思想变革和信任革命的大戏正在快速拉开。过去几年在链和币的方向上的发展如火如荼，甚至在一定程度上说是趋之若鹜的程度，也演绎了一系列荒唐的笑话。很多项目在没有技术、没有商业应用的基础上，只通过一份白皮书便引来无数人的疯狂投资，动辄几千万元甚至上亿元，很快又在涨跌的大起大落中大量亏损，甚至有大量传销力量以此为契机进行欺骗。这些给刚刚启蒙的区块链行业蒙上了一层阴影。

事实上，区块链作为一项底层技术、一种信任机制，要得到正向的、长足的发展，单纯的底层技术和代码还是不够的，需要以其为基础的硬件的出现。正如复式记账法催生了公司制的新协作关系的出现，很好地促进了贸易和金融的发展，但真正使公司制大放异彩的则是以蒸汽机为代表的一系列生产力的革命推动的各种物质的大生产。

为了维护区块链的稳定，为了保证价值的流通，一些矿机被发明和生产出来，这些机器硬件以计算为主要功能，进行相对单一的行动。矿机可以说是区块链世界里早期硬件的雏形，有意思的是，这种简单的雏形居然也在短时间内获益匪浅。在行业中最为知名的当属比特大陆，这家于 2013 年成立的公司，在行业中较早切入比特币挖矿的芯片研发，从卖自主研发的蚂蚁矿机开始，并快速地拓展围绕挖矿方面的整个商业链条，包括矿池、挖矿云平台、AI 等。2017 年比特大陆的营收达到 25 亿美元，而从其 2018 年港交所上市申请披露的信息得知，比特大陆在之前完成 B 轮融资的情况下，估值达 120 亿美元，上市后比特大陆有望实现 500 亿美元的估值。在这些估值的背后我们看到的是，比特大陆在一个被全世界看好的符合潮流趋势的区块链领域中，凭借其技术解决了区块链领域中一个环节的问题和需求，便快速成长为一家独角兽级的大体量公司。而蚂蚁矿机经过一轮轮的迭代更新，俨然已经成为区块链世界的第一个影响力硬件品牌。

在未来，从挖矿这种利益驱动的行为开始，会出现越来越多的其他类别硬件品牌。区块链作为一种分布式的存储技术，包含交易、记账、存储、加密、激励、多方协同等功能，在这些功能中，围绕改变人们的生活和社会的发展，从提高效率和降低成本的角度出发，目标是建立全社会新的价值体系和新的信任体系。那么在未来这些新体系建立之前，必然需要经历一轮轮更新迭代后的不断发展。

因此，随着计算技术的提升、材料科学的发展，未来的区块链硬件将会有很大的改变。我们的衣服也许会是一件高科技结合的新材料硬件，能够时刻感知体外的温度和各种环境变化指数，甚至能够在一定程度上去平衡温度的变化，能够时刻收集个体的健康指数，并及时分布式存储，所有的数据将保存在自己唯一加密的安全账户中，或者在自我的授权下直接反馈到国家或社群的健康管理平台或中心。我们的鞋会成为一种硬件，除了美观、舒适之外，未来更是具备记步、导航、温度调节、姿势调节等功能，所有的行动轨迹数据一样会实时记录和存储。我们的生活用电会有区块链盒子，可以实时了解日常生活的用电习惯并进行记录和存储，在一定时间内可以去为个人规划用电的方案，以方便不同的供电公司或自我的太阳能电力的能源分配。区块链学习机会成为我们这一生学习知识的记录器，实时了解这一生的学习过程，并记录下每一时刻的结果，存储于区块链中，我们也可以随时查阅学过的知识，该机器将伴随每个人一生，成为最好的知识库，将该机器接入国家的教育系统，可作为学习凭证的依据。各种围绕人们生产、生活和发展的硬件将会被生产出来。

有硬件的发明创造，必然会伴随需求的产生而出现新的矛盾需要解决。单一硬件的发展效率是比较有限的，甚至可以说在未来的高速互联基础上，单体的机器即将慢慢地退出历史舞台，从单体走向联网再到体系化运行；从机械手段走向多功能再到自动化和完全自动化的发展方向，这将成为必然趋势。为了实现这一系列的高级跃升，区块链的软件将会有很大的发展。区块链的今天更多的是一种底层技术或者是一种信任的协议，但要推动这一技术和协议的落地与发展，除了硬件的配套之外，还需要有更多围绕区块链的软件的发展。区块链的一体操作系统或者区块链的自动化操作系统在未来将会被实践，相关的组织、机构和社群可以在操作系统中实现自我的简单开发，通过硬输入的方式便可以直接得到开发结果，将大大提升其效力。在计算机和互联网的操作系统中，是通过编码的语言来完成一个指令的构建和指引，实现机器的控制；在区块链的操作系统中，编码的语言也许将会更加统一和共通，人们可以通过文字、语言等信息直接将思想编码，快速实现软件的落地应用。

我们发现，不管是区块链的硬件还是软件，都在不知不觉中指向人工智能。区块链用体系和信任驱动人们形成未来社会的基础建设，而人工智能则用技术和功能召唤更多人对未来生产力的向往。在区块链与人工智能结合的基础上，我们的衣食住行的各个领域将会围绕大数据和价值互联进行智能化的重新构建。我们所住的房子，将围绕在区块链作为底层基础的物联网中开启全新的智能化生活，所有的家居产品都可以互联和智能化地响应人性化的需求。我们的出行工具将会实现全部联网，每个人的出行都可通过面部识别进行，我们的私人交通工具实现完全的无人驾驶，基本实现水、陆、空三栖立体行驶。我们的生产工具将会直接联动上游的原材料和下游的消费市场，使得很多产品实现精准化的生产，基本实现按需分配。我们的信息获取通过人工智能逐渐从视觉和听觉的信息转向触觉、嗅觉和味觉的立体化感官信息获取。我们的消费行为开始绑定自己的价值和时间，可以让消费与自己的资产、收入配置得更加精确，并且可以实质性地抵押自己的时间去换取消费。我们的健康一方面在区块链的激励机制上将引导人们走向自主的免疫力提升，主动参加锻炼成为一种全民崇尚的生活方式，并且社会的相关组织和机构将时刻记录国民的健康状况，个体的健康会成为城市和社会发展的重要价值指标；另一方面，随着量子计算机的出现和基因科学的基因编程技术的进步，在健康的干预手段上也将把人类的健康推向一个新的台阶。

有了区块链的人工智能，社会的发展将会如同古代人向现代人的转变一般，是一个全新社会的质的变革。将古代社会和现代社会的发展标志进行比较，“农业、铁器、货币、文字和宗教”是古代重要的发展标志，那么“工业、技术、资本、信息和法治”则是现代社会的重要标志。而在未来社会，“生态(社群)、‘区块链+AI’、资产和秩序”将会是新的标志。过去的工业发展走过了生产自动化和办公自动化的进程，在未来的社会发展中，将会走向价值体系自动化和社会秩序自动化的方向。区块链和人工智能的结合，带来了这些发展的可能性。而未来社会的这一发展方向，将会重构社会各个层面的关系。

人作为社会中的核心和组成单位，在过去很长的历史中，从个人出发，到家人、亲戚、同学、同事、朋友，再到社会，几乎可以说有人的存在才有社会的存在。人和人之间为了生存和发展，都需要通过彼此的协作去达成相应的目标。为了达成一系列的协作关系，便又形成了人类社会特有的人际关系。在过去漫长的历史中，人类是生产力的主要来源，社会的人际关系主要体现在生产资料的分配关系上，人们通过获得生产资料，并通过劳动进行生产和支配，因此形成了金字塔状的人际关系。此时，人的主要作用在于生产，而社会则是“得人者，得天下”，全球的征伐、演变和发展，都围绕着土地和人口的争夺。

社会进入工业时代，当生产力由人转变为机器时，机器替代人成为社会最主要的生产力，人类的关系开始转向生产和消费结合的多元关系。很大一部分繁重、简单的工作被机器替代，人们便减少了更多劳动付出，开始转向贸易、消费和服务等工种。尤其是办公自动化和互联网的发展，驱动了机器以人为本的发展方向，使得人类的双手被解放、信息被解放，社会的关系便从人与人为主的关系转向了人与机器为主的关系。而原本农业经济下的人与人的强关系逐渐走弱，慢慢被人与机器的强关系所占据。围绕着生活的物资生产，机器成为重要的力量，围绕着信息获取和生活方式的改变，电脑和手机成为重要的第三人。机器解决了我们的生产问题，也解决了我们的信息流通和娱乐问题，为人们拓展了新的空间，人们的注意力和行动力朝着机器靠拢，在现代社会中，主要矛盾的迁移，从人与人之间的矛盾开始转向机器如何更好地服务于人的人与机器的矛盾。于是人们不断地创造，努力地生产出围绕生产和生活的各式各样的机器来服务于人类，创造了灿烂的现代文明。

谷歌的阿尔法狗与人类的围棋大战以全胜闻名于世，一方面预示着机器已经有了强大的人工智能能力；另一方面也给人类带来强大的威胁。按照这样的发展速度，当机器具有思维，其强大的优势被发挥出来，人类该何去何从？在现代工业文明中，人与机器的关系主要体现在人类创造了机器，进而推动人类文明向前发展。在未来的智能时代，在区块链的保驾护航下，人工智能的燃料——“数据”实现共享，万物得以互联，人工智能成为主要的生产力，当机器服务人的同时，机器也可以创造机器和自我保养，社会的生产力和生产关系又将是一次质的飞跃与巨变。此时，机器与机器之间将会具有当代人与机器一样的关系，即创造与被创造、服务与被服务、雇佣与被雇佣等一系列关系。由此，人与人的协作关系将转变为机器与机器的协作关系。

当机器智能化后，人从一开始的作用于机器，逐渐会被机器反作用于人。我们深深感受到，科技使人提升生产力，提高了生活水平，也在很大程度上推进了人类的社会文明。

不过，当未来机器智能化越来越高，越来越普及，也许人们为了理想中的文明创造了机器来实现，当机器智能化到一定程度，由人控制的机器可能会变相地、无意识地控制起人。社会的秩序和规范被机器约束，此时机器与机器、人与机器的关系将会发生根本的改变。

未来家里的冰箱足够智能化，会不断地提醒你，你的身体健康指数哪里有问题，血脂太高不能再吃鸡蛋了，血糖太高不能吃主食了，每天都会给你控制得极其精确。但冰箱并不执行你的指令，它也不为你下单购买相关的食物。

当你要去一个目的地赴约，时间非常紧急，你下指令给你的智能车以最快的速度行驶，但它会用数据分析告诉你目前无法行驶太快，生命安全很重要，如果你执意要加快车辆的行驶速度，请换飞行器。于是你可能会在家门口与智能车怄气，但机器并不理会你。

你家的健身器材发现你近期由于自我管理不当，或者锻炼太少，便会给你设定锻炼的方案，并会把这个锻炼方案共享在与你健康有关的各种机器上，所有的机器会根据你的情况给你加码锻炼强度和时间，此时你或者已经筋疲力尽，或者惰性大发不想配合，但机器会逼着你，让你无所遁形。

在未来，人们在学习中很大程度上靠的是智能学习机，不管你是在课堂、家里还是路上，学习机都会时刻提醒你学习，并根据你的进度为你设置学习计划。你的学习过程和学习结果会被大数据记录，所有的信息会永久保存，作为个人的上进指数，影响你一生。

在这样的情况下，社会关系彻底改变，社会的价值体系也将发生本质上的变化，当人与人成为社会关系的主导时，价值围绕着人来发生，社会的各个圈层体现了不同的价值，但在机器成为社会关系很重要一部分的时候，社会的价值围绕着机器进行流转再作用于人，价值的体系则会变成围绕着价值本身的自动流转，不同的价值体系会构成独特的圈层，这就是价值圈层。那时，决定一个人的生活水平、财富和地位的，也许不是你的职业、兴趣、出身，而是看你接受什么样的价值体系，并且是否愿意成为该价值体系中的一员。

同样地，在以人为主导的社会中，人们通过圈层的需求去创造不同的品牌以获得价值认同和回报。当机器成为社会重要的组成部分，智能机器成为核心生产力，品牌的形态也一样会变化，单一产品成为品牌的状态会被慢慢地淡化，因为单一产品能解决的问题越来越有限，只有建立起品牌跟品牌之间的生态，才能发挥品牌的最大作用，因此会有越来越多的品牌生态被建立起来。一个智能品牌能生产汽车并不算什么大的能力，而在于你是否有足够开放的心态，能否调动起上下游的零部件、能源、供应链和消费者等各方力量与价值，充分地形成一个完整的品牌生态。

当品牌生态足够多，竞争便又开始启动，生产关系也会发生改变，社会的竞争也会慢慢地脱离单一的品牌进行竞争，会朝着生态发展。因此，到那个时候，品牌的营销已经不是一个产品品牌单体的营销，而是一个品牌生态的营销和发展，大量的品牌生态不断竞争，我们会看到一种与今天完全不一样的情况，品牌变成了生态的品牌。一个好的品牌生态，在竞争和发展中赢得更广阔的市场，这个生态便成为一个强大的品牌。围绕着这个生态品牌的人与机器，在价值自动化的体系中努力创造价值，形成了一个空前的秩序自动化的全新社会。

第十六章 一个真正的链接未来的时代即将来临：关于未来品牌营销的遐想

区块链和人工智能普及的年代，我们将何去何从？我们会被淘汰吗？那是一个美好的未来还是一个恐怖的深渊？

区块链是打通现实世界和虚拟世界的任督二脉

过去的几千年，为了生存和发展，人类一直在寻求生产力的革新，从火的利用，到铁的应用，到工具的创造，再到机器的发明……不断推动着人类文明的进步。一代代的创新者，或者努力去寻求认知世界的真理，或者渴求找到人与自然的关系，或者不断推进改造世界的构想。按照进化论的逻辑，人类从远古的非洲走来，走向全世界的各个角落，在漫长的摸索中不断进步和发展，直到找到科学的精神和思想，生产力实现了快速的跃升。哥白尼、阿基米德、伽利略、笛卡儿、牛顿、富兰克林、道尔顿、安培、黎曼、诺贝尔、特斯拉、爱因斯坦、袁隆平、杨振宁、霍金等一大批科学史上的璀璨明星，以科学的精神推动着历史的发展。漫长的历史中，人们为了生存和利益不断争夺与融合，演绎了看似文明的故事，但站在科学的面前，一切的政治和习俗都显得卑微而渺小，因为真正推动历史向前发展的往往不是王侯将相，而是技术和工具。石器的使用、火的掌握、铁器的冶炼、蒸汽机的发明、电力的创造、计算机的诞生等，无不以超越过去力量的 1 000 倍速率在藐视着过去的生产力和秩序。

当科技的发展实现了生产力的大幅度提升，使得人们从生存线跳跃至发展线时，从人力时代走向工业时代后的几百年时间里，我们为工业时代建立了一整套秩序，在新时代的端口，又开始面临新的抉择。过去人们苦苦思索人与自然的关系，直到工业时代的来临，让人们跳跃出人力不能企及的生存瓶颈。

进入科技和工业引领的时代，以机器为核心生产力，使物质的需求逐渐实现全方位满足，人们又开始陷入新的发展困境。

我们是谁？我们从哪里来？我们将向哪里去？这三个问题在今天科技高度发达的时代，依然不断困扰着所有的科学家。爱因斯坦晚年认为宇宙是神在操控，因为宇宙从哪里来、宇宙之外是什么等这类问题在未来很长一段时间内，人类依然很难企及。

既然在历史上思想和科技往往推动着社会的发展，那么在今天物质资料越来越充裕的时候，人类要有再一次的跃升，如果继续停留在用科技追求物质本身，便是某种程度的倒退或者停顿。物质基础决定上层建筑，上层建筑才是人类的重要方向。在思想上新的发展，形成基于精神世界的共识，建立于独立意志之上，组织和个体可以逐步脱离国家框架约束，自由迁徙，自由生产，自由治理，那便是未来该有的方向。

区块链的出现为人们从物质世界走向精神的虚拟世界奠定了科学的基础，让未来开始逐步接近，使得数据和人工智能有了共识的契机。一旦区块链、数据和人工智能完好地结合，一个崭新的未来社会将会以超出过去千倍的速率呈现在人类的面前。那些在三维物理世界中无法解答的科学难题、终极奥义和人类使命，也许将在虚拟空间的四维世界中静静地展现在我们面前。

人工智能社会及其品牌营销探索

未来几十年，当人工智能发展到一定阶段，社会及历史将会产生新一轮突变，品牌的营销也将随之发生天翻地覆的变化。

人工智能一样会随着人类的需要及技术手段的发展而逐步走向成熟，分别走过几个重要阶段。

第一，雏形及启蒙阶段，也称为初始智能阶段。随着科技的发展，为了解决人类生产和生活上一些简单的、重复的、烦琐的、人类易出错的问题，提高生产及生活效率，人类开发了初级智能系统及工具，如当今的计算机系统、生产机器人、智能导航、日常生活基础智能工具等。这一阶段的人工智能基本以单体智能出现，并解决人类生产及生活等活动中一些基础的、单一的问题而存在。

第二，升级及发展阶段，也称为仿真智能阶段。当人类科技和智能能力发展到一定阶段，社会秩序进一步建立，人类的生产及生活效率进一步要求提升时，人工智能朝着一个更纯熟模仿人类动作的方向发展，开始着手解决一系列更为复杂的问题。如智能驾驶、智能医疗、智能服务等。此阶段的智能体系以单体智能为主，系统内关联体系为辅，并逐渐走向单体人工智能的成熟，起到仿真效果的作用。物联网的建立，使单体的智能更加精准、数据更加精确，为人类提供的服务也更加到位。

第三，高级及飞跃阶段，也称为人类智能阶段。在单体智能发展到一定高度，社会建立起了智能生态系统，社会体系和规则走向新的一个高峰，人类开始让智能体完善自我学习能力、修复能力、思考能力等高级能力，使智能体以人类的能力走进千家万户，解决大部分生产及生活问题，并能在自我碰到问题时寻求解决方法。

第四，超级及社会阶段，也称为超智能社会体阶段。在人工智能发展到人类智能阶段后，随着智能体作为独立个体越来越明显，独立思考和处理问题的能力超越过往任何时候，以及其在人类社会中的角色越来越重要，超智能体逐步成为社会不可分割的一部分，在其族类中也逐步地形成了相应的社会体系。人类也必须以强有力的手段对超智能体进行管控，让它们在不同的环境中或者服务人类，或者与人类并肩作战，或者同享荣耀。

随着不同阶段的人工智能的发展，人类社会也将发生相应的变革。

第一，在初始智能阶段，人类的生活如旧，不过初始的人工智能已经逐步地为人类提供部分生活便利，解决了部分问题，尽管还不完善，但因为市场的需求，让人们看到了未来人工智能的具体发展潜力和巨大的市场空间。此时的互联网系统、解决单一劳作的机器、提供娱乐及生活的物品等，因为巨大的解放人类身心的需求，开始形成了各自的品牌，同时促使大量的资本注入人工智能领域，促进了这一领域和事业的快速发展。

第二，随着技术的进步，为了进一步解放人类的双手，也进一步提升生产效率和生活品质，人工智能发展到仿真智能阶段。该阶段使得人类的衣食住行甚至休闲娱乐都有了质的飞跃和改变，所有的人工智能逐步进入人类社会，并越来越深，使得人类的生产生活变成了一种高级活动，由于形成相对完整的数据和信息体系，仿真智能基本解决了相对复杂的工作。从此，智能驾驶让人无须自我驾驶；智能厨房使得做饭成为一件“饭来张口”便能解决的轻松之事；智能服装使得一件衣服已经可以应对所有的保暖和时尚需求；居住的房子可以自我建造，还可以根据自我的需要移动至想要到达的目的地；休闲娱乐的方式已经由原来的普通视觉、听觉的效果，轻松地融入人类的各项感官；疾病机器人也进入了人类疾病控制领域；等等。一切生活都在发生巨大改变。也正因为这一系列的便利和变化，同样在很大程度上促使了人类社会发生巨大的变革，社会阶层进一步分化，社会矛盾也由原本的劳动及回报分配不均，开始转向资源分配不均的矛盾，那些在智能领域进入较早掌控智能体创造、有早期智能服务消费能力的人，开始逐步掌控社会的资源，并成为人类社会的顶尖人群，而没有技术、没有资本的人则开始从服务员、前台、快递、厨师、司机等技术含量不高、容易标准化的行业中逐步失去工作，到失去智能社会生产及生活能力，再到沉入社会底层被少数社会人群边缘化。由此，社会分化为两个大的阶层：一个是朝着高精尖的生活方式发展；另一个是朝着原始野性的生活方式发展。两个族群相互独立，矛盾也进一步激化。这个激化的过程常常伴随着斗争、破坏等运动，智能的发展也处于或快或慢的进程中。但由于智能一族控制着绝大多数的资源和权力，大多数的被边缘化族群，只能在自我族群中努力学习和发展，寻求有一天成为智能族群的一分子。这一天的到来，对于人类社会是一个巨大的福音，也有可能是巨大的灾难。如果朝着普惠全人类的方式发展，那是万民之幸，因为人工智能的发展，全方位地解放了人类，真正地让人们可以脱离繁重的劳动，进入享受生活的阶段，发展好了就是一种社会大同；相反，如果发展不好，因为利益关系朝着一个垄断和独占的方向发展，将使人类社会的格局发生巨变，使人们过着“要么天堂、要么地狱”的生活。按照正常的逻辑和发展规律来看，因为市场化，因为资源的分配，因为人类知识和创造水平的高低差别，基本上是朝着这个比较坏的结果去发展的，至少在第一阶段是这样。

第三，在变革社会的仿真智能阶段后，尽管人类已经解放双手，但因为相应的智能依然只是停留在单体单一的问题处理能力中，人类还需要身处于控制相应智能体系和建立越来越多与越来越复杂的智能体系中，虽说解放了原始劳动的双手，却陷入了另一种劳动的困境。因此，智能管家呼之欲出，逐步地进入人们的生活，它们成为人类家庭或集体智能体系的控制中枢，当我们有相应需求，只需要向其提出要求，该智能管家将会负责解决一切智能体系的问题，包括发号施令、完成劳作甚至修复智能体。为了使其更完善地解决相应问题，人类进一步提升了智能管家的学习能力和思考能力，使其能越来越独立地提供完美的服务。此时，人类社会进入了人类智能阶段。这一阶段，社会极其富足，但同样存在矛盾和危机，理想状态下，如果所有人类智能体受到政府或组织整体管控，那么人类将会在自身发展的能力、活动的范围、学习和创造的深度上有更大的扩展与提高；但如果人类智能体未受良好管控，也将因为某些未知的利益或问题，产生如人类操控的智能体之间的战争、智能体系的破坏、智能体被控制攻击人类等反面问题。而这一现象，有可能是局部的冲突和矛盾，不小心也将变为危及全体人类生存和发展的重大危机。

第四，当经历了一系列的发展阶段，智能体从各种危机中走出来，它们在社会中的作用越来越大，个体独立学习、思考的能力完全确立，它们甚至有了独立的个性和思想，为人类服务，以独特的使命独立地参与生产和创造，俨然已经成为社会的一个完整个体，它们的族群也成为社会的新族群与人类相处，这就是超智能阶段。这些独立的个体被称为超智能体，而社会也发展成为超智能社会。那时的人类，因为科技已经极端发达，人类本身也成为超智能体的一种类别，属于具有生命的超智能体。在这一阶段，我们已经很难想象社会及生命的状态，只能留给更广阔的思维空间一些余地，也许人类在这时已经跨越了时间与空间的藩篱。

不过不管经历到哪个阶段，人类终究会因为一些智能体难以具备的能力而去引领社会的发展。

第一，人工智能不懂美感。美感的建立是由不同文化的感知累积的，彼此之间存在很大的差异，也在某种程度上存在些许共通点，这个能力，短期内智能体无法做到，或许未来永远也做不到。

第二，人工智能没有情感，这也是人类先天的优势。再复杂的机器也很难捕捉人类喜怒哀乐的情感因素，因为情感的因素也是由不同个体和群体的交织产生的相关文化和感知能力，并由此转化的表现。也许未来对神经元的研究能够探知情感波动时神经元的变化，但在什么条件下会使初始神经元产生变化，又是没有标准答案的难题。

第三，人工智能没有价值观，这是人类独有的判断力优势。价值观是人类在群体生活过程中，对于利益、道德、价值和规则等的综合判断力与思维准则。这是人工智能纯计算和理性思维下完全无法具备的一种能力。一件事情，也许对于机器人来说，只能依据精确的计算来判断可行性；但人类不是，往往因为某种价值观的驱使，人们可以发挥超乎理性的力量，明知不可为而为之，最终扭转了全局。这便是人工智能无法想象的存在。

第四，人类先天具备综合式创新优势，这将是人类社会在感知世界的基础上最有杀伤力的武器。纵观过去整个人类社会发展进程，人类的各种技能条件都不是最有优势的，力量比不上猩猩、速度比不上羚羊、牙齿的锋利程度比不上老虎、视力比不上哈士奇，而且还没有翅膀、没有利爪、没有防身毒液等，各种技能都不具备，人类在残酷的自然面前显得尤为脆弱。但人类拥有最发达的大脑，并且通过综合式创新懂得创造工具，制造出了刀，利用起了火，创造出一系列生产工具，终究还是站上了食物链的顶端。这种综合式的创新在未来的人工智能社会，一样会使人类具有独特的优势。在单独的技能上，记忆、计算、搜索、分析甚至力量、速度、精准度等各方面，人类都将不如我们亲身制造出的人工智能。不过人类善于将多种技能组合，利用不同工具的能力将再一次上演。人类运用综合式的创新，将继续驾驭未来社会的人工智能。

人类社会的落后在于其很多方面没有系统性和规律性，而人类社会的发展和变化往往也是因为其没有系统性和规律性。今天是一个由无序走向有序的过程，在无序的阶段我们发现了世界某些现象的有序，并且运用于自身。品牌的营销，同样是因为认知、喜好、文化、情感等各种无序的因素下，人们努力去洞察自身，寻求无序中的有序共性的过程，只要有无序和非标准的现象存在，那么在人工智能不断发展的每一个时期，品牌的塑造和营销依然有其必要性。而在有序面前，我们寻找到那些无序中的美感便成为艺术；怀着对有序的追求，也带着对无序世界那些各种随时可能危及自我的不确定因素的敬畏，人类从人、物和事上寻找着超越理智的精神寄托与情感诉求；在情感的表达和行为上，对于自我精神的抒发中，人类发现了“爱”这个东西，这是人类或生命有别于非生命体的重要因素。这些都是人工智能体无法具备的，这些因素赋予了人类对已知的不满足、对未知的探索、对外在的审美、对内心的叩问，也因此让人类的想象力和想象空间处于没有边界的位置，也或许，人工智能的发展就是人类想象力的一种外在表达。所以，当人工智能发展的过程中，只要人们努力抓住人类的优势和长处，依然能在未来很长的时间和空间中引领人类世界与智能体世界的发展。

后记

对于出书这件事，放在以前，我是完全不敢想象的，因为我一直觉得自己的学问和在业界的分量还差得很远。在一次与台湾久石文化的创始人陈文龙先生的交谈中，他认为我这么多年的品牌营销经验以及广告人的经历与心得值得整理出来与大家分享，毕竟中国的经济发展到今天，下一个时代就是围绕更好地提升产品品质、品牌精神力量和更多维度的企业创新的时代，任何一点微薄的好经验和好思想都有其参考价值。在陈文龙先生的再三鼓励下，我尝试着梳理了一下思路和目录提纲，然后就这么写了起来，原本没想过要出版，权当是对自己过去工作的总结和思考的自娱自乐罢了。没想到，在陈文龙先生的引荐下，我认识了西南财经大学出版社的王正好主任，并在他们的鼓励下，着手写完了这本书。

2008—2018 年，这 10 年，是值得我们铭记的 10 年，世界经济大潮起伏跌宕。我们有幸见证了中国品牌在社交媒体时代的快速发展，很多品牌快速地站上了这个赛道并获益匪浅，也有很多品牌不能适应新环境而黯然失色。一个国家的经济影响力，最终要由企业和品牌的活跃度与影响力来决定，也由百姓的消费力和自信心决定。时至今日，中国在资本力量、人力资源、产品货物和基建能力等方面已经走向了国际，但品牌的精神和力量还没能很好地被国际认可和接受。站在 2018 年全球经济动荡不安的背景下，我们被国际的力量拨弄而受伤害的现象时有发生，一方面证明了我们与国际接轨越来越深，另一方面则说明我们的品牌还相当脆弱。

在社交时代，中国的品牌表现已经非常突出，得益于中国人的勤劳和智慧，它们快速地站上了社交时代的舞台，尤其是移动互联的头把交椅。信息社交、电商、移动支付等领域都有很大的创新和应用，但却形成了一个互联网玩互联网的、传统企业玩传统企业的现象，彼此没有更进一步地融合。互联网在消费端已经非常的成功和成熟，而互联网在品牌和企业的生产端、经营端的应用依然没有很大的起色。这个空白，也让很多人看到了未来互联网从落地到具体产业中所存在的巨大机会。如果产业互联网能够落地，需要什么方法和技术来支撑彼此的互通？对于品牌的产品生产、品牌塑造、品牌营销等各方面是否会有影响？

互联网在经历社交化之后，逐渐进入下半场的比拼，似乎其动能开始显示出疲态。正在此时，区块链技术步入很多人的眼帘，根据它的技术逻辑，很多人觉得，区块链即将在经济和社会秩序上起到巨大的不可估量的作用。那么它会对未来的品牌建设、经济发展和社会进步起到什么样的作用呢？

当人们还没来得及思考这一系列问题的时候，由美国的经济政策牵动的全球经济动荡，使得企业和品牌压力巨大而喘不过气来。中国的企业和品牌都在努力修炼更强的实力，以迎接各种可能发生的挑战。

从 2019 年开始的接下来的 10 年，又将是一个新的品牌修炼历程，中国在融入世界、影响世界的道路上，是否能够开启新纪元？新能源、5G、大数据、云计算、物联网、区块链、人工智能和生物科技等一堆机遇和挑战等着我们去面对并想尽办法去抓住它们。如果这些都实现了，这个世界将会是一个什么样的图景？什么样的品牌和企业能够真正地占有这些先机？这些都是值得思考和践行的事情。

我们把过去10年的经历比作一面镜子。无论如何，中国及中国的品牌在高速的淘汰中挺过来了。面对不确定的未来，我们无从选择，只有开放心态去拥抱未来一切新的变化，才是我们应有的态度。

感谢过去的很多伙伴、客户和朋友为我们在品牌营销上的实验提供了很多机会。期待未来在新的区块链时代，能够有机会在品牌营销上有更多实践和研究。再次感谢陈文龙先生和王正好先生给予我的支持与鼓励。

借用自己在2019年春节写给亲友的祝福语，期待给每一个人、每一个品牌以更多的勇气：

岁月展翅在2019，以鹰击长空的气势纵览天地，或稳健，或起伏，心境慨然。看时间凝固过去，展未来，希望之光熠熠生辉，我们将追逐雄鹰翱翔在天际，以大鹏排山倒海的勇气，唤起寰宇新世界的觉知。向世界宣告，一切的美好始于无所畏惧地前行，前行者带着光之热情，引领未来，缔造出永不泯灭的“愿力”！

郑联达

2019年6月30日于上海